공무원 합격을 위한
해커스공무원의 특별 혜택

해커스공무원 스타강사의 **과목별 무료특강**

해커스공무원(gosi.Hackers.com) 접속 후 로그인 ▶ 상단의 [무료강좌] ▶ 좌측의 [교재 무료특강] 클릭 후 이용

온라인 단과강의 **20% 할인쿠폰**

F59EEF95E48FAEAG

해커스공무원(gosi.Hackers.com) 접속 후 로그인 ▶ 상단의 [나의 강의실] ▶ [쿠폰등록] ▶ 쿠폰번호 입력 후 이용

* 이용 기한 : 2022년 12월 31일까지(등록 후 7일간 사용 가능)

해커스 회독증강 **5만원 할인쿠폰**

6642FAE8EC8739ZE

해커스공무원(gosi.Hackers.com) 접속 후 로그인 ▶ 상단의 [나의 강의실] ▶ [쿠폰등록] ▶ 쿠폰번호 입력 후 이용

* 이용 기한 : 2022년 12월 31일까지(등록 후 7일간 사용 가능) | * 월간 학습지 회독증강 행정학/행정법총론 개별상품은 할인쿠폰 할인대상에서 제외

해커스 매일국어 **어플 이용 쿠폰**

FA3786YY80LJMZOG

구글플레이/앱스토어에서 [해커스 매일국어] 검색 ▶ 어플 다운로드 ▶
어플 이용 시 노출되는 쿠폰 입력란 클릭 ▶ 쿠폰번호 입력 후 사용

* 이용 기한 : 2022년 12월 31일까지(등록일로부터 1년간 사용 가능)
* 해당 자료는 [해커스공무원 국어 기본서] 교재 내용으로 제공되는 자료로, 공무원 시험 대비에 도움이 되는 유용한 자료입니다.

쿠폰 이용 안내
1. 쿠폰은 사이트 로그인 후 1회에 한해 등록이 가능하며, 최초로 쿠폰을 인증한 후에는 별도의 추가 인증이 필요하지 않습니다.
2. 쿠폰은 현금이나 포인트로 변환 혹은 환불되지 않습니다.
3. 기타 쿠폰 관련 문의는 고객센터(1588-4055)로 연락 주시거나 1:1 문의 게시판을 이용해주시기 바랍니다.

공무원 국어에
딱 맞는 강의

효주 국어

양효주

수험생의 상황에 맞는 맞춤형 커리큘럼

공무원 시험 출제 비율과 학습 시간을 고려한
공무원 국어에 딱 맞는 강의와 콘텐츠를 제공합니다.

이론학습

· 기본이론
· 심화이론

· 공식을 통해 어려운 용어 및
  개념 완벽 파악
· 다양한 소재의 지문을 접하여
  공무원 국어에 최적화된 개념 공부

문제풀이

· 기출문제풀이
· 실전문제풀이
· 동형모의고사

· 최신 출제경향에 맞는 국어 문제
· 문제풀이에서 헷갈리는 개념의
  흐름을 잡아주는 강의

마무리

· 기출 총정리 특강
· 최종 마무리 특강

· 시험 전 빠르게 출제 포인트 정리
· 시험에 꼭 나오는 적중 특강

해커스공무원 gosi.Hackers.com

2021 최신판

해커스공무원

양효주
매일 국어 2

해커스공무원

해커스공무원

양효주 매일 국어로
공부하면
고득점 맞을 수 있는 이유

 **하나**

최근 5개년 기출 출제포인트를
분석 및 반영한 문제로
최신 출제 유형 완벽 대비

 **둘**

매일 문제 + 상세한 해설 + OX퀴즈로
날마다 공부한 내용을
내 것으로 만들기

매일 꾸준한 전 영역 학습으로 공무원 국어 시험에 대비할 수 있도록
영역별로 엄선한 문제와 상세하게 풀어쓴 해설을 수록했습니다.
이제 해커스와 함께 목표 달성을 향한 20일 간의 여정을 시작해 보세요.

셋

어법·문학·비문학 보충 학습 자료로
한 번 출제된 개념은
더욱 꼼꼼하게 학습 가능

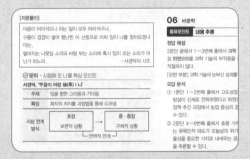

넷

고득점 달성을 위해
꼭 학습해야 할 한자는
핵심한자 암기노트로 매일 암기 가능

1일

한자어

啓發	계발 [열 계, 쓸 발]	슬기나 재능, 사상 등을 일깨워 줌
過程	과정 [지날 과, 길 정]	일이 되어 가는 경로
課程	과정 [공부할 과, 길 정]	「1」 해야 할 일의 정도 「2」 일정한 기간에 교육하거나 학습하여야 할 과목의 내용과 분량

구성과 특징

1 매일 푸는 문제와 약점을 보완하는 해설

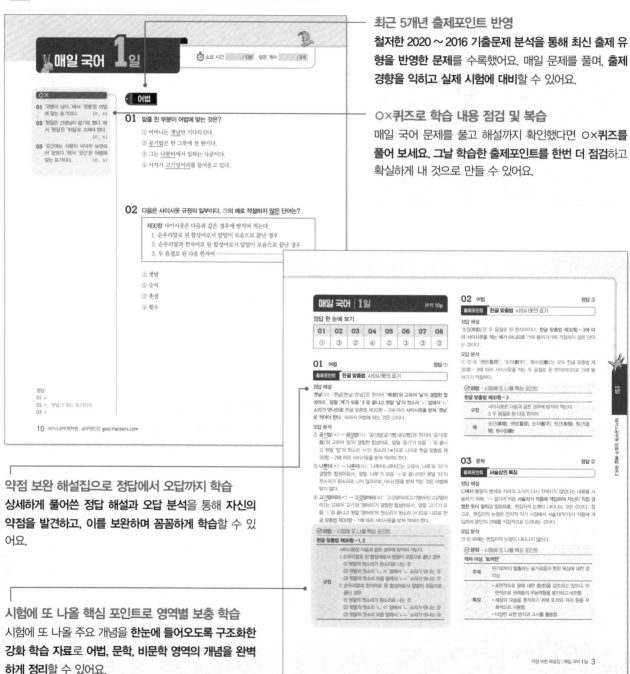

최근 5개년 출제포인트 반영
철저한 2020 ~ 2016 기출문제 분석을 통해 최신 출제 유형을 반영한 문제를 수록했어요. 매일 문제를 풀며, 출제 경향을 익히고 실제 시험에 대비할 수 있어요.

OX퀴즈로 학습 내용 점검 및 복습
매일 국어 문제를 풀고 해설까지 확인했다면 OX퀴즈를 풀어 보세요. 그날 학습한 출제포인트를 한번 더 점검하고 확실하게 내 것으로 만들 수 있어요.

약점 보완 해설집으로 정답에서 오답까지 학습
상세하게 풀어쓴 정답 해설과 오답 분석을 통해 자신의 약점을 발견하고, 이를 보완하며 꼼꼼하게 학습할 수 있어요.

시험에 또 나올 핵심 포인트로 영역별 보충 학습
시험에 또 나올 주요 개념을 한눈에 들어오도록 구조화한 강화 학습 자료로 어법, 문학, 비문학 영역의 개념을 완벽하게 정리할 수 있어요.

2 고득점 대비를 위한 핵심한자 암기노트

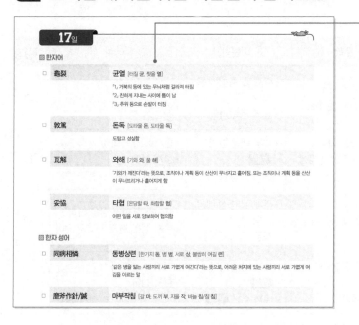

핵심 한자어, 한자 성어 완벽 암기

핵심한자 암기노트로 **한자어와 한자 성어의 독음, 음/훈, 의미를 쉽게 암기**할 수 있어요. 하루의 마지막에 매일 국어에서 학습한 한자를 외우며 **고득점에 대비**해 보세요.

3 최종 실력을 점검할 수 있는 모의고사

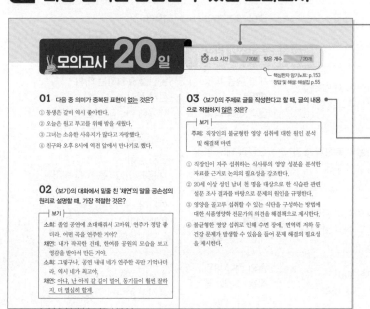

모의고사 20일로 실제 시험에 완벽 대비

실전처럼 제한 시간 내에 모의고사 1회분을 풀어보며 매일 국어 20일 **학습을 마무리하고 상세한 해설을 통해 마지막까지 실력을 높일** 수 있어요.

최신 출제포인트가 반영된 적중 모의고사로 마무리

출제 가능성이 높은 예상 문제를 풀어보며 **영역별 출제경향을 파악**하고 **실전 감각을 극대화**할 수 있어요.

차례

최근 5년간 영역별 출제경향 분석

2020–2016 국가직 · 지방직 · 서울시 기출문제

어휘
15%

어법
40%

비문학
24%

문학
21%

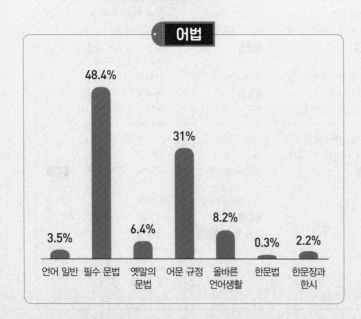

어법

48.4%

31%

3.5%
6.4%
8.2%
0.3%
2.2%

언어 일반 | 필수 문법 | 옛말의 문법 | 어문 규정 | 올바른 언어생활 | 한문법 | 한문장과 한시

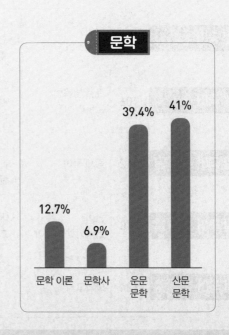

문학

12.7%
6.9%
39.4%
41%

문학 이론 | 문학사 | 운문 문학 | 산문 문학

매일 국어
1일-20일

1일-19일 매일 국어 · 20일 모의고사

해커스공무원 양효주 매일 국어 2

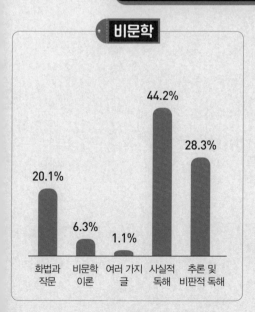

- 화법과 작문: 20.1%
- 비문학 이론: 6.3%
- 여러 가지 글: 1.1%
- 사실적 독해: 44.2%
- 추론 및 비판적 독해: 28.3%

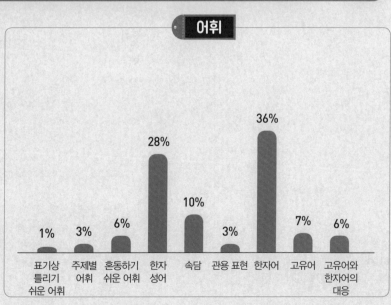

- 표기상 틀리기 쉬운 어휘: 1%
- 주제별 어휘: 3%
- 혼동하기 쉬운 어휘: 6%
- 한자 성어: 28%
- 속담: 10%
- 관용 표현: 3%
- 한자어: 36%
- 고유어: 7%
- 고유어와 한자어의 대응: 6%

OX

01 '귓병이 났다.'에서 '귓병'은 어법
　　에 맞는 표기이다. 　　　(ㅇ, ×)

02 '뒷일은 선생님이 맡기로 했다.'에
　　서 '뒷일'은 '뒤일'로 고쳐야 한다.
　　　　　　　　　　　　　(ㅇ, ×)

03 '곳간에는 식량이 넉넉히 보관되
　　어 있었다.'에서 '곳간'은 어법에
　　맞는 표기이다. 　　　　(ㅇ, ×)

어법

01 밑줄 친 부분이 어법에 맞는 것은?

① 어머니는 <u>곗날</u>만 기다리신다.

② <u>공기밥</u>은 한 그릇에 천 원이다.

③ 그는 <u>나룻터</u>에서 일하는 사공이다.

④ 사자가 <u>고기덩어리</u>를 물어뜯고 있다.

02 다음은 사이시옷 규정의 일부이다. ㉠의 예로 적절하지 <u>않은</u> 단어는?

> 제30항 사이시옷은 다음과 같은 경우에 받치어 적는다.
> 1. 순우리말로 된 합성어로서 앞말이 모음으로 끝난 경우
> 2. 순우리말과 한자어로 된 합성어로서 앞말이 모음으로 끝난 경우
> 3. 두 음절로 된 다음 한자어 ·· ㉠

① 셋방

② 숫자

③ 촛점

④ 횟수

정답
01 ㅇ
02 ×, '뒷일'이 맞는 표기이다.
03 ㅇ

03 다음 ㉠～㉣ 중 편집자적 논평이 나타나는 것은?

밤에 즐겁게 놀고, 이튿날 왕께 하직하고 별주부의 등에 올라 ㉠만경창파 큰 바다를 순식간에 건너 와서, 육지에 내려 자라에게 하는 말이,

"내 한 번 속은 것도 생각하면 진저리가 나거든 하물며 두 번까지 속을 소냐. 내 너를 다리뼈를 추려 보낼 것이로되 십분 용서하노니 너의 용왕에게 내 말로 이리 전하여라. 세상 만물이 어찌 간을 임의로 꺼내었다 넣었다 하리오. 신출귀몰한 꾀에 너의 미련한 용왕이 잘 속았다 하여라."

하니, 자라가 하릴없이 뒤통수를 툭툭 치고 무료히 회정(回程)하여 들어가니, ㉡용왕의 병세와 자라의 소식을 다시 전하여 알 일이 없더라.

㉢토끼 자라를 보내고 희희낙락하며 평원 광야 너른 들에 이리 뛰며 흥에 겨워 하는 말이,

"어화 인제 살았구나. 수궁에 들어가서 배 째일 뻔하였더니, 요 내 한 꾀로 살아와서 예전 보던 만산풍경 다시 볼 줄 그 뉘 알며, 옛적 먹던 산 실과며 나무 열매 다시 먹을 줄 뉘 알소냐. 좋은 마음 그지없네."

작은 우자를 크게 부려 한참 이리 노닐 적에, ㉣난데없는 독수리가 살 쏘듯이 달려들어 사족을 홈쳐들고 반공에 높이 나니, 토끼 정신이 또한 위급하도다.　　　　　　　　　　　　　　　　　　　　－ 작자 미상, '토끼전' 중에서 －

① ㉠　　　　　　　　　　　　② ㉡

③ ㉢　　　　　　　　　　　　④ ㉣

정답
01 ×, 전지적 작가 시점
02 ㅇ

04 다음 시에 나타난 시적 화자의 정서와 가장 유사한 것은?

> 폭포는 곧은 절벽을 무서운 기색도 없이 떨어진다
>
> 규정할 수 없는 물결이
> 무엇을 향하여 떨어진다는 의미도 없이
> 계절과 주야를 가리지 않고
> 고매한 정신처럼 쉴 사이 없이 떨어진다
>
> 금잔화도 인가도 보이지 않는 밤이 되면
> 폭포는 곧은 소리를 내며 떨어진다
>
> 곧은 소리는 소리이다
> 곧은 소리는 곧은
> 소리를 부른다
>
> 번개와 같이 떨어지는 물방울은
> 취할 순간조차 마음에 주지 않고
> 나타(懶惰)와 안정을 뒤집어 놓은 듯이
> 높이도 폭도 없이
> 떨어진다
>
> — 김수영, '폭포' —

① 추강(秋江)에 밤이 드니 물결이 차노매라
　 낚시 드리우니 고기 아니 무노매라
　 무심(無心)한 달빛만 싣고 빈 배 저어 오노라

② 오백 년(五百年) 도읍지(都邑地)를 필마(匹馬)로 도라드니
　 산천(山川)은 의구(依舊)ᄒ되 인걸(人傑)은 간 듸 업다.
　 어즈버 태평연월(太平烟月)이 쑴이런가 ᄒ노라.

③ 청산(靑山)은 내 쑛이오 녹수(綠水)는 님의 정(情)이
　 녹수(綠水) 흘러간들 청산(靑山)이야 변(變)홀손가.
　 녹수(綠水)도 청산(靑山)을 못 니져 우러 예어 가는고.

④ 이 몸이 주거 가셔 무어시 될고 ᄒ니
　 봉래산(蓬萊山) 제일봉(第一峯)에 낙락장송(落落長松) 되야 이셔
　 백설(白雪)이 만건곤(滿乾坤)홀 제 독야청청(獨也靑靑) ᄒ리라

05 다음 글의 중심 내용으로 가장 적절한 것은?

> 한글 창제 주체에 대한 논의 중 관심을 끄는 것은 "발음 기호로서 훈민정음을 고안한 것은 세종 자신으로 보이며 세자(후일 문종)와 수양대군(후일 세조), 안평대군 등이 이 문자의 고안에 참가한 것으로 보인다"는 주장이다. 〈중 략〉
>
> 그런데 이러한 주장을 하기 위해서는 먼저 "왜 세종이 한글 창제 사업에 왕자와 공주 등 왕실 가족들만 참여시켰을까?"라는 질문에 대답을 해야 한다. 일단 예상할 수 있는 대답은 '보수적인 유학자들의 비판을 피하기 위해서'다. 그러나 이는 한글 창제 사업이 왕실의 비밀 프로젝트가 되어야만 하는 이유로는 부족하다. 단, 이 사실을 좀 더 확대해 한글 창제를 왕실 비밀 프로젝트로 추진한 것이 신권과 왕권의 대립 때문이었다고 보면 흥미로운 추론을 해볼 수 있다.
>
> 조선은 유교를 건국이념으로 삼았지만 왕실이 유교적 세계관에 완전히 동화된 상태는 아니었다. 이런 이유로 국정 운영의 중심에는 언제나 유교적 이념에 투철한 사대부들이 있었다. 이런 상황이었기에 왕실로서는 왕권을 강화하면서 유교적 통치 이념을 굳건히 할 필요가 있었다. 신 문자, 즉 한글의 창제 사업은 이러한 필요성에서 추진되었다고 볼 수 있다. 왕실 주도로 한글을 창제하고 이 문자를 한자음 정리와 유교 경전의 번역 등에 활용한다면 왕실이 문화를 선도할 것이고 더불어 왕권도 강화될 수 있을 것이기 때문이다.

① 한글은 왕권 강화가 필요한 시기에 창제되었다.

② 한글 창제는 신 문자 발명 이상의 의미를 지닌다.

③ 고안 초안 시기에 한글은 표음 문자의 성격을 띠지 않았다.

④ 조선의 왕실과 달리 신하들은 유교적으로 사고하는 경향이 강했다.

06 다음 글의 글쓰기 방식에 대한 설명으로 적절한 것은?

○×

> 락타아제 결핍증이 나타나는 비율은 지역과 문화에 따라 크게 다르다. 덴마크인은 3%만 락타아제 결핍증을 보이는 반면에 어른이 되고 난 뒤에 우유를 먹지 않는 타이인은 97%가 락타아제 결핍증을 보인다. 그러면 락타아제가 분비되지 않는 사람들은 우유를 먹을 수 없는 것일까? 아니다. 먹을 수 있다. 우유를 먹기 전에 락타아제를 복용하거나 우유에 타 먹으면 된다. 뿐만 아니라 젖당을 미리 분해해 놓은 유제품도 시중에 많이 나와 있다. 이러한 우유는 보통 우유보다 더 단맛이 난다. 왜냐하면 락타아제의 촉매 작용으로 분해된 단당류들(포도당과 과당)이 이당류(젖당)보다 훨씬 달기 때문이다.

① 전문가의 견해를 인용하여 신뢰성을 강화하고 있다.

② 주장에 대한 여러 관점의 근거를 들어 타당성을 높이고 있다.

③ 특정 현상이 일어나는 요인과 해결책을 제시해 글의 완결성을 높이고 있다.

④ 글의 도입부에서 통계 결과를 제시함으로써 문제 해결의 필요성을 강조하고 있다.

07 밑줄 친 말의 사전적 의미로 가장 적절한 것은?

> 동네에서도 소문이 났거니와 나도 한때는 <u>걱실걱실히</u> 일 잘 하고 얼굴 예쁜 계집애인 줄 알았더니, 시방 보니까 그 눈깔이 꼭 여우새끼 같다.
>
> – 김유정, '동백꽃' 중에서 –

① 매우 부산하고 급하게 서두르는 모양
② 성질이나 태도가 부드럽고 조용하며 찬찬한 모양
③ 성질이 너그러워 말과 행동을 시원스럽게 하는 모양
④ 성질이 꼼꼼하지 않아 행동이 신중하거나 조심스럽지 않은 모양

08 문맥을 고려할 때, 밑줄 친 한자어의 표기가 적절한 것은?

① 중국어 초급 <u>過程</u>을 한 달 만에 마쳤다.
② 올해 축제 운영 방향에 대한 <u>論意</u>를 계속하고 있다.
③ 지식의 축적보다 창의력 <u>啓發</u>이 더 중요한 사회이다.
④ 옛날 사람들은 자연이 네 가지 <u>尿素</u>로 구성되어 있다고 생각했다.

핵심한자 암기노트: p.136

정답 및 해설: 해설집 p.03

○×

01 고유어 '곰기다'의 사전적 의미는 '곪은 자리에 딴딴한 멍울이 생기다.'이다. (○, ×)
02 '㉠을(를) 파악하기 위해 같은 글을 계속 읽었다.'에서 ㉠에 적절한 한자어는 '過程'이다. (○, ×)

1일

해커스공무원 안효주 매일 국어 2

정답
01 ○
02 ×, 論意(논의)

○×

01 겹문장은 한 문장 안에 두 개 이상의 절이 겹쳐져 있는 것으로, '안은문장'과 '이어진문장'으로 나뉜다. (○ , ×)

02 '사촌 동생은 나와 생일이 같다.'는 홑문장이다. (○ , ×)

03 '그는 앞으로 무슨 일이 펼쳐질지 알지 못했다.'에서 밑줄 친 부분은 부사절이다. (○ , ×)

🏷 어법

01 안긴문장이 **없는** 것은?

① 서울 중심지는 땅값이 매우 비싸다.

② 할머니의 은수저가 눈이 부시게 반짝거린다.

③ 배와 딸기는 각각 가을과 겨울에 열매를 맺는다.

④ 비가 와서 축축한 땅에 지렁이가 꿈틀대며 지나간다.

02 밑줄 친 ㉠ ~ ㉣에 대한 반응으로 적절하지 **않은** 것은?

> 문화재청은 ㉠온돌 문화를 새 국가무형문화재로 지정할 것을 예고한다고 지난 16일 밝혔다.
> 문화재청은 "온돌 문화는 ㉡혹한의 기후 환경에 지혜롭게 적응하고 대처해 온 한국인의 창의성을 보여준다."며 "고유한 주거 기술과 생활상을 담고 있는 문화유산이다."라고 지정의 이유를 밝혔다.
> 한국의 온돌 문화는 2천 년 이상의 역사를 가지는 것으로 추정된다. 원시적 형태의 난방 방식에 이미 ㉢부뚜막식 화덕과 연기 통로가 있었기 때문이다. 또한 기원전 3세기와 1세기 사이에 만들어진 ㉣온돌 유적들이 한반도 곳곳에서 발견되었음도 그 이유로 들 수 있다.

① 유리: ㉠은 다른 사람의 말을 인용한 절이야.

② 진아: ㉡은 안겨 있는 문장 내에서 명사를 꾸며주는 역할을 해.

③ 정민: ㉢은 문장의 서술어를 꾸며주는 부사절이야.

④ 하나: ㉣은 명사처럼 쓰이면서 문장 내에서 목적어의 역할을 해.

정답

01 ○

02 ×, 서술절을 안은 문장으로 겹문장이다.

03 ×, 명사절

○×

03 ㉠~㉢에 대한 설명으로 적절하지 <u>않은</u> 것은?

㉠유 소사(劉少師)가 생각키에, 사 급사 댁에는 남자가 없으니 의당 매파를 보내어 혼인을 의논해야 되겠다고 하여, ㉡매파 주씨를 보내 혼인할 뜻을 전했다. ㉢부인이 불러 보니 매파는 먼저 유 소사의 집안이 대대로 부귀하며, 한림의 문채와 풍채가 빼어남을 일컫고는 또 이렇게 말했다.

"어느 재상 댁인들 유 소사에게 청혼하지 않았겠습니까? 하오나 소사께서는 소저가 천자 국색(天姿國色)이며, 재덕(才德)이 출중하다는 소문을 들으시고는 이에 소인으로 하여금 중매를 서게 하였습니다."〈중략〉

"우리 아이는 어떻게 생각하느냐? 숨기지 말고 네 뜻을 말해 보아라."

㉣소저 대답하여 아뢰었다.

"소녀가 듣자오니 유 소사께서는 오늘날의 어진 재상이라고 합니다. 결혼이 불가할 까닭이 없습니다. 그러나 오직 매파 주씨의 말로만 본다면 의심스러운 점이 없지 않습니다. 소녀가 듣자오니 군자는 덕(德)을 귀하게 여기고 색(色)은 천하게 여기며, 숙녀는 덕으로써 시집을 가고 색으로써 사람을 섬기지 않는다고 합니다. 이제 매파 주씨가 먼저 색을 일컬으니 소녀는 그윽히 부끄럽게 여깁니다."

– 김만중, '사씨남정기' 중에서 –

① ㉠은 사람들로부터 좋은 평판을 얻고 있다.

② ㉡은 ㉣에 비해 덕(德)을 중요하게 여기고 있다.

③ ㉢은 ㉣의 뜻을 존중할 줄 아는 인물이다.

④ ㉣은 ㉡이 ㉠의 뜻을 잘못 전했을 가능성도 고려하고 있다.

01 문학 작품에서 화자가 자신의 감정, 의지 등을 사실 그대로 전달하지 않고 물음의 형식으로 변화를 주어 드러낸다면 '설의적 표현'이 쓰인 것이다. (○, ×)

02 문학 작품에서 서로 반대되는 대상이나 내용을 내세워 주제를 강조하거나 인상을 선명하게 하는 수사법은 '대조법'이다. (○, ×)

03 문학 작품에서 음운, 단어, 문장 구조 등을 반복하면 운율이 형성되는 효과를 얻을 수 있다. (○, ×)

04 다음 시에 대한 감상으로 적절하지 <u>않은</u> 것은?

> 남으로 창을 내겠소.
> 밭이 한참 갈이
> 괭이로 파고
> 호미론 김을 매지요.
>
> 구름이 꼬인다 갈 리 있소.
> 새 노래는 공으로 들으랴오.
> 강냉이가 익걸랑
> 함께 와 자셔도 좋소.
>
> 왜 사냐건
> 웃지요.   – 김상용, '남(南)으로 창을 내겠소' –

① 화자의 삶의 자세를 직접적으로 드러내고 있다.
② 유사한 종결 어미를 활용하여 운율을 형성하고 있다.
③ 세속에서의 삶과 자연 속에서의 삶을 대비하여 주제를 표현하고 있다.
④ 설의적 표현을 사용하여 화자가 지향하는 삶에 대한 의지를 강조하고 있다.

05 다음 글의 내용과 부합하는 것은?

> 감홍로주는 청명주와 제조 과정이 거의 유사하나, 다른 점은 술밥으로 찹쌀을 쪄서 조금 말린 후 여기에 용안육·진피·방풍·정향 등을 가루 내어 비단 주머니에 넣고 술이 거의 괴어갈 무렵에 술에 직접 닿지 않도록 술독에 넣어서 만든다는 것이다. 그래서 술의 빛이 붉고 맛이 감미甘味하여 '감홍甘紅'이라 붙였다.
>
> 이에 비해 조선 시대 과거 급제자를 가장 많이 배출한 한산 이씨의 고장에서 나는 한산 '소국주'는 제조법이 조금 다르다. 먼저 통밀을 한 시간쯤 물에 불려 맷돌로 곱게 갈고 이를 누룩 틀에 담아 누룩을 만든 후 따뜻한 온돌 아랫목에서 20여 일 동안 띄운다. 그 후 꺼내어 이틀 정도 밤이슬을 맞혀 누룩 냄새를 없앤다. 이렇게 빚은 누룩을 물에 풀어 효소를 추출한 뒤 이 추출액과 묽은 멥쌀 죽을 혼합하여 밑술을 만든다. 찹쌀로 고두밥을 지어 식힌 후 밑술과 섞어서 큰 독에 담는다. 여기에 엿기름가루 세 홉, 고추 열 개, 생강 열 뿌리, 말린 들국화 한 움큼을 넣고, 창호지로 입구를 막은 후 뚜껑을 덮고 100일 정도 익힌다. 100일이 지난 뒤 열어보면 끈끈하고 샛노란 술이 젓가락 끝에 들러붙는다.

① '소국주'는 200여 일가량의 시간을 들여야 완성된다.

② '감홍로주'라는 이름은 술의 맛과 색에서 유래하였다.

③ '청명주'는 한산 이씨가 많이 사는 지역에서 만들어지는 술이다.

④ '감홍로주'는 향을 강하게 하기 위해 정향을 술에 직접 담가 만든다.

01 '하지만'은 서로 일치하지 않거나 상반되는 사실을 나타내는 두 문장을 이어 줄 때 쓰는 접속 부사이다. (○, ×)

02 '그러면'은 앞의 내용이 뒤의 내용의 원인이나 근거, 조건 등이 될 때 쓰는 접속 부사이다. (○, ×)

03 '정훈이는 겨울에도 옷을 얇게 입는다. ㉠ 감기에 걸릴 수밖에 없다.'에 들어갈 적절한 접속 부사는 '그리고'이다. (○, ×)

06 〈보기〉의 ㉠과 ㉡에 들어갈 접속 부사로 가장 옳은 것은?

┤ 보기 ├

기계 만능주의 사고는 기업에서도 정보 사회의 걸림돌로 지적된다. 경영주는 큰돈을 들여 고급 컴퓨터를 들여놓으면 모든 문제가 당장 해결되리라고 기대한다. 그리고 전산 전문가들은 자신의 전문 지식과 기술로 일 처리가 매우 빨라질 것이라고 기대한다. (㉠) 컴퓨터는 어디까지나 하나의 도구일 뿐이다. 시키는 일만 충실하게 해낼 뿐 스스로 사고하고 판단하지는 못한다.

문제는 사람들이 얼마나 상황을 정확하게 파악하여 프로그램을 짜내는가이다. 그것은 인간 개개인의 창조성 문제이자 동시에 원활한 커뮤니케이션의 문제이다. 아무리 컴퓨터 전문가라 해도 회사 업무 내용을 속속들이 알지 못하면 좋은 작품을 내놓지 못한다. 그것을 파악하는 작업은 결국 그 일을 실제로 담당하는 사람들과 전산 전문가 사이의 의사소통에 달려 있다.

정보 사회를 맞이하면서 우리가 가장 깊이 생각해 보아야 할 문제는 이것이다. 도대체 정보란 무엇인가? 그것은 그냥 객관적으로 주어진 대상인가? (㉡) 그것은 관련된 당사자들에게 항상 가치 중립적이고 공정한 지식이 되는가? 결코 그렇지 않다. 똑같은 현상에 대해 정보를 만들어 내는 방식은 매우 다양할 수 있다. 정보라는 것은 인간에 의해 가공되는 것이고 그 밑에는 언제나 주관적인 입장과 가치관이 깔려 있게 마련이다. 따라서 우리 사회에서 중요한 정보들을 누가 만들어 내는가를 심각하게 따져 볼 필요가 있다.

	㉠	㉡
①	그래도	그러면
②	그러나	그래서
③	하지만	그리고
④	그러니까	그리하여

07 밑줄 친 부분의 한자가 옳은 것은?

① 남한강과 북한강은 양수리에서 교차(交差)한다.

② 유학을 좋아하는 그는 시경(詩境)을 즐겨 읽곤 했다.

③ 학생들은 답사(踏査)를 읽으며 선생님께 고마움을 전했다.

④ 체조 선수단은 기대(企待)에 못 미치는 성적에 아쉬움을 드러냈다.

08 다음 중 밑줄 친 부분과 가장 잘 어울리는 사자성어는?

> 경업이 노기충천하여 맞아 내달아 칼을 들어 호장의 머리를 베어 내리치고, 진중을 짓쳐 들어가 좌충우돌하여 호병을 베기를 무인지경같이 하니, 호병이 황겁하여 각각 헤어져 목숨을 도모하여 달아나고, <u>남은 군사는 아무리 할 줄 몰라 죽는 자가 무수하더라.</u>

① 渴而穿井

② 螳螂拒轍

③ 束手無策

④ 搖之不動

핵심한자 암기노트: p.137

정답 및 해설: 해설집 p.06

○×

01 '가슴속에 살아 있는 옛 기억을 떠올렸다.'의 '살다'와 '피구 시합이 막 시작되었는데 나 혼자만 살아 있다.'에서의 '살다'는 '동음이의어'이다. 　　　(○, ×)

02 '화장실의 거울을 새로 사서 갈았다.'에서 '갈다'와 '회에 곁들이려고 고추냉이를 갈았다.'에서 '갈다'는 '다의어'이다. 　(○, ×)

03 '근심으로 가득하다.'에서 '근심'과 '걱정만 늘어난다.'에서 '걱정'은 '유의 관계'에 있다. 　　(○, ×)

어법

01 〈보기〉의 밑줄 친 부분과 문맥적 의미가 가장 가까운 것은? 　2020 서울시 9급

| 보기 |

현재 그녀는 건강이 매우 <u>좋다</u>.

① 그녀의 성격은 더할 수 없이 <u>좋다</u>.

② 서울 간 길에 한 번 뵈올 땐 혈색이 <u>좋으셨는데</u>?

③ 다음 주 토요일은 결혼식을 하기에는 매우 <u>좋은</u> 날이다.

④ 대화를 하는 그의 말투는 기분이 상쾌할 정도로 <u>좋았다</u>.

02 ㉠은 '쓰다'의 유의어이며, ㉡은 유의어가 쓰인 예문이다. ㉠과 ㉡의 연결이 적절하지 <u>않은</u> 것은?

	㉠	㉡
①	베풀다	가게 사장은 인심을 써서 500원을 더 깎아주었다.
②	발휘하다	수술이 잘못되면 손가락을 못 쓰게 될 수도 있다.
③	사용하다	직접 도구를 만들어 쓰면서 인류는 더욱 발전하게 되었다.
④	소비하다	공과금이 많이 나가서 여가 생활에 쓸 돈이 없다.

정답
01 ×, 다의어
02 ×, 동음이의어
03 ○

문학

03 ㉠ ~ ㉣에 대한 설명으로 적절하지 <u>않은</u> 것은?

> 향규(香閨)의 일이 업셔 백화보(百花譜)를 혀쳐 보니, 봉선화 이 일홈을
> 뉘라서 지어낸고, ㉠眞游(진유)의 玉簫(옥소) 소리 紫煙(자연)으로 힝흔
> 후에, 閨中(규중)의 나믄 因緣(인연) 一枝花(일지화)의 머므르니, ㉡柔弱
> (유약)흔 푸른 닙은 봉의 꼬리 넘노는 듯. 自若(자약)히 붉은 곳은 紫霞裙
> (자하군)을 헤쳣는 듯.
> 　白玉(백옥)셤 조흔 흘게 종종이 심어닉니, ㉢春三月(춘삼월)이 지난 후
> 의 香氣(향기) 업다 웃지 마소. ㉣醉(취)흔 나븨 미친 벌이 뜨르올가 저
> 허흐네.　　　　　　　　　　　－ 작자 미상, '봉선화가' 중에서 －

① ㉠: 규방의 봉선화가 '진유'와 관련이 있음을 보여준다.

② ㉡: 비유를 사용하여 봉선화의 아름다움을 표현하고 있다.

③ ㉢: 봉선화의 부족한 점을 드러내고 있다.

④ ㉣: 품격이 없는 존재를 경계하는 봉선화의 성품을 예찬하고 있다.

OX

04 ㉠~㉣에 대한 이해로 가장 적절하지 <u>않은</u> 것은?

> "양심을 버리고, 윤리와 관습을 무시하고, 법률까지도 범하고!?"
>
> 흥분한 철호의 큰 목소리에 영호는 지금까지 철호의 얼굴에 주었던 시선을 앞으로 죽 뻗치고 앉은 자기의 발끝으로 떨구었다.
>
> "㉠저도 형님을 존경하고 있어요. 고생하시는 형님을. 용케 이 고생을 참고 견디는 형님을. 그렇지만 형님은 약한 사람이야요. 용기가 없는 거지요. 너무 양심이 강해요. 아니 어쩌면 사람이 약하면 약한 만치, 그만치 반대로 양심이란 가시는 여물고 굳어지는 것인지도 모르죠."
>
> "양심이란 가시?"
>
> "네, 가시지요. ㉡양심이란 손끝의 가십니다. 빼어 버리면 아무렇지도 않은데 공연히 그냥 두고 건드릴 때마다 깜짝깜짝 놀라는 거야요. 윤리요? 윤리. 그런 나이롱 빤쓰 같은 것이죠. 입으나 마나 불알이 덜렁 비쳐 보이기는 매한가지죠. 관습이요? 그건 소녀의 머리 위에 달린 리본이라고나 할까요? 있으면 예쁠 수도 있어요. 그러나 없대서 뭐 별일도 없어요. 법률? 그건 마치 허수아비 같은 것입니다. 허수아비. 덜굳은 바가지에다 되는 대로 눈과 코를 그리고 수염만 크게 그린 허수아비. 누더기를 걸치고 팔을 쩍 벌리고 서 있는 허수아비. 참새들을 향해서는 그것이 제법 공갈이 되지요. 그러나 까마귀쯤만 돼도 벌써 무서워하지 않아요. 아니 무서워하기는커녕 그놈의 상투 끝에 턱 올라앉아서 썩은 흙을 쑤시던 더러운 주둥이를 쓱쓱 문질러도 별일 없거든요. 흥." 〈중 략〉
>
> "저도 형님의 그 생활 태도를 잘 알아요. ㉢가난하더라도 깨끗이 살자는. 그렇지요, 깨끗이 사는 게 좋지요. 그런데 형님 하나 깨끗하기 위하여 치르는 식구들의 희생이 너무 어처구니없이 크고 많단 말입니다. 헐벗고 굶주리고. 형님 자신만 해도 그렇죠. 밤낮 쑤시는 충치 하나 처치 못하시고. 이가 쑤시면 치과에 가서 치료를 하거나 빼어 버리거나 해야 할 것 아니야요. 그런데 형님은 그것을 참고 있어요. 낮을 잔뜩 찌푸리고 참는단 말입니다. 물론 ㉣치료비가 없으니까 그러는 수밖에 없겠지요. 그겁니다. 바로 그겁니다. 그 돈을 어떻게든가 구해야죠. 이가 쑤시는데 그럼 어떻게 해요."
>
> — 이범선, '오발탄' 중에서 —

① ㉠: 철호가 책임감이 강한 사람임을 인정하고 있다.

② ㉡: 비유를 사용하여 양심에 대한 영호의 생각을 함축적으로 표현하고 있다.

③ ㉢: 철호의 삶의 자세를 한 문장으로 요약하고 있다.

④ ㉣: 철호가 경제적으로 얼마나 어렵게 살고 있는지를 보여주고 있다.

05 다음 글의 필자가 궁극적으로 강조하는 내용으로 가장 적절한 것은?

○×

청령포는 유괴되고 살해된 한 어린이의 추억에 젖게 합니다. 무고한 백성의 비극을 읽게 합니다. 역사의 응달에 묻힌 단종비 정순왕후(定順王后)의 여생이 더욱 그런 느낌을 안겨줍니다. 궁중에서 추방당한 그녀는 서울 교외의 초막에서 동냥과 염색업으로 한 많은 생애를 마칩니다.

그녀의 통곡이 들려오면 마을 여인들도 함께 땅을 치고 가슴을 치며 동정곡(同情哭)을 하였다고 합니다. 핏빛보다 더 진한 자줏빛 물감을 들이며 가난한 한 포기 민초로 사라져 갑니다. 동정곡을 하던 수많은 여인들의 마음이나 동강에 버려진 단종의 시체를 수습했던 영월 사람들의 마음을 '충절'이란 낡은 언어로 명명(命名)할 수는 없다고 생각합니다. 그들의 동정은 글자 그대로 그 정(情)이 동일(同一)하였기 때문입니다.

같은 설움과 같은 한(恨)을 안고 살아갔던 사람들이었기 때문이라고 생각합니다.

우리에게 남겨진 과제는 단종을 궁중으로부터 이들의 이웃으로 옮겨오는 일인지도 모릅니다.

단종을 정순왕후의 자리로 옮겨오고, 다시 가난한 민초들의 삶 속으로 옮겨 오는 일입니다. 단종의 애사(哀史)를 무고한 백성들의 애사로 재조명하는 일이라고 생각합니다.

그것이 상투적인 역사적 포폄(褒貶)을 통하여 지금도 재생산되고 있는 봉건적 잔재를 청산하는 길이며, 구경거리로서의 정치를 청산하고 민중이 객석으로부터 무대로 나아가는 길이며 민(民)과 정(政)이 참된 벗(大友)이 되는 길이기 때문입니다.

① 역사를 친숙하게 배울 수 있는 환경이 구축되어야 한다.

② 계층적 통합을 바탕으로 역사를 바라보는 자세가 필요하다.

③ 단종과 정순왕후의 기록을 살펴 그들을 재조명해 볼 필요가 있다.

④ 동일한 감정을 공유하던 영월 마을 사람들의 삶의 방식을 본받아야 한다.

01 보고서는 주제에 대해 조사나 연구를 진행한 내용을 객관적으로 서술한 글이다. (○, ×)

02 보고서의 끝에는 연구 대상 및 목적 등 기초적인 정보가 서술되어야 한다. (○, ×)

06 〈보기〉를 바탕으로 보고서를 작성할 때, 작성 방안으로 가장 적절하지 <u>않은</u> 것은?

┌─ 보기 ├────────────────────────────
ㄱ. 주제: 층간 소음으로 인한 문제점과 해결 방안
ㄴ. 목적
  – 이웃 간 분쟁뿐 아니라 폭력, 살인과 같은 강력 범죄의 원인이 되는 층간 소음의 문제를 분석
  – 파악한 층간 소음의 문제를 해결할 수 있는 방안을 모색
└────────────────────────────────────

① 층간 소음 인식 정도를 이전 거주 형태에 따라 분류한다.

② 층간 소음과 관련된 판례와 법률 조항을 조사하여 분석한다.

③ 저명한 건축과 교수와의 인터뷰를 통해 해결 방안을 도출한다.

④ 공동 주택에 거주하는 주민들을 대상으로 설문 조사를 실시하여 층간 소음의 실태를 도출한다.

정답
01 ○
02 ×, 보고서의 처음 부분에 서술되어야 한다.

07 밑줄 친 부분의 표기가 잘못된 것은?

① 하마터면 일을 다 그르칠 뻔했다.

② 집으로 돌아가려면 언덕배기를 올라가야 한다.

③ 친구는 반지를 잃어버렸다며 온 집안을 뒤져냈다.

④ 그는 나즈막한 목소리로 지루한 이야기를 이어 나갔다.

08 다음 중 '융통성이 없음'을 의미하는 한자 성어로 적절한 것은?

① 교주고슬(膠柱鼓瑟)

② 다기망양(多岐亡羊)

③ 우유부단(優柔不斷)

④ 좌고우면(左顧右眄)

핵심한자 암기노트: p.138

정답 및 해설: 해설집 p.09

○✕

01 '뒷꿈치를 들어야 겨우 찬장에 손이 닿는다.'에서 '뒷꿈치'는 옳은 표기이다.   (○, ×)

02 '그는 성향 자체가 ㉠하여 어떤 일도 빠르게 결정하지 못한다.'에서 ㉠에 적절한 한자 성어는 '優柔不斷'이다.   (○, ×)

정답
01 ×, '뒤꿈치'로 표기해야 한다.
02 ○

○×

01 '해도 해도 너무하는 것 같다.'는 띄어쓰기가 옳은 문장이다.

(○, ×)

02 '집까지 30분 가량 걸린다.'는 띄어쓰기가 옳은 문장이다. (○, ×)

03 '물속에는 흥미로운 것들이 많다.'는 띄어쓰기가 옳은 문장이다.

(○, ×)

어법

01 띄어쓰기가 옳은 것은?

① 내가 원하는대로 일이 되지 않는다.

② 시험 이틀 전부터 그는 안절부절 못했다.

③ 나뭇잎을 한 잎 두 잎 뜯으며 시간을 보냈다.

④ 그들은 할 일은 않고 쓸 데 없이 한밤 중에 거리를 배회했다.

02 띄어쓰기가 옳지 <u>않은</u> 것은?

① 동생의 손은 꽃같이 곱다.

　오늘은 집에 나랑 같이 가자.

② 저 사람은 결국 요리사가 못 되었다.

　좋은 사람인 것 같지만 사실 그는 못되었다.

③ 그녀는 은연중에 새로 산 집을 자랑해 댔다.

　과일을 열 개 가져왔는데 그 중 세 개가 복숭아다.

④ 누구에게나 공평하게 하나씩만 나누어 주겠다.

　열심히 뜀박질하는 아이를 보며 그는 씩 웃었다.

정답

01 ○

02 ×, 옳지 않은 문장이다. ('30분∨가량'은 '30분가량'으로 붙여 써야 한다.)

03 ○

03 다음 작품에 드러난 화자의 태도에 대한 이해로 가장 적절하지 <u>않은</u> 것은?

> 나는 이제 너에게도 슬픔을 주겠다
> 사랑보다 소중한 슬픔을 주겠다
> 겨울밤 거리에서 귤 몇 개 놓고
> 살아온 추위와 떨고 있는 할머니에게
> 귤값을 깎으면서 기뻐하던 너를 위하여
> 나는 슬픔의 평등한 얼굴을 보여 주겠다
> 내가 어둠 속에서 너를 부를 때
> 단 한 번도 평등하게 웃어 주질 않은
> 가마니에 덮인 동사자가 다시 얼어 죽을 때
> 가마니 한 장조차 덮어 주지 않은
> 무관심한 너의 사랑을 위해
> 흘릴 줄 모르는 너의 눈물을 위해
> 나는 이제 너에게도 기다림을 주겠다
> 이 세상에 내리던 함박눈을 멈추겠다
> 보리밭에 내리던 봄눈들을 데리고
> 추워 떠는 사람들의 슬픔에게 다녀와서
> 눈 그친 눈길을 너와 함께 걷겠다
> 슬픔의 힘에 대한 이야기를 하며
> 기다림의 슬픔까지 걸어가겠다

① 현대인에게 이기적인 태도가 만연해 있다고 여기고 있다.

② '너'의 행위를 나열하여 행위에 대한 반성을 요구하고 있다.

③ 슬픔에 잠긴 사람들이 작은 기쁨이라도 느끼길 바라고 있다.

④ 사회적으로 소외된 이웃들에게 관심을 가질 것을 말하고 있다.

04 ⑤～②에 대한 풀이로 옳지 <u>않은</u> 것은?

차설(且說), 길동은 그 원통한 일을 생각하면 잠시도 머물고 싶지 않았지만, 상공의 명령이 하도 엄해 어찌할 도리는 없고 밤마다 잠을 이루지 못하였다. 그날 밤 촛불을 밝히고 주역(周易)을 골똘히 읽고 있는데, ㉠ 갑자기 까마귀가 세 번 울고 지나가기에 길동이 이상하게 여기고 혼잣말로 중얼거렸다.

"이 짐승은 본디 밤을 꺼리거늘, 지금 울고 가니 매우 불길하도다."

길동이 잠깐 팔괘를 벌여 점을 쳐 보고는 크게 놀라 책상을 물리치고 둔갑법을 써서 그 동정을 살피고 있었다. 사경(四更)에 한 사람이 비수를 들고 천천히 방문을 열고 들어왔다. ㉡ 길동이 급히 몸을 감추고 주문을 외우니, 갑자기 한 줄기 음산한 바람이 일어나면서, 집은 간 데 없고 첩첩산중의 풍경이 장엄하였다. 특재가 크게 놀라서 길동의 조화가 신기하다는 것을 깨닫고 비수를 감추며 피하고자 했으나, 문득 길이 끊어지고 층층절벽이 가로막아 오도 가도 못하는 신세가 되었다. 사방으로 방황하다가 문득 피리 소리가 들려 정신을 차려서 살펴보니, 한 소년이 나귀를 타고 오며 피리를 불다가 특재를 보고 크게 꾸짖었다.

"너는 무엇 때문에 나를 죽이려 하느냐? 죄 없는 사람을 해치면 어찌 천벌을 받지 않겠는가?"

소년이 주문을 외우자, 갑자기 한바탕 검은 구름이 일어나면서 큰비가 퍼붓듯이 쏟아지고 모래와 돌멩이가 날리거늘, 특재가 정신을 가다듬고 살펴보니 길동이었다. 비록 그 재주를 신기하게 여기나,

'어찌 나를 대적하리오.'

하고 달려들며 크게 소리쳤다.

"너는 죽어도 나를 원망하지 말라. ㉢ 초란이 무녀와 관상녀와 더불어 상공과 의논하고 너를 죽이려 하는 것이니, 어찌 나를 원망하리오."

특재가 칼을 들고 달려들자 길동이 분노를 참지 못하여 요술로 특재의 칼을 빼앗아 들고 크게 꾸짖어 말했다.

"네가 재물을 탐해서 사람 죽이기를 좋아하니, 너같이 무도한 놈은 죽여서 후환을 없애리라."

길동이 한 번 칼을 들어 치자 특재의 머리가 방 가운데 떨어졌다. 길동이 분노를 이기지 못하여 그 밤에 바로 관상녀를 잡아와 특재가 죽은 방에 들이치고 꾸짖었다.

"㉣ 너는 나와 무슨 원수를 졌기에 초란과 함께 나를 죽이려 하느냐?"

길동이 칼로 베니 어찌 가련하지 아니하리오.

– 허균, '홍길동전' 중에서 –

① ㉠: '길동'에게 곧 위험이 닥쳐올 것을 암시한다.

② ㉡: '길동'이 비범한 능력을 갖추고 있음이 드러난다.

③ ㉢: '길동'에게 죽음을 수긍할 것을 요구하고 있다.

④ ㉣: 자신을 죽이려 했던 배후에 대한 '길동'의 분노가 담겨 있다.

비문학

05 다음 글에 대한 이해로 적절하지 <u>않은</u> 것은?

> 하이데거는 심리학의 고유한 연구 영역을 존중하는 한에서, 심리학 일반에 대해 무조건적으로 비판을 가하지 않는다. 우선 그는 윤리학, 역사 철학, 심리학이라는 전승된 철학 분과들이 어떤 방식으로든 삶에 대해 '말'을 하고 있다고 평가한다. 다시 말하면, 하이데거는 이 분과 학문들에서 삶에 대한 물음은 불분명하지만, 그 기초는 다소 확보되어 있다고 인정하고 있다. 그가 보기에 심리학의 대상은 "감각"이나 "촉감인상", "기억 기능"만이 아니라 "삶"으로서 삶을 현실성(Wirklichkeit)에 있어서 탐구한다. 하이데거는 이러한 측면을 조명하면서 심리학이 경험을 통해 보이는 그대로의 사태에 접근하는 자연과학적 방법과, 감각과 같은 현사실적 삶의 최종적인 요소들을 구성하는 현상학적 방법에 영향을 받았다고 진술한다. 그렇다면 우리는 삶의 현상에 대해 그 나름의 고유한 권리와 철학적인 의미를 스스로 부여하는 심리학으로서의 실증과학, 즉 생물학적 인간학에 무조건적으로 이의를 제기할 수 없다.

① 하이데거의 주장에 따르면, 심리학은 현실에 기반한 인간의 '삶'을 연구하는 학문이다.

② 하이데거는 철학에 속하는 학문들은 삶에 의문을 제기하는 공통점이 있다고 생각한다.

③ 생물학적 인간학은 심리학과 달리 인간의 '삶'을 연구할 때 철학적 사유를 거치지 않는다.

④ 하이데거의 주장에 따르면, 경험 그 자체만을 연구해야 할 때는 '자연과학적 방법'으로 접근해야 한다.

○×

06 다음 글의 시사점으로 적절하지 <u>않은</u> 것은?

유전자 서열만으로는 살아 있는 생명체 내에서 유전자의 기능을 파악할 수 없을 뿐만 아니라, 그것이 언제 작동하여 어느 조직에서 활성화되는지도 알지 못한다. 유전자의 기능성을 파악하기 위한 생명체 모델로는 쥐, 제브라피시, 초파리가 이상적이다. 비교 연구를 이용하면 인간 생명체의 분자 메커니즘에 대해 귀중한 지식을 얻을 수 있다. 질병 연구를 위한 유전자 변화나 의약품 테스트는 윤리적인 이유 때문에 모델 생명체만을 그 대상으로 할 수 있다. 쥐와 인간의 경우 개별 유전자 내에서 일어나는 변화는 비교 가능한 질병으로 이어진다. 따라서 쥐는 유전자의 기능과 인간의 유전 질환을 알아내는 데 이상적인 연구 대상이다.

연구 과정에서는 기능을 알고자 하는 유전자를 동물들에게 집어넣는다. 그렇게 해서 실험 대상이 된 동물과 유전적인 변화가 없는 다른 동물을 비교하면 임의로 집어넣은 유전자의 기능을 파악할 수 있다. 특정한 유전자를 제거하는 방식인 녹아웃(knockout) 모델에서는 그 변화를 통해 유전자 기능을 알아낸다. 돌연변이 유전자 – 스크리닝(검색) – 프로젝트에서는 많은 모델 생명체들을 임의로 돌연변이로 만든 다음 계속 길러서 다양한 유형으로 유전자가 변화할 때 생기는 영향을 체계적으로 연구한다.

이러한 방법들을 혼용하면 유효한 질병 모델이 생겨난다. 이를 위해 인간의 질병을 가능한 한 정확하게 반영해서 연구를 진행할 수 있도록 쥐를 생명체 모델로 기른다.

① 연구를 거듭해도 효용성이 있는 질병 모델이 만들어지지 않을 경우, 이전의 유전자 연구 방식을 유지하며 다른 연구 방식을 함께 쓰는 것이 필요하다.

② 기능이 불분명한 유전자는 단일 개체만으로는 기능을 정확하게 파악하기 어려우므로, 여러 개체에 유전자를 주입한 후 그 변화 양상을 비교하며 연구하는 것이 필요하다.

③ 새로 발견된 유전 질환의 유전 양상은 인간 외의 생물에서는 정확히 파악하기 어려우므로, 유전 질환이나 관련 약품 연구에는 인간을 대상으로 한 임상실험을 하는 것이 필요하다.

④ 보고된 적 없는 새로운 유전자의 기능은 죽은 생물의 체내에서는 알 수 없으므로, 유전자의 기능과 작동 양상에 대한 연구는 살아 있는 개체의 체내에서 진행하는 것이 필요하다.

어휘

07 ㉠~㉣의 한자 표기로 옳은 것은?

> • 친구의 합격을 축하하며 ㉠ 건배를 외쳤다.
> • 모든 보안 문서는 외부로의 반출을 ㉡ 엄금한다.
> • 늘 ㉢ 변명만 하는 사람에게 일을 믿고 맡길 수 없다.
> • 올바르지 못한 풍습을 ㉣ 답습하는 태도는 이제 근절해야 한다.

① ㉠ 建杯
② ㉡ 儼禁
③ ㉢ 辯明
④ ㉣ 踏襲

08 밑줄 친 부분과 관련된 사자 성어로 가장 적절한 것은?

> 정(鄭)나라 어느 고을에 벼슬을 탐탁하게 여기지 않는 학자가 살았으니 '북곽 선생(北郭先生)'이었다. 그는 나이 마흔에 손수 교정(校正)해 낸 책이 만 권이었고, 또 육경(六經)의 뜻을 부연해서 다시 저술한 책이 일만 오천 권이었다. 천자(天子)가 그의 행의(行義)를 가상히 여기고 제후(諸侯)가 그 명망을 존경하고 있었다.
> 그 고장 동쪽에는 동리자(東里子)라는 미모의 과부가 있었다. 천자가 그 절개를 가상히 여기고 제후가 그 현숙함을 사모하여, 그 마을의 둘레를 봉(封)해서 '동리과부지려(東里寡婦之閭)'라고 정표(旌表)해 주기도 했다. 이처럼 동리자가 수절을 잘하는 부인이라 했는데 실은 슬하의 다섯 아들이 저마다 성(姓)을 달리하고 있었다.

① 傍若無人
② 雪中松柏
③ 自强不息
④ 表裏不同

핵심한자 암기노트: p.139

정답 및 해설: 해설집 p.12

OX

01 한자어 '踏襲'에서 '踏'은 '밟을 답' 이다. (○, ×)

02 '주어진 일을 성공적으로 해내려면 ㉠의 태도로 끊임없이 노력해야 한다.'에서 ㉠에 들어가기 적절한 한자 성어는 '雪中松柏'이다. (○, ×)

정답
01 ○
02 ×, 自强不息(자강불식)

○×

01 '성격이 밝은 사람은 다른 사람을 기분 좋게 한다.'에서 '밝은'은 동사이다.   (○, ×)

02 '얼음이 부족하다.'에서 '얼음'은 명사이다.   (○, ×)

03 '다이어트를 무리하게 했다.'에서 '무리하게'는 형용사이다. (○, ×)

어법

01 밑줄 친 단어의 품사를 같은 것끼리 묶은 것은?

> • 그 서점에서는 ㉠ 헌 책을 사고판다.
> • ㉡ 어떤 문제가 있는지 알아보고 있다.
> • 우산이 많이 젖어 의자 아래 ㉢ 두었다.
> • 정해진 시간에 3분 ㉣ 늦어 모두의 눈총을 받았다.
> • 경기가 많이 회복되었지만 예년만 ㉤ 못한 상황이다.

① ㉠, ㉤

② ㉡, ㉣

③ ㉢, ㉣

④ ㉢, ㉤

02 밑줄 친 단어의 품사가 나머지 셋과 다른 것은?

① 아무도 <u>없는</u> 집에서 낮잠을 즐겼다.

② 이모의 마당에서는 해바라기가 <u>커</u> 간다.

③ 그 말을 인생의 신조로 <u>삼고</u> 살아야 한다.

④ <u>굳어</u> 버린 빵에 우유를 적셔 토스트를 만들었다.

정답
01 ×. 형용사
02 ○
03 ○

03 다음 작품에 대한 설명으로 적절하지 <u>않은</u> 것은?

군(君)은 어비여,
신(臣)은 ᄃᆞᄉᆞ샬 어ᅀᅵ여,
민(民)은 얼흔 아히고 ᄒᆞ샬디
민(民)이 ᄃᆞᄉᆞᆯ 알고다.
구믈ㅅ다히 살손 물생(物生)
이흘 머기 다ᄉᆞ라
이 ᄯᅡ흘 ᄇᆞ리곡 어듸 갈뎌 홀디
나라악 디니디 알고다.
아으, 군(君)다이 신(臣)다이 민(民)다이 ᄒᆞᄂᆞᆯᄃᆞᆫ
나라악 태평(太平)ᄒᆞ니잇다.

– 충담사, '안민가(安民歌)' –

① 가정법을 반복적으로 사용하고 있다.

② 나라의 근본이 임금임을 강조하고 있다.

③ 군(君), 신(臣), 민(民)의 관계를 가족에 빗대어 표현하고 있다.

④ 나라를 태평하게 하는 방법을 제시하며 시상을 마무리하고 있다.

○×

01 '향가(鄕歌)'는 주로 어떤 것을 기원하거나 유교적 이념을 노래하기 위해 창작되었다.　(○, ×)

02 '향가(鄕歌)'는 형식에 따라 4구체, 8구체, 10구체로 분류할 수 있다.　(○, ×)

03 10구체 향가에서 대체로 작가의 의도가 집약되는 부분은 마지막 2구로, 감탄사로 시작하는 경우가 많다.　(○, ×)

정답
01 ×, 불교적 이념
02 ○
03 ○

OX

04 다음 글에 대한 이해로 적절하지 <u>않은</u> 것은?

> 이사 가는 날은 커다란 무쇠솥을 새로 사서 엄마가 손수 부뚜막을 만들고 걸었다. 엄마는 미장이 도배장이 칠장이…… 못하는 게 없었다.
>
> 이사 간 날, 첫날 밤 세 식구가 나란히 누운 자리에서 엄마는 감개무량한 듯이 말했다.
>
> "기어코 서울에도 말뚝을 박았구나. 비록 문밖이긴 하지만……" 〈중 략〉
>
> 나는 괴불 마당에 분꽃씨도 뿌리고 채송화씨도 뿌리고 봉숭아씨도 뿌렸다. 그러나 이사 가고 나서 나의 외톨이 신세는 좀 더 심해졌다. 땜장이 딸하고도 자연히 멀어졌고 나 혼자 매동학교를 다녔기 때문에 그 동네 학교를 다니는 아이들한테는 의식적인 따돌림을 받았다. 엄마는 되레 그걸 바란 것처럼 좋아하는 눈치였다. 문밖에 살면서 일편단심 문안에 연연한 엄마는 내가 그 동네 아이들과는 격이 다른 문안 애가 되길 바랬다. 딸에게 가장 나쁜 거라고 가르친 거짓말까지 시키게 해 가며, 또 친척의 주소를 빌리는 번거로움과 치사함을 참아가면서 심지어는 문둥이가 득실댄다는 등성이를 매일 지나다녀야 하는 위험을 무릅쓰게 하고까지 굳이 문안 학교에 보내지 못해 한 엄마의 뜻은 처음부터 그런 데 있었으니까.
>
> 엄마는 자기가 미처 도달하지 못한 이상향과 당장 처한 현실과의 갈등을 부드럽게 하기 위해 부지불식간에 자식을 이용하고 있었지만 정작 자식이 겪는 갈등에 대해선 무지한 편이었다. 나는 동네에서도 친구가 없었지만 학교에서도 친구를 사귀지 못했다. 학교 친구들은 모두 그 근처 아이들이었기 때문에 처음부터 저희들 끼리끼리였다. 그 끼리끼리가 저희들끼리 싸우고 바뀌고 편먹고 할 뿐이지, 처음부터 어떤 끼리끼리에도 안 속한 이질적인 아이에 대해선 배타적이고 냉혹했다. 나는 가끔 혼자서 거울을 보면서 내가 어디가 어떻게 남과 달라서 여기저기서 따돌림을 받나를 이상하게도 슬프게도 생각했다. 한동네 사는 애들하곤 격이 다르게 만들려고 엄마가 억지로 조성한 나의 우월감이 등성이 하나만 넘어가면 열등감이 된다는 걸 엄마는 한번이라도 생각해 본 적이 있었을까? 우월감과 열등감은 다같이 이질감이라는 것으로 서로 한통속이었다.
>
> – 박완서, '엄마의 말뚝' 중에서 –

① '나'는 '문밖' 동네에 머무르며 친구들로부터 인정받고 싶어 한다.

② '엄마'는 '나'의 심정보다는 '문안'에 들어가는 것에 더 관심이 많다.

③ '학교 친구들'은 '나'가 다른 동네 출신인 것을 알고 '나'를 따돌렸다.

④ '말뚝'은 '나'의 가족이 서울에 터전을 잡은 것을 의미하면서 다른 한편으로 '엄마'의 인생을 의미한다.

05 (나)를 바탕으로 (가)를 이해할 때, (가)에서 위배된 격률을 모두 고른 것은?

(가)

할머니: 태희야, 집에서 약국 가는 법 알고 있니?

태희: 네, 할머니. 저도 알고 있고, 엄마도 알고 있어요.

할머니: 그래, 어떻게 가면 되니?

태희: 일단 집에서 나가서, 제일 먼저 보이는 횡단보도를 건너요. 아, 그 전에 오른쪽으로 돌아야 해요. 꽃집을 지나서 왼쪽으로 돈 다음에 보이는 서점 바로 옆이 약국이에요.

할머니: 그렇구나. 그럼 혹시 약국이 몇 시에 여는지 아니?

태희: 음… 잘 보지 않아서 모르겠지만, 보통 약국은 오전에는 다 여니까 10시쯤 열 거예요.

(나) 협력의 원리

㉠ **양의 격률**: 요구되는 만큼의 정보만 제공하고 불필요한 정보는 제공하지 말기

㉡ **질의 격률**: 거짓으로 판단되거나 근거가 충분하지 않은 말은 하지 말기

㉢ **관련성의 격률**: 대화의 화제에 적합한 말을 하기

㉣ **태도의 격률**: 모호하거나 중의적으로 해석될 수 있는 표현은 지양하고, 간명하고 조리 있게 말하기

① ㉠, ㉡

② ㉠, ㉡, ㉣

③ ㉡, ㉢, ㉣

④ ㉠, ㉡, ㉢, ㉣

06 ⊙과 ⓒ에 대한 설명으로 적절한 것은?

> ⊙ 아르브뤼는 뒤뷔페Jean Dubuffet가 창시한 사조로 기본적 세계관에서는 ⓒ 아르 앵포르멜과 동일한 반합리주의 입장을 공유했다. 아르 앵포르멜 예술가였던 타피에Michel Tapié가 참여한 점과 초현실주의를 대표하는 브레통과 연대한 점도 공통점을 보여주는 현상이다. 그러나 구체적인 내용에서는 차이가 있었다. 뒤뷔페는 '서구 백인 – 어른 – 정상인'의 가치관과 의식만을 옳은 것으로 여기는 고정관념을 거부했다. 그 대안으로 어린이, 정신병자, 심약자, 오지인, 원시인 등 위의 기준에서 정신적으로 미숙하거나 비정상적인 사람들의 그림을 제시했다. 뒤뷔페의 예술 활동은 그들의 그림을 수집하는 일과 그것에서 예술적 모티프를 얻어 스스로 화풍을 창조하는 일의 두 방향으로 전개되었다. 구체적 화풍은 구상 – 비정형 경향으로 나타났는데 구상에 기반을 둔 점 역시 아르 앵포르멜과 다른 차이점이었다.
>
> 뒤뷔페가 그들의 그림에 주목한 이유는 그들이 합리주의와 절대주의의 전통의 서구식 가치관에 노출되지 않았기 때문이다. 따라서 그들의 그림이 서구식 전통에 오염되지 않은 자유로운 상태의 예술세계를 보여줄 수 있을 것이라고 가정했다. 나아가 그들이 선험적 질서나 사회적 의무 등을 의식하지 않은 상태에서 그림을 그리기 때문에 그 그림은 모든 외부 요인에서 자유로운 개인 해방을 상징할 수 있다고 생각했다. 아르 앵포르멜과의 차이점인 '구상 대 추상'의 구별도 뒤뷔페에게는 아무 의미가 없었다. 그런 구별 자체가 선험적 가치가 개입된 선입견의 산물일 뿐이었다.
>
> 뒤뷔페의 전통 거부는 장르와 전시 공간 등에까지 확장되었다. 만화, 낙서, 거리 설치물, 벽화 등과 섞이며 회화와 조각 중심의 전통적 장르 구별을 거부했고 미술관과 박물관 중심의 전시 공간도 거부했다. 따라서 아르브뤼는 예술 사조로서의 경계는 불명확할 수 있으나 제2차 세계대전 이후 비정형 경향을 추구한 많은 예술가들이 아르브뤼와 직간접적으로 조금씩은 연관이 있었다.

① ⊙이 초현실주의에 영향을 받은 것과 달리 ⓒ은 반합리성에 영향을 받았다.

② ⊙의 작품에 비정형이 중시되어 있는 것과 달리 ⓒ의 작품에는 구상이 강조되어 있다.

③ ⓒ과 달리 ⊙은 당대 주류 가치관이 주목하지 않았던 이들로부터 작품의 영감을 받았다.

④ ⓒ과 달리 ⊙은 전시 공간과 예술 작품을 구분하던 기존 관습에서 벗어나 작품을 전시했다.

어휘

07 밑줄 친 부분의 한자 표기가 <u>잘못된</u> 것은?

① 그의 자서전(自敍傳)은 한 편의 소설 같았다.

② 최 참판은 왕을 알현(謁見)하고자 궁궐에 이르렀다.

③ 나를 대하는 동료들의 태도는 매우 배타적(背他的)이다.

④ 희빈 장씨는 권모술수(權謀術數)를 써서 중전의 자리까지 올랐다.

08 다음에 제시된 의미에 해당하는 속담은?

> 말은 시작부터 요령 있게 하여야 한다는 말

① 실없는 말이 송사 간다.

② 말이란 아 해 다르고 어 해 다르다.

③ 말은 해야 맛이고 고기는 씹어야 맛이다.

④ 머리는 끝부터 가르고 말은 밑부터 한다.

핵심한자 암기노트: p.140

정답 및 해설: 해설집 p.15

○×

01 한자어 '알현(謁見)'은 '지체가 높고 귀한 사람을 찾아가 뵘'이라는 의미이다.　　(○, ×)

02 속담 '가루는 칠수록 고와지고 말은 할수록 거칠어진다.'는 무심하게 한 말 때문에 큰 소동이 벌어질 수도 있음을 비유적으로 이르는 말이다.　　(○, ×)

정답
01 ○
02 ×, 실없는 말이 송사 간다.

○×

01 '고깃간/푸줏간'은 동일한 의미로 쓰이는 복수 표준어이다. (○, ×)

02 '간질이다/간지럽히다'는 동일한 의미로 쓰이는 복수 표준어이다. (○, ×)

03 '삐지다/삐치다'는 동일한 의미로 쓰이는 복수 표준어이다. (○, ×)

어법

01 다음 중 동일한 의미의 복수 표준어가 <u>아닌</u> 것은?

① 되레 / 되우

② 우레 / 천둥

③ 진작 / 진즉

④ 꺼림직하다 / 꺼림칙하다

02 〈보기〉의 밑줄 친 두 단어의 관계와 성격이 가장 <u>다른</u> 것은?

┤ 보기 ├

'오랫동안 계속하여 비가 내리지 않아 메마른 날씨'라는 동일한 의미로 쓰이는 명사 '가물'과 '가뭄'은 복수 표준어이다.

① 둥물 / 목물

② 나귀 / 당나귀

③ 깨치다 / 깨우치다

④ 추어주다 / 추어올리다

정답
01 ○
02 ○
03 ○

03 밑줄 친 시어 ㉠~㉣ 중 '나라 잃은 슬픔'을 드러내기 위해 설정된 감정 이입의 대상으로 적절한 것은?

> ㉠鳥獸哀鳴海岳嚬
> ㉡槿花世界已沈淪
> ㉢秋燈掩卷懷千古
> 難作㉣人間識字人
>
> 새와 짐승은 슬피 울고 강산은 찡그리네
> 무궁화 세계는 이미 사라지고 말았구나
> 가을 등불 아래 책 덮고 역사를 생각하니
> 세상에서 글 아는 사람 노릇하기 어렵구나
>
> – 황현, '절명시(絕命詩)' 제3수 –

① ㉠   ② ㉡

③ ㉢   ④ ㉣

04 다음 글에 대한 설명으로 가장 적절한 것은?

○×

구한국 말엽에 단발령(斷髮令)이 내렸을 적에, 각지의 유림들이 맹렬하게 반대의 상서(上書)를 올리어서,

"이 목은 잘릴지언정 이 머리는 깎을 수 없다[此頭可斷 此髮不可斷]."

라고 부르짖고 일어선 일이 있었으니, 그 일 자체는 미혹(迷惑)하기 짝이 없었지마는 죽음도 개의하지 않고 덤비는 그 의기야말로 본받음 직하지 않은 바도 아니다.

이와 같이 '딸깍발이'는 온통 못생긴 짓만 하고 있었던 것이 아니라, 훌륭한 점도 적잖이 가지고 있었던 것이다. 괴괴한 샌님이라고 넘보고 깔보기만 하기에는 너무도 좋은 일면을 지니고 있었던 것이다.

현대인은 너무 약다. 전체를 위하여 약은 것이 아니라, 자기 중심, 자기 본위로만 약다. 백년대계를 위하여 영리한 것이 아니라, 당장 눈앞의 일, 코앞의 일에만 아름아름하는 고식지계(姑息之計)에 현명하다. 염결(廉潔)에 밝은 것이 아니라, 극단의 이기주의에 밝다. 이것은 현명한 것이 아니요, 우매(愚昧)하기 짝이 없는 일이다. 제 꾀에 제가 빠져서 속아 넘어갈 현명이라고나 할까.

우리 현대인도 '딸깍발이'의 정신을 좀 배우자. 첫째, 그 의기(義氣)를 배울 것이요, 둘째 그 강직(剛直)을 배우자. 그 지나치게 청렴한 미덕은 오히려 분간을 하여 가며 배워야 할 것이다.

① 자신의 경험을 바탕으로 독자에게 교훈을 주고 있다.

② 중립적인 관점을 유지하며 독자로 하여금 판단을 유보하게 한다.

③ 대상에 관한 일화를 통해 대상의 부정적인 측면을 부각시키고 있다.

④ 두 대상을 대비하여 글쓴이가 생각하는 바람직한 삶의 자세를 제시하고 있다.

비문학

05 다음 글의 전개 순서로 가장 자연스러운 것은?

> (가) 원자력이 대안이 될 수는 없다. 위험할 뿐만 아니라 역시 언젠가는 고갈되기 때문이다. 현재 전 세계에는 430개 정도의 원자로가 있다. 이것이 1,000개로 늘어나면 우라늄의 사용 연한은 이에 반비례해서 줄어든다.
>
> (나) 이것들과 달리 재생 가능 에너지원은 사용해도 없어지지 않고 다시 생겨난다. 태양열은 태양이 존재하는 한 사라지지 않는다. 풍력도 지구상에서 바람이 부는 동안은 끊임없이 생겨난다. 이렇게 한 번 쓰면 없어지는 것이 아니라 언제까지든지 계속 쓸 수 있는 것을 '재생 가능 에너지원'이라고 한다. 재생 가능 에너지원은 고갈되지도 않지만 기후 변화도 일으키지 않는다. 태양열, 바람, 지열 같은 재생 가능 에너지원은 이산화탄소를 내놓지 않고, 따라서 기후 변화도 유발하지 않는다.
>
> (다) 화석 연료에만 의존한 에너지 사용은 국가 간의 분쟁뿐 아니라 전 지구적인 기후 변화를 일으킨다. 지금 지구는 화석 연료로부터 배출된 온실가스로 인한 온난화 현상으로 골치를 썩고 있으며 기상 이변도 해마다 늘어나 그 피해도 점점 커지고 있다. 따라서 수많은 문제를 일으키는 원인이 되며 머지않아 고갈될 것으로 추정되는 화석 연료를 계속해서 사용하는 것은 미래의 후손을 고려하지 않는 무책임한 행위이다. 무언가 화석 연료를 대신할 방안을 찾아야 한다.
>
> (라) 그렇다면 고갈되지 않고 기후 변화도 일으키지 않으며 안전한 에너지 자원을 찾아야 하는데, 그것이 바로 태양열이나 바람과 같은 재생 가능 에너지원이다. 재생 가능 에너지는 대체 에너지와는 다르다. 어떤 에너지원을 대신하는 것으로 우라늄을 이용한다면, 우라늄이 대체 에너지원이 된다. 미국에서 북한에 원자력 발전소가 완공될 때까지 공급하겠다고 약속했던 중유도 우라늄을 대신한다는 의미에서는 대체 에너지원이라고 부른다. 그런데 우라늄이나 쓰레기는 쓰면 없어져 버리기 때문에 재생 가능한 것이 아니다.

① (다) - (가) - (라) - (나)

② (다) - (가) - (나) - (라)

③ (다) - (라) - (나) - (가)

④ (다) - (라) - (가) - (나)

○×

01 어떤 현상 또는 대상을 그림 그리는 것처럼 서술하는 표현 방식은 '서사'이다. (○, ×)

02 '베트남 음식에는 쌀을 이용한 음식이 많은데, 쌀국수, 분짜, 월남쌈 등이 대표적이다.'에는 논지 전개 방식 중 '예시'가 사용되었다. (○, ×)

03 '사회는 같은 무리끼리 모여 이루는 집단을 뜻한다.'에는 논지 전개 방식 중 '분석'이 사용되었다. (○, ×)

06 다음에서 제시한 글의 전개 방식의 예로 가장 적절한 것은?

2020 국가직 9급

> '인과'는 원인과 결과를 서술하는 전개 방식이다. 어떤 현상이나 결과가 나타나게 된 원인이나 힘을 제시하고 그로 말미암아 초래된 결과를 나타내는 서술 방식이다.

① 온실 효과로 지구의 기온이 상승할 때 가장 심각한 영향은 해수면의 상승이다. 이러한 현상은 바다와 육지의 비율을 변화시켜 엄청난 기후 변화를 유발하며, 게다가 섬나라나 저지대는 온통 물에 잠기게 된다.

② 이 사회의 경제는 모두가 제로섬 요소로 구성되어 있다. 제로섬(zero-sum)이란 어떤 수를 합해서 제로가 된다는 뜻이다. 어떤 운동 경기를 한다고 할 때 이기는 사람이 있으면 반드시 지는 사람이 있게 마련이다.

③ 다음날도 찬호는 학교 담을 따라 돌았다. 그리고 고무신을 벗어 한 손에 한 짝씩 쥐고는 고양이 걸음으로 보초의 뒤를 빠져 팽이처럼 교문 안으로 뛰어들었다.

④ 벼랑 아래는 빽빽한 소나무 숲에 가려 보이지 않았다. 새털구름이 흩어진 하늘 아래 저 멀리 논과 밭, 강을 선물 세트처럼 끼고 들어앉은 소읍의 전경은 적막해 보였다.

정답
01 ×, 묘사
02 ○
03 ×, 정의

07 단어의 뜻풀이가 옳지 <u>않은</u> 것은?

① 몰매: 여러 사람이 한꺼번에 덤비어 때리는 매

② 새치름하다: 쌀쌀맞게 시치미를 떼는 태도가 있다.

③ 가멸다: 하는 짓이 보기에 매우 치사하고 더러운 데가 있다.

④ 트레바리: 이유 없이 남의 말에 반대하기를 좋아함. 또는 그런 성격을 지닌 사람

08 밑줄 친 말의 쓰임이 적절하지 <u>않은</u> 것은?

① 부부는 가정 파탄(破綻)을 막기 위해 노력했다.

② 유효 기간이 얼마 남지 않아 인증서를 <u>경신(更新)</u>했다.

③ 그의 거액 기부는 기업인들의 <u>귀감(龜鑑)</u>이 되고 있다.

④ 유지방이 몸에 좋지 않다는 주장에 대한 <u>반증(反證)</u>을 제시하려고 한다.

핵심한자 암기노트: p.140

정답 및 해설: 해설집 p.18

01 고유어 '가닐대다'는 '어찌할 바를 몰라 이리저리 머뭇거리다.'라는 의미이다. (○, ×)

02 '어떤 사실이나 주장이 옳지 않음을 그에 반대되는 근거를 들어 증명함. 또는 그런 증거'라는 의미의 한자어는 '反證'으로 표기한다. (○, ×)

정답
01 ×, 궁싯거리다
02 ○

OX

01 'ㅅ, ㅆ, ㅎ'은 모두 마찰음에 속한다. (○, ×)

02 저모음이면서 후설 모음에 속하는 모음은 'ㅗ'이다. (○, ×)

03 '흑진주'에는 입술소리, 잇몸소리, 센입천장소리, 여린입천장소리, 목구멍소리가 모두 포함되어 있다. (○, ×)

어법

01 국어의 음운 체계에 대한 설명으로 적절하지 <u>않은</u> 것은?

① 'ㅁ'은 비음이고, 'ㄹ'은 유음이다.

② 'ㅊ'은 파열음이면서 경구개음이다.

③ 'ㅔ'는 중모음이면서 전설 모음이다.

④ 'ㅓ'는 평순 모음이고, 'ㅟ'는 원순 모음이다.

02 다음 중 〈보기〉의 밑줄 친 ㉠, ㉡에 모두 해당하는 자음이 각 음절에 포함되는 단어로 옳은 것은?

┤ 보기 ├

　국어의 자음은 조음 위치에 따라 '입술소리, ㉠잇몸소리, 센입천장소리, 여린입천장소리, 목구멍소리'로 분류되며, 조음 방법에 따라서는 '㉡파열음, 파찰음, 마찰음, 비음, 유음'으로 분류된다.

① 두텁떡

② 땅돼지

③ 목장갑

④ 버팀돌

정답

01 ○

02 ×, ㅏ

03 ×, 입술소리가 없다.

03 다음 작품의 화자에 대한 분석으로 가장 적절하지 <u>않은</u> 것은?

꽃이 지기로서니
바람을 탓하랴.

주렴 밖에 성긴 별이
하나 둘 스러지고

귀촉도 울음 뒤에
머언 산이 닥아서다.

촛불을 꺼야 하리
꽃이 지는데

꽃 지는 그림자
뜰에 어리어

하이얀 미닫이가
우련 붉어라.

묻혀서 사는 이의
고운 마음을

아는 이 있을까
저허하노니

꽃이 지는 아침은
울고 싶어라.   – 조지훈, '낙화' –

① 화자는 새벽에 꽃이 떨어지는 것을 바라보고 있다.

② 세상과 거리를 두고 살아가는 화자의 처지가 드러나 있다.

③ 화자는 바깥 풍경에서 자신의 마음으로 시선을 움직이고 있다.

④ 화자는 세상으로 돌아가고 싶은 슬픈 심정을 직접적으로 표현하고 있다.

○×

04 다음 글에 대한 이해로 가장 적절한 것은?

> "정말 그렇다면, 왜 아내를 얻고, 집을 짓고, 소를 사서 논밭을 갈고 지내려 하지 않는가? 그럼 도둑놈 소리를 안 듣고 살면서, 집에는 부부의 낙(樂)이 있을 것이요, 돌아다녀도 잡힐까 걱정을 않고 길이 의식의 요족(饒足)을 누릴 텐데……."
>
> "아니, 왜 바라지 않겠소? 다만 돈이 없어 못 할 뿐이지요."
>
> 허생은 웃으며 말했다.
>
> "도둑질을 하면서 어찌 돈을 걱정할까? 내가 능히 당신들을 위해서 마련할 수 있소. 내일 바다에 나와 보오. 붉은 깃발을 단 것이 모두 돈을 실은 배이니, 마음대로 가져가구려."
>
> 허생이 군도와 언약하고 내려가자, 군도들은 모두 그를 미친놈이라고 비웃었다.
>
> 이튿날, 군도들이 바닷가에 나가 보았더니, 과연 허생이 삼십만 냥의 돈을 싣고 온 것이었다. 모두들 대경해서 허생 앞에 줄지어 절했다.
>
> "오직 장군의 명령을 따르겠소이다."
>
> "너희들, 힘껏 짊어지고 가거라."
>
> 이에, 군도들이 다투어 돈을 짊어졌으나, 한 사람이 백 냥 이상을 지지 못했다.
>
> "너희들, 힘이 한껏 백 냥도 못 지면서 무슨 도둑질을 하겠느냐? 인제 너희들이 양민이 되려고 해도, 이름이 도둑의 장부에 올랐으니, 갈 곳이 없다. 내가 여기서 너희들을 기다릴 것이니, 한 사람이 백 냥씩 가지고 가서 여자 하나, 소 한 필을 거느리고 오너라."
>
> 허생의 말에 군도들은 모두 좋다고 흩어져 갔다.
>
> 허생은 몸소 이천 명이 1년 먹을 양식을 준비하고 기다렸다. 군도들이 빠짐없이 모두 돌아왔다. 드디어 다들 배에 싣고 그 빈 섬으로 들어갔다. 허생이 도둑을 몽땅 쓸어 가서 나라 안에 시끄러운 일이 없었다.
>
> — 박지원, '허생전' 중에서 —

① 군도들은 평범한 농사꾼의 삶을 살고 싶어 하지 않는다.

② 군도들은 허생의 됨됨이를 확인한 뒤 그를 대하는 태도를 바꾸었다.

③ 허생은 도둑의 장부가 있음에도 군도를 잡아서 처벌하지 못하는 사회를 비판적으로 보고 있다.

④ 허생은 군도들이 적어도 소 한 마리와 배우자가 있어야 도둑질을 하지 않고 생활할 수 있을 것이라 생각한다.

05 다음 글에서 알 수 <u>없는</u> 것은?

> 유행에 예민해서 맹목으로 남을 따라 행동하는 일을 레밍 효과(lemming effect)라 한다. 여기서 '레밍'은 다리가 짧고 작은 귀에 부드럽고 긴 털을 가진 설치류 레밍쥐에서 따온 말이다.
>
> 노르웨이에 사는 레밍쥐(Lemmus lemmus)는 보통 쥐와는 다른 괴이한 행동을 한다. 레밍쥐의 집단은 3~4년만 지나면 수가 폭발적으로 늘어난다. 그러면 봄이나 가을의 하루를 잡아 야음을 타고 여러 방향으로 이동을 시작한다. 나중에는 대낮에도 집단으로 이동한다. 이들의 종착지는 바닷가다. 거기서 막다른 벼랑에 다다르면 처음에는 멈칫 바다에 뛰어들기를 주저하며 도망갈 곳을 찾다가 다른 길이 없다는 점을 알아차리고는 그만 바다에 빠져버린다. '집단 자살'이 자행되는 것이다. 확실한 원리를 밝히지는 못했지만 때가 되면 늙은 쥐들이 죽어줌으로써 집단의 밀도를 낮춰 결과적으로 종족 보존에 도움을 준다는 설명이 있다. 이런 일은 3~4년 주기로 반복해 일어난다.

① 레밍쥐의 집단 자살은 설치류에서 보이는 일반적인 특성이다.

② 레밍쥐의 집단 자살은 봄과 가을의 바닷가에서 관찰할 수 있다.

③ 레밍쥐의 개체 수와 늙은 쥐의 사망률이 급격히 높아지는 주기는 유사하다.

④ 최근 들어 인기가 많아진 상품을 별다른 판단 없이 사는 행위는 레밍 효과로 지칭할 수 있다.

06 다음 글의 글쓰기 전략으로 볼 수 없는 것은?

서양 음악에서 기악은 르네상스 말기에 탄생하였지만 바로크 시대에 이르면 악기의 발달과 함께 다양한 장르를 형성하면서 비약적인 발전을 이루게 된다. 하지만 가사가 있는 성악에 익숙해져 있던 사람들에게 기악은 내용 없는 공허한 울림에 지나지 않았다. 이러한 비난을 면하기 위해 기악은 일정한 의미를 가져야 하는 과제를 안게 되었다.

바로크 시대의 음악가들은 이러한 과제에 대한 해결의 실마리를 '정서론'과 '음형론'에서 찾으려 했다. 이 두 이론은 본래 성악 음악을 배경으로 태동하였으나 점차 기악 음악에도 적용되었다. 정서론에서는 웅변가가 청중의 마음을 움직이듯 음악가도 청자들의 정서를 움직여야 한다고 본다. 그렇게 하기 위해서는 한 곡에 하나의 정서만이 지배적이어야 한다. 그것은 연설에서 한 가지 논지가 일관되게 견지되어야 설득력이 있는 것과 같은 이유에서였다.

한편 음형론에서는 가사의 의미에 따라 그에 적합한 음형을 표현 수단으로 삼는데, 르네상스 후기 마드리갈이나 바로크 초기 오페라 등에서 그 예를 찾을 수 있다. 바로크 초반의 음악 이론가 부어마이스터는 마치 웅변에서 말의 고저나 완급, 장단 등이 호소력을 이끌어 내듯 음악에서 이에 상응하는 효과를 낳는 장치들에 주목하였다. 예를 들어, 가사의 뜻에 맞춰 가락이 올라가거나, 한동안 쉬거나, 음들이 딱딱 끊어지게 연주하는 방식 등이 이에 해당한다.

바로크 후반의 음악 이론가 마테존 역시 수사학 이론을 끌어들여 어느 정도 객관적으로 소통될 수 있는 음 언어에 대해 설명하였다. 또한 기존의 정서론을 음악 구조에까지 확장하며 당시의 음조(音調)를 특정 정서와 연결하였다. 마테존에 따르면 다장조는 기쁨을, 라단조는 경건하고 웅장함을 유발한다.

① 바로크 시대의 음악 이론이 대두된 배경을 제시한다.
② 바로크 시대에 발달한 음악 이론을 시간의 흐름에 따라 제시한다.
③ 바로크 시대의 음악 이론의 특성을 유추를 통해 친숙하게 설명한다.
④ 바로크 시대의 음악 이론을 예를 들어 설명함으로써 독자의 이해를 돕는다.

어휘

07 〈보기〉는 단위를 표시하는 어휘이다. 다음 중 빈칸에 들어갈 (㉠)+ (㉡)−(㉢)의 값은?

┤ 보기 ├
- 뭇: 생선을 묶어 세는 단위. 한 뭇은 생선 (㉠) 마리
- 축: 오징어를 묶어 세는 단위. 한 축은 오징어 (㉡) 마리
- 두름: 조기 등의 물고기를 짚으로 엮은 것을 세는 단위. 한 두름은 조기 (㉢) 마리

① 10
② 15
③ 20
④ 30

08 다음 시조에 드러난 유교 이념이 표현된 한자 성어로 가장 적절한 것은?

추성(秋城) 진호루(鎭胡樓) 밧긔 울어 예는 저 시내야.
무음 호리라 주야(晝夜)에 흐르는다.
님 향한 내 뜻을 조차 그칠 뉘를 모르나다.

① 犬馬之勞
② 勞心焦思
③ 望雲之情
④ 以心傳心

핵심한자 암기노트: p.141

정답 및 해설: 해설집 p.20

○×

01 '옷 한 벌', '그릇 한 벌'처럼 쓰이는 '벌'은 한 개 이상의 옷이나 그릇 등을 셀 때 쓰이는 단위이다.
(○ , ×)

02 한자 성어 '勞心焦思'는 '자식이 객지에서 고향에 계신 어버이를 생각하는 마음'이라는 뜻이다.
(○ , ×)

정답
01 ×, 두 개 이상의 옷이나 그릇
02 ×, 望雲之情(망운지정)

O×

01 '오로지 게임만 하며 즐거운 시간을 보냈다.'는 올바른 문장 표현이다.　　　　　(O , ×)

02 '잠깐 회의를 갖고 업무를 계속하겠습니다.'는 올바른 문장 표현이다.　　　　　(O , ×)

03 '신발 끈이 너무 쉽게 풀려진다.'는 올바른 문장 표현이다.(O , ×)

어법

01 다음 글을 고쳐쓰기 위한 방안으로 적절하지 <u>않은</u> 것은?

> 일정한 품질을 보장한다는 이유로 다국적 식음료 기업에서 판매하는 ㉠샌드위치나 커피를 즐겨 마시는 사람들이 많다. 그러나 좀처럼 그 제품이 농가 착취형 유통 구조를 거쳐 생산된다는 사실에 관심을 가지는 이들은 ㉡많다. ㉢최근 국내 식음료 기업에서 생산하는 제품도 그 품질이 우수하다는 이유에서다. 이런 공정하지 못한 무역 구조로 생기는 노동력 착취, 환경 파괴 등의 문제를 해결하고자 등장한 무역형태가 공정 무역이다. 공정 무역이 생산자의 ㉣경제적 자립을 돕는다는 점을 고려에 넣을 때, 우리는 이 제도에 지속적으로 관심을 기울여야 한다.

① ㉠은 목적어 '샌드위치'에 대한 서술어가 생략되어 있으므로 '샌드위치를 먹거나 커피를 즐겨 마시는'으로 수정한다.

② ㉡은 부사 '좀처럼'과 호응하지 않으므로 '많지 않다'로 고친다.

③ ㉢은 첫 번째 문장에서 다룬 현상의 이유이므로 첫 번째 문장 다음으로 옮긴다.

④ ㉣은 자연스러운 우리말 표현이 아니므로 '경제적 자립을 돕는다는 점을 고려한다면'으로 바꾼다.

02 밑줄 친 부분이 어법상 가장 적절한 것은?

① 오래 앉아 있어서 다리가 <u>절이다</u>.

② 초등학교 앞 도로 노면 공사가 <u>한창</u>이다.

③ 이 정도 가격이면 거저 주는 것이나 <u>다름없다</u>.

④ 멀리서 한 남자가 천천히 다가오는 것이 <u>보여진다</u>.

정답

01 ×, '오로지'와 '만'의 의미가 중복되므로 올바르지 않다.

02 ×, '회의를 갖다(have a meeting)'는 영어 번역 투 표현이므로 올바르지 않다.

03 ×, '풀려진다'는 이중 피동 표현이므로 올바르지 않다.

03 〈보기〉에서 설명하는 표현법이 사용된 시조로 적절한 것은?

┤ 보기 ├

　　시조 중에는 중의적인 표현을 사용해 주제를 강조하는 경우도 있다.

① 노래 삼긴 사룸 시름도 하도할샤.

　널러 다 못닐러 불러나 푸돗든가.

　眞實로 풀릴 거시면은 나도 불러 보리라.

② 首陽山 바라보며 夷齊를 恨ᄒ노라.

　주려 주글진들 採薇도 ᄒᄂ 것가.

　비록애 푸새엣 거신들 긔 뉘 싸헤 낫드니.

③ 靑草 우거진 골에 자ᄂ다 누엇ᄂ다.

　紅顔을 어듸 두고 白骨만 무쯈ᄂ이.

　盞 자바 勸ᄒ리 업스니 그를 슬허ᄒ노라.

④ 가노라 三角山아 다시 보자 漢江水야

　故國山川을 떠나고쟈 ᄒ랴마ᄂ

　時節이 하 殊常ᄒ니 올동 말동 ᄒ여라.

○×

01 시조는 조선 시대부터 창작되기 시작한 운문 문학의 한 갈래이다.
　　　　　　　　　　　(○ , ×)

02 시조는 형식에 따라 평시조, 엇시조, 사설시조 등으로 구분된다.
　　　　　　　　　　　(○ , ×)

03 평시조의 주된 창작층은 사대부 계층이었으며, 사설시조의 창작층은 서민들에게까지 확대되었다.
　　　　　　　　　　　(○ , ×)

정답
01 ×, 고려 중기
02 ○
03 ○

8일

해커스공무원 이유주 매일 국어 2

매일 국어 | 8일 **53**

01 문학 작품에서 '갈등'은 인물의 내부에서 일어나느냐 인물과 인물 주변의 외부 요인 사이에서 일어나느냐에 따라 '내적 갈등'과 '외적 갈등'으로 나뉜다. (○, ✕)

02 문학 작품에서 '갈등'은 주로 '위기' 단계에서 가장 고조되며 '결말' 단계에서 해소되는 경향을 보인다. (○, ✕)

03 문학 작품에서 '서술자'의 태도, 생각 등은 작가가 작품을 통해 말하고자 하는 바와 연관된다. (○, ✕)

04 다음 글의 서술상의 특징으로 적절한 것은?

> "그 피치 못할 사정이란 게 대개 그렇습니다. 가령 식구 중에 누군가가 몹시 아프다든가 빚에 몰려서……."
> 그 순간 강도의 눈이 의심의 빛으로 가득 찼다. 분개한 나머지 이가 딱딱 마주칠 정도로 떨면서 그는 대청마루를 향해 나갔다. 내 옆을 지나쳐 갈 때 그의 몸에서는 역겨울 만큼 술 냄새가 확 풍겼다. 그가 허둥지둥 끌어안고 나가는 건 틀림없이 갈기갈기 찢어진 한 줌의 자존심일 것이었다. 애당초 의도했던 바와는 달리 내 방법이 결국 그를 편안케 하긴커녕 외려 더욱더 낭패케 만들었음을 깨닫고 나는 그의 등을 향해 말했다.
> "어렵다고 꼭 외로우란 법은 없어요. 혹 누가 압니까, 당신도 모르는 사이에 당신을 아끼는 어떤 이웃이 당신의 어려움을 덜어 주었을지?"
> "개수작 마! 그따위 이웃은 없다는 걸 난 똑똑히 봤어! 난 이제 아무도 안 믿어!"
> 그는 현관에 벗어 놓은 구두를 신고 있었다. 그 구두를 보기 위해 전등을 켜고 싶은 충동이 불현듯 일었으나 나는 꾹 눌러 참았다. 현관문을 열고 마당으로 내려선 다음 부주의하게도 그는 식칼을 들고 왔던 자기 본분을 망각하고 엉겁결에 문간방으로 들어가려 했다. 그의 실수를 지적하는 일은 훗날을 위해 나로서는 부득이한 조처였다.
> "대문은 저쪽입니다."
> 문간방 부엌 앞에서 한동안 망연해 있다가 이윽고 그는 대문 쪽을 향해 느릿느릿 걷기 시작했다.
>
> – 윤흥길, '아홉 켤레의 구두로 남은 사내' 중에서 –

① 두 인물의 시점을 교차하여 사건의 내막을 드러내고 있다.

② 대화를 통해 인물 간의 갈등이 해소되었음을 드러내고 있다.

③ 작품 속 서술자가 특정 인물에 초점을 맞추어 이야기를 서술하고 있다.

④ 서술자가 등장인물을 평가하며 자신의 관점을 직접적으로 드러내고 있다.

정답
01 ○
02 ✕, '절정' 단계에서 가장 고조
03 ○

05 글쓴이의 견해에 부합하지 <u>않는</u> 것은?

상품의 개발, 생산, 유통, 소비에서 소비자들도 스마트해지면서 소비자들은 전 영역에 참여하고 있다. 스마트 소비자는 스마트폰 애플리케이션을 직접 개발하고 이를 앱 스토어에 올려 유통시켜 수익을 올리거나, 다양한 애플리케이션 개발을 촉진시킨다. 스마트 소비자들은 개인화를 통해 동일한 상품이더라도 자신만의 가치를 창출한다.

스마트 소비자들은 스마트폰으로 이동과 작업이 자유로워졌으며, 소셜 미디어 등 소통할 수 있는 다양한 매체를 보유하게 되었다. 스마트 소비자들의 역할은 더욱 확대되었고, 소비자들의 권한은 더욱 강력해졌다.

소비자들이 소통할 수 있는 매체가 많아졌다는 것은 기업이 소비자들의 목소리를 들을 수 있는 통로가 많아졌다는 의미이기도 하다. 기업은 시장의 변화에 귀를 기울이고, 스마트 소비자의 목소리에 촉각을 곤두세워야 한다. 지식정보사회의 스마트화는 위협 요인임과 동시에 기회 요인이다. 소셜 네트워크에 의한 연결로 인해 보다 넓어진 소비자 집단에 대한 대응이 필요해지면서 동시에 기업은 시장의 다양한 정보를 손쉽게 얻을 수 있게 되었다. 스마트화로 새로운 사업 영역을 찾을 수 있는 기회도 가까이에 놓이게 되었다.

일과 일터의 혁명인 스마트워크는 시간과 공간의 한계를 극복하여 효율성, 생산성을 높이면서 더 자유로운 노동 방식을 선택하려는 것이다. 스마트워크는 이동 근무, 가까운 스마트워크 센터 근무, 재택근무 등과 이를 혼합한 근무 형태이다. 스마트워크는 이를 지원하는 모바일 정보 통신, 클라우드 컴퓨팅(Cloud Computing) 등과 같은 인프라 산업이 성장함으로써 가능해졌다. 스마트 근무자의 생산성은 사무실 직원에 비해 20 ~ 60% 높다. 재택 근무하는 콜센터 직원은 고객 서비스 수준이 향상되고 있다.

① 스마트 소비자는 애플리케이션 시장에서 개성적인 상품의 개발자로 기능하기도 한다.

② 지식정보화사회에서 기업은 스마트 소비자의 변화와 시장의 변화를 동일하게 여긴다.

③ 스마트워크는 시공간의 구애를 받지 않는 노동 방식과 정보 인프라 산업의 발달에 기반한다.

④ 지식정보사회의 소셜 네트워크는 기업에게 소비층, 정보, 사업 영역 측면의 다양성을 제공한다.

06 두 사람의 대화에 나타난 공감적 듣기의 방법이 <u>아닌</u> 것은?

> **현주:** 서영아, 나 또 도로 주행 시험에 떨어졌어. 속상해도 되는 기 맞지?
> **서영:** 저런…, 내가 다 속상하다. 저번에는 신호 위반이었다고 했잖아. 이번에는 어쩌다 그런 거야?
> **현주:** 이번엔… 속도위반이었어. 근데 이유를 모르겠어. 그건 늘 잘 지켰는데.
> **서영:** 음…. 나는 가끔 긴장하면 표지판을 잘 보지 못하기도 하는데, 너도 그랬던 거 아냐? 계속 연습하다 보면 괜찮아질 거야. 걱정 마.

① 서영은 감탄사를 활용해 현주에게 공감과 동정을 드러내고 있다.

② 서영은 질문을 통해 자신이 현주의 말을 잘 이해하고 있는지 확인하고 있다.

③ 서영은 현주가 문제의 원인을 파악할 수 있도록 자신의 경험을 이야기하고 있다.

④ 서영은 현주의 말에 관심을 보이며 현주가 다음 말을 할 수 있는 분위기를 조성하고 있다.

어휘

07 밑줄 친 관용 표현의 뜻풀이가 옳지 <u>않은</u> 것은?

① 나만 기다리고 있을 동생들이 자꾸 <u>눈에 밟힌다</u>.

   – 잊히지 않고 자꾸 눈에 떠오르다.

② 그 녀석은 <u>입이 질어서</u> 늘 주위에 사람이 많지 않다.

   – 거짓말이나 허황된 말을 자주 하다.

③ <u>말길이 되지</u> 않아 그와는 아직 말 한마디 해 보지도 못했다.

   – 남에게 소개하는 의논의 길이 트이다.

④ 거짓말하여 받은 용돈으로 여행을 왔더니 어머니께 연락만 와도 <u>오금이 저린다</u>.

   – 저지른 잘못이 들통이 나거나 그 때문에 나쁜 결과가 있지 않을까 마음을 졸이다.

08 화자의 상황을 적절하게 표현한 한자 성어는?

> 가을바람에 이렇게 힘들여 읊고 있건만
> 세상 어디에도 알아주는 이 없네.
> 창밖엔 깊은 밤 비 내리는데
> 등불 앞에선 만 리 밖으로 마음 향하네.

① 髀肉之歎

② 上漏下濕

③ 識字憂患

④ 泣斬馬謖

핵심한자 암기노트: p.142

정답 및 해설: 해설집 p.23

○×

01 관용 표현 '등이 달다'는 '마음대로 되지 않아 몹시 안타까워하다.'라는 의미이다. (○, ×)

02 '髀肉之嘆'과 '上漏下濕' 중 가난과 관련된 한자 성어는 '髀肉之嘆'이다. (○, ×)

정답
01 ○
02 ×, 上漏下濕(상루하습)

○✕

01 '남자 친구를 친구들에게 소개시켜 주었다.'는 사동 표현의 쓰임이 적절한 문장이다. (○, ×)

02 '종이비행기가 바람에 날린다.'에서 '날리다'는 사동사이다. (○, ×)

03 '동생에게 한글을 읽혔다.'에서 '읽히다'는 사동사이다. (○, ×)

어법

01 밑줄 친 사동 표현의 쓰임이 적절한 것은?

① 원서를 입학처에 <u>접수시키고</u> 나니 마음이 편안해졌다.

② 필기 내용을 자주 학습하면 내 것으로 <u>소화시킬</u> 수 있다.

③ 피부병 환자는 수영장 입장을 <u>금지시키도록</u> 하겠습니다.

④ 인기가 많은 제품에서 암을 <u>유발시키는</u> 물질이 다량 검출되었다.

02 다음 중 사동 표현이 사용되지 않은 문장은?

① 삼촌은 조카에게 창틀만 닦였다.

② 누나가 악몽을 꾸는 동생을 깨웠다.

③ 공사를 하느라 파인 구멍을 메웠다.

④ 강아지는 동생에게 안기어 집으로 갔다.

정답
01 ×, 사동 표현의 쓰임이 적절하지 않은 문장이다. ('소개시켜'는 '소개해'로 고쳐 써야 한다.)
02 ×, 피동사
03 ○

문학

03 ㉠에 들어갈 비평의 관점으로 옳은 것은?

| 보기 |

독자에게 미친 어떤 효과를 노린 것으로 보는 관점이다. 그리고 그러한 목적을 획득하는가의 성과 여부에 따라 (㉠)은 작품의 가치를 판단한다. 즉, (㉠)은 독자의 반응에 초점을 둔 문학관이다.

① 반영론

② 표현론

③ 효용론

④ 내재적 관점

○×

01 문학 작품을 비평하는 관점은 작품 내부의 요소에 집중하느냐, 작품을 둘러싼 외부 요소에 집중하느냐에 따라 '내재적 관점'과 '외재적 관점'으로 나뉜다. (○, ×)

02 1970년대에 발표된 소설을 감상하면서, 1970년대 문학이 표현하고자 한 사회 현상에 집중한다면 이는 비평의 관점 중 '표현론'으로 설명할 수 있다. (○, ×)

03 1970년대에 발표된 소설을 감상하면서, 작가가 주로 반영해 온 가치관에 집중한다면 이는 비평의 관점 중 '반영론'으로 설명할 수 있다. (○, ×)

정답
01 ○
02 ×, 반영론
03 ×, 표현론

04 다음 글을 읽고 이해한 내용으로 적절하지 <u>않은</u> 것은?

> "아바지이!"
> 훈이 눈을 떴다.
> 삼득이였다.
> 삼득이가 몸을 던지듯이 아버지 앞을 막아섰다. 그리고는 어느새 아버지의 낫 쥔 팔을 붙잡았다. 〈중 략〉
> "이른 일이 있을 것 같애서 늘상 마음을 못 놓구 뒤따라 댕겠는데…….
>　오늘은 선생님이 과수원에 계신 걸 보구 새하레 갔다 오는 새에 그만…….."
> 훈은 새로이 눈앞이 핑 도는 심사였다. 삼득이가 여태껏 자기의 뒤를 밟은 것은 무슨 염탐질을 하기 위해서가 아니고 자기의 신변을 보살펴 주기 위함이었던가.
> "사실은 선생님더러 어서 여겔 떠나시라구 하구 싶었디만…… 누이가 불쌍해서…….."
> 삼득이는 무슨 하기 힘든 결심이라도 한 듯,
> "이제라두 곧 여겔 떠나십쇼. 다시는 이놈의 피를 묻히디 않두룩…….."
> 물기 어린 눈을 똑바로 훈에게 부으며,
> "그리구 불쌍한 누이를 데리구 가 주십쇼."
>
>　　　　　　　　　　　　　– 황순원, '카인의 후예' 중에서 –

① 삼득이의 누이는 아버지와 대립하고 있다.

② 삼득이의 아버지는 순간적인 분노로 훈을 살인하려고 했다.

③ 훈은 삼득이를 오해했었으나 후에 그의 진심을 깨닫고 고마워한다.

④ 삼득이는 더 이상의 살상이 일어나지 않기를 바라는 마음에 훈을 아버지로부터 구해줬다.

05 다음 글에 대한 이해로 가장 적절한 것은?

> 사는 게 바빠 책 읽을 여가가 없다고 투덜거리지 마라. 낮에 바쁘면 밤중에 읽고, 갠 날 바쁘면 흐린 날 읽고, 여름에 바쁘면 겨울에 읽으면 된다. 농경 생활에서나 가능한 얘기지만, 막상 미루어 확장하면 다를 게 없다. 학생들은 학기 중에 바쁘면 방학 때 읽고, 시험 때 바쁘면 시험 끝난 뒤에 읽으면 된다. 직장인은 회사에서 바쁘면 출퇴근 시간에 전철에서 읽고, 쓸데없는 술자리를 줄여서 읽을 일이다. 도대체 책 읽을 시간이 없다는 말은 그저 한 마리의 소시민, 무지렁이 밥벌레로 살겠다는 말과 같다. 하루 일과를 끝내고 깊은 밤 불 밝힌 책상 앞에서 느끼는 오롯한 행복, 날이 궂어 외출이 꺼려지는 어느 날 문득 문 잠그고 앉아 먼지 앉은 책을 털어 펼치는 기쁨은 얼마나 흐뭇한가. 한겨울 사각사각 내리는 눈 소리에 겹쳐지는 책장 넘어가는 소리, 세상 어떤 즐거움도 이만 한 것이 없다. 바쁜 일상에 치어, 간밤에 마신 술이 덜 깬 채로 피곤에 절어 시작하는 시간 속에는 이런 기쁨이 없다. 삭풍만 분다.

① 독서는 일상의 많은 순간이 적시(適時)가 될 수 있는 활동이다.

② 시대의 변화를 차치(且置)하고서라도 꼭 읽어야 하는 책이 있다.

③ 읽은 바를 타인과 공유(共有)하는 것은 독서를 더욱 깊이 있게 한다.

④ 소시민적 무지로부터 벗어나기 위해서는 독서에서 얻은 지식을 반추(反芻)해야 한다.

06 ㉠에 들어갈 주장으로 가장 적절한 것은?

> 　정상적인 지능을 가진 사람이라면, 그리고 말이 있는 상황 속에서 자란 사람이라면 누구나 말을 하고 또 말을 하게 된다. 인간은 왜 말을 할 줄 알게 되었는가 하는 물음은 인간이 왜 팔을 가지고 태어나는가 왜 호흡을 할 줄 아는가를 묻는 것이 의미가 없는 것과 마찬가지로 의미가 없다는 것이 20세기 언어학의 대답이다.
>
> 　"말"이라고 할 때, 우리는 흔히 (　㉠　) 가리키는 경향이 있다. 그러나 인간 언어라는 것은 비단 사람의 입에서 나와 공기의 파동을 통하여 다른 사람의 귀에 들리는 소리만을 뜻하는 것은 아니다. 소리가 없이도 인간은 그의 사상과 감정을 훌륭하게 표현할 수 있다. 벙어리 헬렌 켈러가 설리번의 도움으로 연설을 하는 장면은 인간 승리의 장엄한 드라마라고 할 수 있는 것이다.

① 학습을 통해 상황에 적절한 반응을 하는 것을

② 언어음이란 형식을 갖추어 밖으로 들리는 소리를

③ 말하는 사람의 감정과 별개로 표현된 언어음만을

④ 말하는 사람과 듣는 사람의 의사소통을 가능하게 하는 것을

어휘

07 ㉠, ㉡에 들어갈 한자어를 순서대로 바르게 나열한 것은?

> • 원서 접수 기간이 되자 우편함에 지원서가 답지(㉠)하고 있다.
> • 온 국민의 질타를 받던 국회의원은 그야말로 난장(㉡)을 맞는 기분이었을 것이다.

	㉠	㉡
①	答紙	亂場
②	遝至	亂場
③	答紙	亂杖
④	遝至	亂杖

08 밑줄 친 한자 성어의 쓰임이 적절하지 않은 것은?

① 附和雷同하지 말고 자신의 적성에 맞는 직업을 선택해야 한다.

② 이 교수는 논문 표절이 밝혀졌음에도 不恥下問하는 태도를 보였다.

③ 守株待兔의 자세로 기회가 오기만을 기다리다가는 절대 성공하지 못할 것이다.

④ 모처럼 휴가를 내어 여행을 왔는데 날씨도 이렇게 맑으니 錦上添花가 따로 없다.

○×

01 한자어 '亂杖'에서 '亂'은 '어지러울 난'이다. (○, ×)

02 좋은 일이 계속 연달아 일어날 때는 한자 성어 '錦上添花'를 쓸 수 있다. (○, ×)

핵심한자 암기노트: p.142

정답 및 해설: 해설집 p.25

정답
01 ○
02 ○

O×

01 '그는 수업 때 번번이 잠을 잔다.'에서 '번번이'는 맞춤법에 맞는 표현이다.   (O, ×)

02 '일이 아직 익숙치 않아서 실수를 많이 한다.'에서 '익숙치'는 맞춤법에 맞는 표현이다.   (O, ×)

03 '두 트럭이 부닥치는 대형 사고가 일어났다.'에서 '부닥치다'는 맞춤법에 맞는 표현이다.   (O, ×)

어법

01 맞춤법에 맞도록 밑줄 친 부분을 수정한 것에 대한 설명으로 적절하지 **않은** 것은?

① 다른 사람이 찾지 못하도록 깊숙이 잠수했다.
→ 어근 '깊숙-'에 부사 파생 접미사 '-히'가 결합한 것이므로, '깊숙이'는 '깊숙히'로 고쳐야 한다.

② 불만이 있다면 서슴치 말고 바로 말해야 한다.
→ 동사의 기본형을 고려하여, '서슴치'는 '서슴지'로 수정해야 한다.

③ 형은 소포를 자신의 집으로 붙여 달라고 말했다.
→ '붙이다'는 '맞닿아 떨어지지 않게 하다'라는 의미이므로 문맥에 맞게 '물건을 상대에게로 보내다'라는 의미의 '부치다'를 써야 한다.

④ 그 사람의 상판때기는 두 번 다시 보고 싶지 않다.
→ '상판때기'는 '상판대기'의 잘못된 표현이므로 '상판대기'로 고쳐야 한다.

02 밑줄 친 부분이 어법에 맞지 **않는** 것은?

① 남을 함부로 비웃지 말아라.

② 이 개나리는 특히 더 조그맣네.

③ 저녁으로 주꾸미 볶음을 먹기로 했다.

④ 안개로 덮힌 산골을 혼자서 유유히 걷고 있었다.

정답
01 O
02 ×, '익숙지'로 고쳐 써야 한다.
03 O

03 〈보기〉의 밑줄 친 ㉠~㉣ 중 나머지 셋과 성격이 다른 하나는?

> ┤ 보기 ├
>
> ㉠삶은 계란의 껍질이
> 벗겨지듯
> 묵은 사랑이
> 벗겨질 때
> ㉡붉은 파밭의 푸른 새싹을 보아라.
> 얻는다는 것은 곧 잃는 것이다.
>
> 먼지 앉은 석경(石鏡) 너머로
> ㉢너의 그림자가
> 움직이듯
> 묵은 사랑이
> 움직일 때
> 붉은 파밭의 푸른 새싹을 보아라.
> 얻는다는 것은 곧 잃는 것이다.
>
> 새벽에 준 조로의 물이
> 대낮이 지나도록 마르지 않고
> 젖어 있듯이
> 묵은 사랑이
> 뉘우치는 마음의 한복판에
> 젖어 있을 때
> 붉은 파밭의 ㉣푸른 새싹을 보아라.
> 얻는다는 것은 곧 잃는 것이다.
>
> — 김수영, '파밭 가에서' —

① ㉠   ② ㉡

③ ㉢   ④ ㉣

04 ㉠~㉢을 사건의 시간 순서에 따라 가장 적절하게 배열한 것은?

> "그런 것이 아니라, 대동문 밖에 사는 장 선천 부사의 아들과 정혼하였다오."
>
> "아니, 선천 부사 아들과 정혼했어? 그 거지 다 된 것하고? 흥, 내 참 기가 막혀서……. ㉠서울에서 기막힌 사위를 정하고 내려왔으니, 채봉이를 데리고 우리 서울로 올라가서 삽시다."
>
> 부인이 이 소리를 듣고 눈이 휘둥그레져서,
>
> "기막힌 사위라니 어떤 사람이란 말이오?"
>
> 하고 물으니, 김 진사는 혀를 휘휘 내두르며 허풍을 떤다.
>
> "누군지 알면 뒤로 나자빠질 것이오. 누구인고 하니, 사직골 허 판서 댁이오. 세도가 이 나라에서 제일이지."
>
> 부인은 이 말을 듣고 한편으론 끔찍하고 한편으로는 기가 막혀 다시 묻는다.
>
> "허 판서면 첫째 부인이요, 둘째 부인이요?"
>
> "첫째 부인도 둘째 부인도 아니오, 첩이라오."
>
> "나는 못 하겠소. 허 판서 아니라 허 정승이라도……"
>
> "왜 못 해!"
>
> "서울 가시더니 정신이 돌아 버렸구려. 예전에는 얌전한 신랑을 택해 슬하에 두고 ㉡걱정 근심 없이 재미있게 살자고 늘 말씀하시더니 오늘 이게 무슨 날벼락이오. 그래, 채봉이 그것을 금이야 옥이야 길러서 남의 첩으로 준단 말이오."
>
> "허허, 아무리 남의 첩이 되더라도 호강하고 몸 편하면 됐지."
>
> "첩이란 것이 남의 눈에 가시 되는 것이 아니오? 언제 무슨 해를 당할는지 모르니 비단 방석에 앉아도 바늘방석 같을 텐데, 호강만 하면 제일이란 말이오. 나는 죽어도 그런 호강 아니 시키겠소."
>
> 김 진사 이 말을 듣고 ㉢열이 나서 무릎을 탁 치며 큰소리를 친다.
>
> "그래, 그런 자리가 싫어? 저런 복 찰 사람을 보았나. 딴소리 말고 내 말 좀 들어 보오, 우선 춤출 일이 있으니……."
>
> "무엇이 그리 좋은 일이 있어 춤을 춘단 말이오?"
>
> – 작자 미상, '채봉감별곡(彩鳳感別曲)' 중에서 –

① ㉠ → ㉡ → ㉢   ② ㉡ → ㉠ → ㉢

③ ㉡ → ㉢ → ㉠   ④ ㉢ → ㉠ → ㉡

비문학

05 〈보기〉에 대한 설명으로 가장 옳은 것은?

> ┤ 보기 ├
>
> 제가회의의 대표자는 『삼국지』 동이전에 보이는 상가(相加)였다. 일반적으로 『삼국사기』 고구려본기에 보이는 국상(國相)이 상가를 의미한다고 보지만, 그와 달리 국상은 제가가 아니라 국왕 휘하의 신료집단을 대표하였다고 보기도 한다. 처음에는 국왕도 제가회의의 구성원으로 국왕이 제가회의를 주재하였지만, 일정 시점부터 상가 내지 국상이 제가회의를 대표하였다. 왕권이 강화되며 제가회의는 국왕 아래의 정치회의로 변모한 것이다. 상가와 국상이 동일한 존재였다면, 그 시점은 국상이 설치·정비된 2세기 중·후반(신대왕~고국천왕)이었다고 할 수 있다.

① 구체적인 예시를 들어 대상을 설명하고 있다.

② 상반되는 관점을 제시하여 대상을 설명하고 있다.

③ 일반적 견해에 대해 반박하며 대상을 설명하고 있다.

④ 시대의 흐름에 따른 변천 과정을 중심으로 대상을 설명하고 있다.

○×

06 다음 조건을 모두 반영하여 쓴 글은?

> • 대상을 의인화(擬人化)하여 표현할 것
> • '타인과의 화합'이라는 주제가 간접적으로 드러날 것

① 기차: 정해진 대로 가면 되니 사는 게 편할 것 같은 기차도 사실 그렇지가 않다. 기차는 기장과 승무원, 승객이 서로를 도우며 배려할 때 문제없이 목적지에 도착한다.

② 합창: 당시 우리 반의 유행은 합창부에 드는 것이었다. 그러나 얼마 지나지 않고 깨달았다. 다른 사람의 목소리에 나의 목소리를 맞추는 건 매우 어려운 일이라는 걸 말이다. 일주일에 한 시간도 이런데, 더 긴 시간은 어떠하겠는가.

③ 건기: 사람들은 보통 건기(乾期)라고 하면 고통스러운 시기를 떠올린다. 그러나 그것은 우기(雨期)가 막 시작될 무렵, 건기(乾期)의 끝을 보지 못해 하는 말이다. 비를 맞고 기지개를 펴듯 피어나는 식물들은 그 무엇보다 행복해 보인다.

④ 영화: 영화는 종종 두 시간에서 세 시간이라는 짧은 시간에 한 사람의 인생을 이야기해 준다. 같은 영화를 보고도 누군가는 즐거워하고 누군가는 슬퍼하기도 한다. 하지만 감상에 정답과 오답은 없으므로 어느 하나를 비난해서는 안 된다.

07 독음이 모두 바른 것은?

① 否決(불결) – 情況(정황) – 桎梏(질곡)

② 乖離(괴리) – 捺印(날인) – 墮落(타락)

③ 苦衷(고충) – 辛酸(신산) – 襃貶(보폄)

④ 干涉(간섭) – 紐帶(유대) – 陳述(진술)

08 밑줄 친 어휘의 표기가 옳은 것은?

① 사글세를 지불하고 나니 생활비가 빠듯해졌다.

② 오늘날에는 깊은 산속에서도 삵괭이를 보기 힘들다.

③ 그는 이번 연극에서도 굴찍한 역할을 수행하고 있다.

④ 넓직한 평상에 누워 파란 하늘을 올려다보니 마음이 다 상쾌했다.

핵심한자 암기노트: p.143

정답 및 해설: 해설집 p.28

○X

01 한자어 '捺印'은 '도장을 찍음'이라는 의미이다. (○, ×)

02 '건새우와 마늘쫑을 넣어 반찬을 만들었다.'에서 '마늘쫑'은 옳은 표기이다. (○, ×)

정답
01 ○
02 ×, '마늘종'으로 표기해야 한다.

○×

01 '나비, 벌, 모기, 매미'를 '곤충'으로 묶을 수 있다는 점은 '언어의 분절성'을 보여주는 예이다.
(○, ×)

02 언어는 사회적으로 약속된 것이므로, 자의적으로 바꿔서는 안 된다는 특성은 '언어의 자의성'이다.
(○, ×)

03 한국에서는 '꽃'이라고 부르는 대상을 일본에서는 '花[はな(하나)]'라고 부르는 것은 '언어의 사회성'으로 설명할 수 있다. (○, ×)

▶ 어법

01 〈보기〉에 나타난 언어의 특성의 예로 가장 적절한 것은?

┤ 보기 ├

언어가 형성된 후에는 개인이 언어를 임의로 바꿀 수 없다.

① '마음'이라는 단어가 과거에는 'ᄆᆞᅀᆞᆷ'의 형식을 취했다고 해.
② 내가 주스를 '커피'라고 부르니까 사람들이 내 말을 이해 못하더라.
③ 무지개를 이루는 색은 빨강, 주황, 노랑, 초록, 파랑, 남색, 보라야.
④ 한국어 '사람', 영어 'man', 중국어 '人(rén)'은 모두 같은 대상을 가리켜.

02 〈보기1〉의 사례와 〈보기2〉의 언어 특성이 가장 **잘못** 짝지어진 것은?

2019 서울시 9급(6월)

┤ 보기 1 ├

(가) '방송(放送)'은 '석방'에서 '보도'로 의미가 변하였다.
(나) '밥'이라는 의미의 말소리 [밥]을 내 마음대로 [법]으로 바꾸면 다른 사람들은 '밥'이라는 의미로 이해할 수 없다.
(다) '종이가 찢어졌어'라는 말을 배운 아이는 '책이 찢어졌어'라는 새로운 문장을 만들어 낸다.
(라) '오늘'이라는 의미를 가진 말을 한국어에서는 '오늘[오늘]', 영어에서는 'today(투데이)'라고 한다.

┤ 보기 2 ├

| ㉠ 규칙성 | ㉡ 역사성 |
| ㉢ 창조성 | ㉣ 사회성 |

① (가) - ㉡   ② (나) - ㉣
③ (다) - ㉢   ④ (라) - ㉠

정답
01 ×, 언어의 추상성
02 ×, 언어의 사회성
03 ×, 언어의 자의성

03 ⊙∼@에 대한 분석으로 적절하지 <u>않은</u> 것은?

나는 또 내 자신에게 물어 보았다. 너는 인생에 무슨 욕심이 있느냐고. 그러나 있다고도 없다고도, 그런 대답은 하기가 싫었다. 나는 거의 나 자신의 존재를 인식하기조차도 어려웠다.

허리를 굽혀서 나는 그저 ⊙ <u>금붕어</u>를 들여다보고 있었다. 금붕어는 참 잘들도 생겼다. 작은 놈은 작은 놈대로 큰 놈은 큰 놈대로 다 싱싱하니 보기 좋았다. 내리비치는 오월 햇살에 금붕어들은 그릇 바탕에 그림자를 내려뜨렸다. 지느러미는 하늘하늘 손수건을 흔드는 흉내를 낸다. 나는 이 지느러미 수효를 헤어 보기도 하면서 굽힌 허리를 좀처럼 펴지 않았다. 등허리가 따뜻하다.

나는 또 ⓒ <u>회탁의 거리</u>를 내려다보았다. 거기서는 피곤한 생활이 똑 금붕어 지느러미처럼 흐늑흐늑 허비적거렸다. 눈에 보이지 않는 끈적끈적한 줄에 엉켜서 헤어나지들을 못한다. 〈중 략〉

이때 뚜우— 하고 ⓒ <u>정오 사이렌</u>이 울었다. 사람들은 모두 네 활개를 펴고 닭처럼 푸드덕거리는 것 같고 온갖 유리와 강철과 대리석과 지폐와 잉크가 부글부글 끓고 수선을 떨고 하는 것 같은 찰나, 그야말로 현란을 극한 정오다.

나는 불현듯이 겨드랑이가 가렵다. 아하, 그것은 내 인공의 날개가 돋았던 자국이다. 오늘은 없는 이 날개, 머릿속에서는 희망과 야심의 말소된 페이지가 딕셔너리 넘어가듯 번뜩였다.

나는 걷던 걸음을 멈추고 그리고 어디 한번 이렇게 외쳐 보고 싶었다.

ⓔ <u>날개야 다시 돋아라.</u>

날자. 날자. 날자. 한 번만 더 날자꾸나.

한 번만 더 날아 보자꾸나.　　　　　　　　　　 – 이상, '날개' 중에서 –

① ⊙: '나'의 의식을 깨워주는 대상이다.

② ⓒ: '나'의 복잡한 내면의 모습을 보여준다.

③ ⓒ: '나'의 의식과 대비되는 활기찬 세계의 모습을 보여주는 대상이다.

④ ⓔ: 이상을 향하여 자유롭게 사는 삶을 의미한다.

04 다음 글에 나타난 시적 화자의 정서와 가장 유사한 것은?

> 매창(梅窓) 아젹 벼틱 향기(香氣)에 잠을 찍니
> 산옹(山翁)의 히욜 일이 곳 업도 아니ᄒ다.
> 울 밋 양지(陽地) 편의 외씨를 쎄허 두고
> 미거니 도도거니 빗김의 달화 내니
> 청문고사(靑門故事)를 이제도 잇다 홀다.
> 망혜(芒鞋)를 븨야 신고 죽장(竹杖)을 흣더디니
> 도화(桃花) 픤 시내 길히 방초주(芳草洲)예 니어셰라.
> 닷봇근 명경중(明鏡中) 절로 그린 석병풍(石屛風)
> 그림재 버들 사마 서하(西河)로 홈ᄭᅴ 가니
> 도원(桃源)은 어드매오 무릉(武陵)은 여긔로다.
>
> – 정철, '성산별곡(星山別曲)' 중에서 –

① 廬녀山산 眞진面면目목이 여긔야 다 뵈ᄂ다.
　어와 造조化화翁옹이 헌ᄉ토 헌ᄉ홀샤.

② 궁달(窮達)이 길이 달라 몬 뫼읍고 늘거신들
　우국 단심(憂國丹心)이야 어늬 각(刻)애 이즐넌고.

③ 동산(東山)의 돌이 나고 븍극(北極)의 별이 뵈니
　님이신가 반기니 눈믈이 절로 난다.

④ 김가(金哥) 이가(李哥) 고공(雇工)들아 싀 ᄆ음 먹어슬라.
　너희닉 졀머는다 혬 혈나 아니슨다.

05 다음 글의 제목으로 가장 적절한 것은?

> 시민사회의 모순을 인지한 헤겔은 이 모순의 해결을 '국가'라는 정치적 영역에 떠맡긴다. 그는 철저하게 공인의 집합인 국가 기구, 즉, 신분제 의회와 관료제 등을 통해 이기적이고 고립된 개인을 산출해 내는 시민사회의 모순을 누그러뜨릴 수 있다고 믿었다. 즉, 국가가 개인들의 이해관계를 적절히 조정할 수 있다는 것이다. 이 입장은 청년 헤겔 학도인 바우어에게 그대로 수용된다. 그러나 마르크스는 이를 "논리로 현실을 규정"하려는 것이라고 비판한다. 물론 국가 자체가 경제체제에 미치는 영향을 완전히 무시할 수 있는 것은 아니지만 모든 형태의 국가는 물질적 재화의 생산과 그러한 생산 속에서의 인간들의 사회적 관계인 생산관계에 의해 결정된다는 것이다. 『신성가족』에서 마르크스는 시민적 삶이 국가에 의해 통합되어야 한다는 생각을 미신으로 규정하면서 현실에서는 국가가 시민적 삶에 의해 유지되고 있다는 것을 명백하게 밝히고 있다. 이렇게 파악할 때 당연히 인간적 해방은 단지 현상에 불과한 국가를 통해서가 아니라 그것의 본질인 경제적 영역의 변화를 통해 가능하다는 결론에 도달할 수 있게 된다.

① 국가와 경제의 균형점 모색

② 시민사회에서의 국가의 개념

③ 사회적 모순을 해결하는 방법

④ 개인 간 이해관계 발생의 원인

06 다음 글에서 추론한 내용으로 적절하지 않은 것은?

> 유성영화 초기에는 음악과 대사 등 한 장면에서 나오는 사운드를 한 트랙에 담을 수 없었다. 1932년 후반, 다중 트랙 녹음을 통해 음악, 대사 그리고 소음 효과가 따로따로 저장되어 한 트랙 위에 믹싱할 수 있는 시스템이 개발되었다. 이때에는 필름의 끝 넘버와 녹음 트랙 끝 넘버를 동시 녹음에 가깝게 만들 수 있을 정도로 사운드를 발전시켰다. 〈킹콩〉(1933)은 1930년대 초반 할리우드 영화가 사운드를 어떻게 활용했는가를 보여주는 좋은 예이다. 연속성 편집, 세트 디자인과 같은 다른 기법처럼, 대부분의 사운드도 독립적으로 사용되는 것이 아닌, 내러티브를 이끌어가는 한 요소로 그 초기부터 종속된 것을 볼 수 있다. 〈중 략〉
>
> 1920년대 이전의 감독들은 피사체의 동작을 프레임 속에 고착시키려고만 하였다. 한 쇼트에서 카메라를 이동시켜 동일 프레임 속에 움직이는 인물을 계속 따라잡는 감독은 거의 없었다. 1920년대 유럽에서 할리우드로 진출한 무르나우와 뒤퐁 등은 심리적이며 주제적인 이유로 쇼트 내에서도 카메라를 움직였다. 이들의 실험 등을 통해서 예전에는 불가능하던 것으로 생각되던 미묘한 것들을 전달하기 위해 이동 카메라나 카메라 이동을 적절히 사용하였다. 카메라도 초기의 무겁고 이동하기 힘들었던 단점을 극복하고 보다 튼튼한 카메라 트라이포드를 개발해서 자유로운 카메라 움직임을 가능하게 했다. 이로써 달리와 크레인은 1930년대 영화에 가장 많이 쓰였던 카메라 기법이 되었다.

① 1930년대 영화에서 내러티브는 독립적인 요소이다.

② 1920년대 영화는 촬영 필름과 녹음 트랙의 개수가 동일하다.

③ 1930년대 영화 촬영 기법은 기술 발전과 고정 관념 탈피의 산물이다.

④ 1920년대 유럽 영화에서는 인물의 심리가 카메라의 이동으로 표현된다.

어휘

07 ㉠~㉢에 들어갈 한자 성어를 순서대로 바르게 연결한 것은?

> • 아이들은 취미가 비슷한 친구들끼리 (㉠)하기 시작했다.
> • 친구는 아버지의 직업을 들먹이며 자신이 교수인 양 (㉡)하곤 했다.
> • 단 음식을 자주 먹고 이도 잘 닦지 않더니, 충치가 생기는 것은 (㉢)였다.

	㉠	㉡	㉢
①	由類相從	狐假虎威	明藥觀火
②	類類相從	狐可虎威	明藥觀火
③	由類相從	狐可虎威	明若觀火
④	類類相從	狐假虎威	明若觀火

08 다음 ( ) 속에 들어갈 말로 가장 적절한 것은?

> 우리나라 역사상 가장 의로운 기생이 누구였냐고 질문한다면, 아마 異口同聲으로 논개를 꼽을 것이다. 논개는 임진왜란 당시 일본 장수와 함께 강에 뛰어들어 ( )의 정신으로 나라를 지킨 인물로 알려져 있기 때문이다.

① 孤立無援
② 殺身成仁
③ 切齒腐心
④ 和而不同

핵심한자 암기노트: p.145

정답 및 해설: 해설집 p.30

○×

01 한자 성어 '明若觀火'는 '불을 보듯 분명하고 뻔함'이라는 의미이다. (○ , ×)

02 '그는 사람을 새로 사귈 때에 ㉠의 태도를 견지한다.'에서 ㉠에 적절한 한자 성어는 '和而不同'이다. (○ , ×)

정답
01 ○
02 ○

OX

01 표준 언어 예절에 따르면, 상대방이 찾는 사람이 없을 때는 '지금 안 계십니다. 들어오시면 뭐라고 전해 드릴까요?'라고 응답하면 된다. (○, ×)

02 표준 언어 예절에 따르면, 배우자에게 전화해서 자신을 밝힐 때는 간단히 '나예요.'라고 말해도 된다. (○, ×)

03 표준 언어 예절에 따르면, 회사에서 전화를 받을 때는 회사나 근무하는 부서, 자신의 이름을 말하는 것이 바람직하다. (○, ×)

어법

01 다음 중 상황에 적절한 표준 언어 예절로 적절하지 <u>않은</u> 것은?

① (전화가 잘못 걸려 왔을 때) '아닙니다.', '전화 잘못 거셨습니다.'처럼 상대방이 전화를 잘못 걸었음을 명확히 알 수 있도록 말해준다.

② (직장에서 전화를 대신 걸 때) '안녕하십니까? ○○○[전화 부탁한 사람] 님의 전화인데요, ○○○[찾는 사람] 씨를 부탁드립니다.'처럼 말해 준다.

③ (전화를 걸었을 때) 받은 상대방이 누구인지 확인하고자 질문할 때는 상대방이 '네/아니오'로 대답할 수 있도록 '거기 ○○구청이죠?'처럼 질문한다.

④ (다른 사람에게 걸려온 전화를 바꾸어 줄 때) 상대가 자신의 이름이나 신분을 밝혔을 때는 '조금만 기다려 주십시오. 바꾸어 드리겠습니다.'처럼 말하고, 그렇지 않았을 때는 '누구시라고 전해드릴까요?'처럼 말한다.

02 다음 대화를 참고할 때, 표준 언어 예절로 바람직하지 <u>않은</u> 것은?

> 재민: 여보세요?
> 연희: 안녕하세요, 고모부? 저 연희인데요. 혹시 지금 고모 계시나요? 휴대폰 전화를 안 받으셔서요.
> 재민: 아, 연희구나. 지금 너희 고모 잠깐 밖에 나갔는데.
> 연희: 그럼 죄송한데요, 연희한테 전화 왔었다고 전해 주실 수 있을까요?
> 재민: 그래. 그럴게.
> 연희: 네, 감사합니다. 그럼 들어가세요.

① 전화를 할 때 명령형 표현을 사용하는 것은 바람직하지 않다.

② 통화하려는 사람이 없을 때는 전화를 건 쪽이 자신의 전화번호를 알려주는 것이 바람직하다.

③ 벨이 울린 후 전화를 받을 때는 자신의 이름을 밝히기 전에 '여보세요'라고 먼저 말해야 한다.

④ '재민'이 '연희'에게 전화를 걸 때는 자신을 '고모부'와 같은 호칭어로 지칭하는 것이 바람직하다.

정답
01 ○
02 ○
03 ○

문학

03 필자의 견해와 일치하는 것은?

> "그래, 지금 울 만한 자리가 저토록 넓으니 나도 당신을 따라 한바탕 통곡을 할 터인데 칠정 가운데 어느 '정'을 골라 울어야 하겠소?"
>
> "갓난아이에게 물어보게나. 아이가 처음 배 밖으로 나오며 느끼는 '정'이란 무엇이오? 처음에는 광명을 볼 것이요, 다음에는 부모 친척들이 눈앞에 가득 차 있음을 보리니 기쁘고 즐겁지 않을 수 없을 것이오. 이 같은 기쁨과 즐거움은 늙을 때까지 두 번 다시 없을 일인데 슬프고 성이 날 까닭이 있으랴? 그 '정'인즉 응당 즐겁고 웃을 정이련만 도리어 분하고 서러운 생각에 복받쳐서 하염없이 울부짖는다. 혹 누가 말하기를 인생은 잘나나 못나나 죽기는 일반이요, 그 중간에 허물·환란·근심·걱정을 백방으로 겪을 터이니 갓난아이는 세상에 태어난 것을 후회하여 먼저 울어서 제 조문(弔問)을 제가 하는 것이라고 한다면 이것은 결코 갓난아이의 본정이 아닐 겝니다. 아이가 어미 태 속에 자리 잡고 있을 때에는 어둡고 갑갑하고 얽매이고 비좁게 지내다가 하루아침에 탁 트인 넓은 곳으로 빠져나오자 팔을 펴고 다리를 뻗어 정신이 시원하게 될 터이니, 어찌 한번 감정이 다하도록 참된 소리를 질러 보지 않을 수 있으랴! 그러므로 갓난아이의 울음소리에는 거짓이 없다는 것을 마땅히 본받아야 하리이다.
>
> 비로봉(毗盧峯) 꼭대기에서 동해 바다를 굽어보는 곳에 한바탕 통곡할 '자리'를 잡을 것이요, 황해도 장연(長淵)의 금사(金沙) 바닷가에 가면 한바탕 통곡할 '자리'를 얻으리니, 오늘 요동 벌판에 이르러 이로부터 산해관(山海關) 일천이백 리까지의 어간(於間)은 사방에 도무지 한 점 산을 볼 수 없고 하늘가와 땅끝이 풀로 붙인 듯, 실로 꿰맨 듯, 고금에 오고 간 비바람만이 이 속에서 창망(滄茫)할 뿐이니, 이 역시 한번 통곡할 만한 '자리'가 아니겠소."
>
> – 박지원, '통곡할 만한 자리' 중에서 –

① 요동 벌판이 조선의 영토가 아닌 것은 슬픈 일이다.

② 인간은 갓난아이의 울음에서 진실함을 본받아야 한다.

③ 인간이 평생 가장 많이 경험하는 칠정은 즐거움과 기쁨이다.

④ 갓난아이는 울음으로 어미의 태 밖으로 나온 두려움을 표현한다.

OX

01 어떤 시가 일반적인 시의 형태와 달리 행과 행이 구분되지 않는다면, '서사시'로 분류된다. (ㅇ, ×)

02 어떤 시에 개인의 감정이나 정서가 주관적으로 표현되어 있다면, '서정시'로 분류된다. (ㅇ, ×)

04 다음 글의 특징으로 적절하지 <u>않은</u> 것은?

> 호박잎에 싸 오는 붕어곰은 언제나 맛있었다
>
> 부엌에는 빨갛게 질들은 팔(八)모 알상이 그 상 우엔 새파란 싸리를 그린 눈알만 한 잔(盞)이 뵈였다
>
> 아들아이는 범이라고 장고기를 잘 잡는 앞니가 뻐드러진 나와 동갑이었다
>
> 울파주 밖에는 장꾼들을 따러와서 엄지의 젖을 빠는 망아지도 있었다
>
> — 백석, '주막' —

① 어릴 적 추억을 그리고 있다.

② 색채 대비와 크기 대비가 나타나 있다.

③ 어린아이의 시선으로 시상을 전개하고 있다.

④ 산문시 형식을 통해 아련한 분위기를 조성하고 있다.

정답
01 ×, 산문시
02 ㅇ

비문학

05 다음 글쓴이의 주된 입장에 부합하는 것은?

> '인(仁)'이라는 말은 다양하게 정의되며, 그런 정의에 대한 여러 논의가 있을 수 있기는 하다. 하지만 '인(仁)'의 핵심적 의미는 어쩌면 놀랄 만큼 단순하고 명료하다. 그것은 '사람다운 심성'을 가리키고, 사람다운 심성이란 '남을 측은히 여기고 그의 인격을 존중하여 자신의 욕망과 충동을 자연스럽게 억제하는 착한 마음씨'이다. 이때 '남'은 인간만이 아닌 자연의 모든 생명체로 확대된다. 그러므로 '인'이라는 심성은 곧 "낚시질은 하되 그물질은 안 하고, 주살을 쏘되 잠든 새는 잡지 않는다.(釣而不網, 戈不射宿)"에서 그 분명한 예를 찾을 수 있다.
>
> 유교 문화가 이런 뜻에서 '인문적'이라는 것은 유교 문화가 가치관의 측면에서 외형적이고 물질적이기에 앞서 내면적이고 정신적이며, 태도의 시각에서 자연 정복적이 아니라 자연 친화적이며, 윤리적인 시각에서 인간 중심적이 아니라 생태 중심적임을 말해준다.
>
> 여기서 질문이 나올 수 있다. 근대화 이전이라면 어떨지 몰라도 현재의 동양 문화를 위와 같은 뜻에서 정말 '인문적'이라 할 수 있는가?
>
> 나의 대답은 부정적이다. 적어도 지난 한 세기 동양의 역사는 스스로가 선택한 서양화(西洋化)라는 혼란스러운 격동의 역사였다. 서양화는 그리스적 철학, 기독교적 종교, 근대 민주주의적 정치이념 등으로 나타난 이질적 서양 문화, 특히 너무나 경이로운 근대 과학 기술 문명의 도입과 소화를 의미했다. 〈중 략〉 하지만 그런 가운데에서도 동양인의 감성과 사고의 가장 심층에 깔려 있는 것은 역시 동양적, 유교적 즉 '인문적'이라고 볼 수 있다. 그만큼 유교는 동양 문화가 한 세기는 물론 몇 세기 그리고 밀레니엄의 거센 비바람으로 변모를 하면서도, 근본적으로 바뀌지 않고 쉽게 흔들리지 않을 만큼 깊고 넓게 그 뿌리를 박고 있는 토양이다.

① '인(仁)'은 인간이 인간에게 지켜야 하는 최소한의 가치이다.

② '인(仁)'은 바라보는 관점에 따라 주된 의미가 달라지는 복잡한 개념이다.

③ 현대 사회의 동양인은 근대화로 도입된 서양적 가치를 기반으로 사고한다.

④ 인문적인 유교 문화에서는 자연과 함께 어울려 살아가는 정신적 가치를 높게 평가한다.

06 다음 글을 바탕으로 ㉠을 이해할 때 가장 적절한 것은?

베르톨트 브레히트는 독일의 시인이자 극작가이자 연극 연출가였다. 그는 끊임없는 실험 정신으로 20세기의 무대 예술을 한 차원 높였다는 평을 받는다. 문화 평론가로 명성 높은 레이먼드 윌리엄스는 그의 작품을 가리켜 "입센과 스트린드베리 이후 가장 중요하고 독창적인 유럽 드라마"라고 말했다. 20대 후반부터 마르크스주의에 경도되었던 그는 끝까지 그 이념에 충실했다. 그는 거기에 맞춰 관객의 사회관을 변형시키려는 시도를 선보였고, 그것은 ㉠'소외 효과'라는 방식으로 표출되었다.

소외 효과란 관객이 자신을 연기자와 동일시하면서 극에 몰입하는 것을 막도록 고안된 장치를 말한다. 즉, 관객이 보고 있는 것은 단지 극중의 연기일 뿐이라는 사실을 자각하도록 고안된 기법을 가리키는 것이다. 예를 들면, 무대 위에 해설 자막이나 그림을 올려 상황을 알려주거나, 배우들이 연기 장면과 상관없이 작품의 줄거리를 설명하거나 노래를 부른다. 무대 위에 일부러 조명이나 밧줄 등의 무대장치를 노출하기도 한다. 그것은 관객들이 등장인물이나 연극 자체에 스스로를 동화시키지 못하게 함으로써, 관객이 극중에 반영된 '현실' 세계를 한결 명확히 인식할 수 있도록 하는 것이 목적이다.

그 소외 효과를 이용한 대표적인 작품이 〈서 푼짜리 오페라〉다. 그의 희곡에 쿠르트 바일이 곡을 붙인 뮤지컬인데 뉴욕의 브로드웨이와 런던의 웨스트엔드에서 여러 번 공연되었고, 훗날 독일에서 두 차례 미국에서 한 차례 영화로 제작되기도 했다. 그런데 그의 극에 환호하던 관객이 그가 그토록 타파하려고 시도했던 부르주아 계층과 자본주의 사회 구성원이었다는 사실은 역사의 아이러니다.

① 연기자가 배역과 괴리를 보일수록 극대화된다.
② 극이 공연되는 나라에 따라 우연성을 띠기도 한다.
③ 고안 과정에서 연출자가 인식하는 현실의 문제가 반영된다.
④ 연극이 전하고자 하는 메시지와 관객의 가치관이 일치할 때 발생한다.

어휘

07 다음 중 '보람이 없음'을 의미하는 속담으로 가장 적절하지 <u>않은</u> 것은?

① 밑 빠진 독에 물 붓기

② 비단옷 입고 밤길 가기

③ 도랑 치고 가재 잡는다.

④ 아무리 바빠도 바늘허리 매어 쓰지는 못한다.

08 한자 성어의 뜻풀이로 옳지 <u>않은</u> 것은?

① 금란지계(金蘭之契): 친구 사이의 매우 두터운 정을 이르는 말

② 곡학아세(曲學阿世): 바른길에서 벗어난 학문으로 세상 사람에게 아첨함

③ 후생가외(後生可畏): 젊을수록 두려움이 많아 일을 그르치기 쉬움을 이르는 말

④ 오월동주(吳越同舟): 서로 적의를 품은 사람들이 한자리에 있게 된 경우나 서로 협력하여야 하는 상황을 비유적으로 이르는 말

O×

01 속담 '개같이 벌어서 정승같이 산다.'는 돈을 벌 때는 천한 일이라도 하면서 벌고 쓸 때는 떳떳하고 보람 있게 씀을 비유적으로 이르는 말이다. (O , ×)

02 '㉠(이)라고 하니, 이 일이 끝날 때까지만 사이좋게 지내자.'에서 ㉠에 적절한 한자 성어는 '오월동주(吳越同舟)'이다. (O , ×)

핵심한자 암기노트: p.146

정답 및 해설: 해설집 p.33

정답
01 O
02 O

○×

01 '잡수다', '뵙다'는 주체 높임을 실현하는 특수 어휘이다. (○, ×)

02 '회장님의 중대 발표가 있으시겠습니다.'는 높임 표현이 적절하게 사용된 문장이다. (○, ×)

03 '앞으로는 좀 더 자주 전화해.'에는 비격식체 낮춤 표현이 사용되었다. (○, ×)

어법

01 높임 표현에 대한 설명으로 가장 적절한 것은?

① "이 선생님은 근심이 너무 많으십니다"는 높임 대상의 심리를 간접적으로 높이고 있다.

② "교수님, 따님이 벌써 다섯 살이에요?"에서 화자보다 '따님'이 어릴 때는 '딸'로 바꿔야 한다.

③ "아버지께서 할머니께 밥을 차려 드리셨습니다"는 주체 높임이 올바르게 표현되었으므로 올바른 문장이다.

④ "부장님, 김 대리님은 회의에 가셨습니다"는 압존법을 적용하여 "부장님, 김 대리는 회의에 갔습니다"라고 표현하는 것이 바람직하다.

02 〈보기〉의 문장을 높임 표현에 따라 분석할 때, 가장 적절한 것은?

| 보기 |

"원장님께서 자리에 안 계시니 다음에 찾아 와라."

	주체 높임	객체 높임	상대 높임
①	있음	없음	격식체
②	있음	있음	비격식체
③	없음	없음	격식체
④	없음	있음	비격식체

정답
01 ×, '뵙다'는 객체 높임을 실현하는 특수 어휘이다.
02 ○
03 ○

03 ⊙과 ⓒ에 대한 설명으로 적절한 것은?

얼골을 못 보거든 그립기나 마르려믄, 열두 쌔 김도 길샤 설흔 날 지리(支離)ᄒ다. 옥창(玉窓)에 심근 매화(梅花) 몃 번이나 픠여 진고. 겨울밤 차고 찬 제 ⊙자최눈¹⁾ 섯거 치고, 여름날 길고 길 제 구준비ᄂᆞ 므스 일고. 삼춘 화류(三春花柳) 호시절(好時節)의 경물(景物)²⁾이 시름업다. 가을 ᄃᆞᆯ 방에 들고 ⓒ실솔(蟋蟀)³⁾이 상(床)에 울 제, 긴 한숨 디ᄂᆞ 눈물 속절업시 혬만 만타. 아마도 모진 목숨 죽기도 어려울사.

– 허난설헌, '규원가' 중에서 –

※ 1) 자최눈: 진눈깨비
2) 경물(景物): 아름다운 풍경
3) 실솔(蟋蟀): 귀뚜라미

① ⊙은 구체적 대상이며, ⓒ은 추상적 대상이다.
② ⊙은 화자와 동질적이며, ⓒ은 화자와 이질적이다.
③ ⊙은 현재의 화자를 의미하며, ⓒ은 과거의 화자를 의미한다.
④ ⊙은 화자의 고독함과 관련되며, ⓒ은 화자의 슬픔과 관련된다.

04 다음 글에 대한 설명으로 옳지 않은 것은?

2019 국가직 9급

　동네 사람들이 방앗간의 터진 두 면을 둘러쌌다. 그리고 방앗간 속을 들여다보았다. 과연 어둠 속에 움직이는 게 있었다. 그리고 그게 어둠 속에서도 흰 짐승이라는 걸 알 수 있었다. 분명히 그놈의 신둥이개다. 동네 사람들은 한 걸음 한 걸음 죄어들었다. 점점 뒤로 움직여 쫓기는 짐승의 어느 한 부분에 불이 켜졌다. 저게 산개의 눈이다. 동네 사람들은 몽둥이 잡은 손에 힘을 주었다. 이 속에서 간난이 할아버지도 몽둥이 잡은 손에 힘을 주었다. 한 걸음 더 죄어들었다. 눈앞의 새파란 불이 빠져나갈 틈을 엿보듯이 휙 한 바퀴 돌았다. 별나게 새파란 불이었다. 문득 간난이 할아버지는 이런 새파란 불이란 눈앞에 있는 신둥이개 한 마리의 몸에서 나오는 것이 아니고 여럿의 몸에서 나오는 것이 합쳐진 것이라는 생각이 들었다. 말하자면 지금 이 신둥이개의 뱃속에 든 새끼의 몫까지 합쳐진 것이라는. 그러자 간난이 할아버지의 가슴속을 흘러 지나가는 게 있었다. 짐승이라도 새끼 밴 것을 차마?

　이때에 누구의 입에선가, 때려라! 하는 고함 소리가 나왔다. 다음 순간 간난이 할아버지의 양옆 사람들이 욱 개를 향해 달려들며 몽둥이를 내리쳤다. 그와 동시에 간난이 할아버지는 푸른 불꽃이 자기 다리 곁을 빠져나가는 것을 느꼈다.

　뒤이어 누구의 입에선가, 누가 빈틈을 냈어? 하는 흥분에 찬 목소리가 들렸다. 그리고 저마다, 거 누구야? 거 누구야? 하고 못마땅해 하는 말소리 속에 간난이 할아버지 턱밑으로 디미는 얼굴이 있어,

"아즈반이웨다레"

하는 것은 동장네 절가였다.

－ 황순원, '목넘이 마을의 개' 중에서 －

① 토속적이면서도 억센 삶의 현장을 그리고 있다.
② 신둥이의 새파란 불은 생의 욕구를 암시한다.
③ 간난이 할아버지에게서 생명에 대한 외경을 느낄 수 있다.
④ 동장네 절가는 간난이 할아버지의 행동에 동조하고 있다.

05 ㉠~㉣의 예를 추가할 때 가장 적절한 것은?

우리는 일상생활에서 중요한 일을 앞두고 스스로 불리한 조건을 만드는 경우를 흔히 볼 수 있다. 심리학에서는 이를 스스로에게 핸디캡을 준다는 의미로 '셀프 핸디캐핑(self-handicapping)'이라 부른다. 셀프 핸디캐핑이란 일상생활에서 자신의 중요한 어떤 특성이 평가의 대상이 될 가능성이 있고, 동시에 거기에서 좋은 평가를 받을 수 있을지 불확실한 경우, 과제 수행을 방해할 불리한 조건을 스스로 만들어내어 그 불리한 조건을 다른 사람에게 주장하는 것을 말한다. 중요한 시험 전날, 공부는 하지 않고 영화를 보러 간 학생이 다음날 아침에 등교하자마자 다른 학생들에게 들으라는 듯 자신이 어제 본 영화의 내용에 대해 큰 소리로 떠드는 경우가 이에 해당한다.

심리학자인 아킨과 바움가드너는 셀프 핸디캐핑을 위치와 형태의 두 가지 측면에서 분류했다. 위치에 따른 분류는 불리한 조건을 자신의 내부에서 찾느냐 아니면 자신의 외부에서 찾느냐를 기준으로 셀프 핸디캐핑을 나누는 것이다. 즉, 약물이나 알코올의 섭취, 노력의 억제 등은 ㉠내적 셀프 핸디캐핑에, 불리한 수행 조건이나 곤란한 목표를 선택하는 것은 ㉡외적 셀프 핸디캐핑에 해당한다. 형태에 따른 분류는 성공 가능성을 떨어뜨릴 수 있는 불리한 조건을 스스로 만드는가, 아니면 자신이 처한 기존의 불리한 조건을 주장하는가에 따라 각각 ㉢획득적 셀프 핸디캐핑과 ㉣주장적 셀프 핸디캐핑으로 나누는 것이다.

① ㉠ – 발표를 앞둔 사람이, 자신의 연구 주제는 자료 찾기가 힘든 주제라고 말하는 것

② ㉡ – 시험을 앞둔 학생이, 복용하고 있는 약의 부작용을 이야기하는 것

③ ㉢ – 늘 야근을 하는 사람이, 정규 업무 시간에는 여유롭게 일해야 한다고 말하는 것

④ ㉣ – 달리기를 잘 못하는 사람이, 달리기 연습을 제대로 한 적 없다고 말하는 것

○×

06 다음 글의 제목으로 가장 적절한 것은?

스피치는 인생의 목적지로 이끌어주는 배이다. 촌철살인(寸鐵殺人)이라는 말처럼 한마디 말로 설복시킬 수도 있고 항복하게 할 수도 있으며, 반대로 한마디 말로 타인을 죽음에 이르게 하거나 평생토록 한 맺히게 할 수도 있다.

그렇다면 어떻게 하면 성공적인 대화를 할 수 있을까.

커뮤니케이션 이론이나 화술의 기법을 익히는 것만으로는 부족하다. 물론 그러한 기술들은 필요하지만, 대화의 원칙이 모든 상황에 다 절대적으로 들어맞는 것은 아닐 수 있다. 개인적으로 능력이 뛰어난 인재들이 모인 조직도 종합생산성 측면에서 보면, 일반인들보다 못한 실적을 올릴 때가 있다. 그것은 바로 조직에서 일하는 개인들의 업무 스타일이 전체적으로 효율적이지 못하기 때문이다. 그래서 조직의 장은 인재를 적재적소에 배치하는 리더십을 꼭 갖추고 있어야 한다.

마찬가지로 우리는 누구나 자기 자신에게 맞는 커뮤니케이션의 기법을 잘 알고 있어야 한다. 굳이 심리학자들의 연구를 빌리지 않더라도, 그 사람의 성격에 따라 커뮤니케이션 하는 방법도 다양하게 전개될 수 있다는 것은 분명하다. 상대를 잘 이해한다는 것은 상대의 성격을 잘 파악하고 있다는 말과 다름이 없을 것이다. 그래서 생산적 말하기도 상대의 성격에 따라 여러 방법을 적절하게 사용하는 것이 필요하다.

① 효과적인 조직 운영 방법은 무엇인가
② 말하기 기술을 어떻게 활용할 것인가
③ 말하기에서 상대를 왜 고려해야 하는가
④ 스피치에 도움이 되는 말하기 방법은 무엇인가

어휘

07 ㉠에 들어갈 한자어로 가장 적절한 것은?

> ┌─ ㉠ ─┐
>
> 「1」 식물의 뿌리를 캐냄
> 「2」 어떤 일의 내용, 원인, 근원 등을 캐어 알아냄
> 「3」 어떻게 행동하기를 따지어 독촉함
> 「4」 남에게 받을 것을 달라고 독촉함

① 採根

② 採算

③ 採用

④ 採取

08 밑줄 친 고유어의 의미에 대응하는 한자어로 적절하지 <u>않은</u> 것은?

① 비효율적인 업무 체계는 <u>고쳐야</u> 한다. – 改善

② 학생회는 학칙을 <u>고치기</u> 위해 노력했다. – 改正

③ 절약 정신이 투철한 그는 무슨 옷이든 <u>고쳐</u> 입었다. – 改造

④ 법원은 당사의 불공정한 채용 방식을 <u>고칠</u> 것을 요구했다. – 是正

핵심한자 암기노트: p.146

정답 및 해설: 해설집 p.36

OX

01 '수정 ㉠을(를) 위해 동굴로 들어갔다.'에서 ㉠에 적절한 한자어는 '採用'이다. (○, ×)

02 '불합리한 제도에 대한 ㉡이(가) 필요하다.'에서 ㉡에 적절한 한자어는 '是正'이다. (○, ×)

정답
01 ×, 採取(채취)
02 ○

O×

01 '5만 원권 지폐에는 신사임당(율곡의 어머니)이 그려져 있다.'에서 소괄호의 쓰임은 적절하다.   (○, ×)

02 '조를 주윤/다빈, 명식/연우로 나누었다.'에서 빗금의 쓰임은 적절하다.   (○, ×)

03 '그는 ×××라고 욕하며 나를 몰아세웠다.'에서 숨김표의 쓰임은 적절하다.   (○, ×)

어법

01 문장 부호와 문장 부호를 사용한 예시로 적절하지 <u>않은</u> 것은?

	문장 부호	예시
①	빗금(/)	주차 요금은 3,000/시간이다.
②	큰따옴표(" ")	쪽지에는 "이따 봐."라고 적혀 있었다.
③	소괄호(( ))	북동쪽 하늘에서 유성우(流星雨)를 관측할 수 있다.
④	숨김표(○, ×)	훈민정음에서 모음의 기본자는 ○○○의 세 글자이다.

02 문장 부호의 사용이 옳지 <u>않은</u> 것은?

① 지하철에서 책을 읽{었~는~겠}다.

② 너는 이름이 뭐니? 나이는 몇 살이니?

③ 프랑스 혁명의 3대 정신은 자유 · 평등 · 박애이다.

④ 프로그램의 제목은 '북극의 동물들 – 북극곰, 북극여우'이다.

정답

01 ○

02 ×, 가운뎃점(·)을 써야 한다.

03 ○

문학

03 〈보기〉의 시조에 대한 설명으로 옳지 <u>않은</u> 것은?

> ┤ 보기 ├

> 〈제1수〉
>
> 이 듕에 시름 업스니 漁父(어부)의 생애이로다.
> 一葉扁舟(일엽편주)를 萬頃波(만경파)에 띄워 두고
> 人世(인세)를 다 니젯거니 날 가는 줄룰 안가.
>
> 〈제2수〉
>
> 구버는 千尋綠水(천심 녹수) 도라보니 萬疊靑山(만첩청산)
> 十丈紅塵(십장 홍진)이 언매나 フ렷는고.
> 江湖(강호)애 月白(월백)ㅎ거든 더옥 無心(무심)하얘라.

① 대유법을 사용하고 있다.

② 자연 속에 묻혀 사는 어부의 삶을 노래하고 있다.

③ 자연 속에서도 나라를 걱정하는 마음을 드러내고 있다.

④ 한자 성어를 활용하여 세상과 떨어져 있음을 강조하고 있다.

○✕

01 문학 작품에서 '흰옷'으로 '한민족(韓民族)'을 표현하는 수사법은 대유법이다. (ㅇ, ✕)

02 사대부의 시조에서 '자연'은 화자가 유유자적하는 공간으로 그려지거나 유교 이념을 드러내기 위한 소재로 사용된다. (ㅇ, ✕)

정답
01 ㅇ
02 ㅇ

○×

04 밑줄 친 부분의 함축적 의미로 가장 적절한 것은?

"여북하면 제 자식을 꿈에도 보두 못 하던 사람에게 주겠어요. 할 수가 없어서 그렇지요. 집에 두고 굶기는 것보다 나을까 해서 그랬지요. 아 범이 본래는 저렇게는 못살지는 않았답니다. 저희 아버지 살았을 때 는 벼 백 석이나 하고, 삼 형제가 양평 시골서 남부럽지 않게 살았답 니다. 이름들도 모두 좋지요. 맏형은 '장자'요, 둘째는 '거부'요, 아범이 셋짼데 '화수분'이랍니다. 그런 것이 제가 간 후부터 시아버님이 돌아 가시고, 그리고 맏아들이 죽고 농사 밑천인 소 한 마리를 도적맞고 하 더니, 차차 못살게 되기 시작해서 종내 저렇게 거지가 되었답니다. 지 금도 시골 큰댁엘 가면 굶지나 아니할 것을 부끄럽다고 저러고 있지 요. 사내 못생긴 건 할 수가 없어요."

우리는 이제야 비로소 아범이 어제 울던 까닭을 알았고, 이때에 나는 비로소 아범의 이름이 '화수분'인 것을 알았고, 양평 사람인 줄도 알았다.
〈중 략〉

그는 고개를 숙여 앞을 내려다보다가, 소나무 밑에 희끄무레한 사람의 모양을 보았다. 그것을 곧 달려가 보았다. 가 본 즉 그것은 옥분과 그의 어머니다. 나무 밑 눈 위에 나뭇가지를 깔고, 어린것 업는 헌 누더기를 쓰 고 한끝으로 어린것을 꼭 안아 가지고 웅크리고 떨고 있다. 화수분은 왁 달려들어 안았다. 어멈은 눈은 떴으나 말은 못 한다. 화수분도 말을 못 한 다. 어린것을 가운데 두고 그냥 껴안고 밤을 지낸 모양이다.

– 전영택, '화수분' 중에서 –

① 고생 끝에 행복을 얻게 되는 인물

② 반어적으로 비극적인 삶을 살게 되는 인물

③ 운명적으로 굴곡진 인생을 겪게 되는 인물

④ 어떠한 고난에서도 낙관적 사고를 잃지 않는 인물

05 다음 글의 논리적 오류와 같은 종류의 오류가 있는 것은? 2016 지방직 7급

> 규칙적인 생활을 하고 운동을 열심히 하는 사람은 건강합니다. 왜냐하면, 건강한 사람은 규칙적인 생활을 하고 운동을 열심히 하기 때문입니다.

① 분열은 화합으로 극복할 수 있다. 화합한 사회에서는 분열이 일어나지 않는다.

② 미확인 비행 물체(UFO)가 없다는 주장이 입증되지 않았으므로 미확인 비행 물체는 존재한다.

③ 지금 서른 분 가운데 열 분이 손을 들어 반대하셨습니다. 손을 안 드신 분은 모두 제 의견에 찬성하는 것으로 알겠습니다.

④ A 지역에서 생산한 사과도 맛이 없고, B 지역에서 생산한 사과도 맛이 없습니다. 따라서 올해는 맛있는 사과를 맛볼 수 없을 것입니다.

14일

해커스공무원 양효주 매일 국어 2

○×

01 '주말마다 A산을 오르지만 한 번도 뱀을 본 적이 없다. 그러니 A산에는 뱀이 없는 것이다.'는 흑백 논리의 오류이다. (○, ×)

02 'B는 똑똑하고 잘생겨서 사람들이 좋아한다. B를 좋아하지 않는 사람은 모두 B를 질투하는 것이다.'는 순환 논증의 오류이다. (○, ×)

03 'C는 어제 지각을 했고, 오늘도 지각을 했다. 그러니 내일도 지각을 할 것이다.'는 성급한 일반화의 오류이다. (○, ×)

정답
01 ×, 무지에의 호소
02 ×, 흑백논리의 오류
03 ○

○×

06 토론자들의 말하기 방식으로 적절한 것은?

> 사회자: 네, 알겠습니다. 지금까지 수돗물 정책을 담당하시는 박 과장님의 말씀을 들었는데요. 그럼 이번에는 시민 단체의 의견을 들어 보겠습니다. 김 박사님~.
>
> 김 박사: 네, 사실 굉장히 답답합니다. 공단 폐수 방류 사건 이후에 17년 간 네 번에 걸친 종합 대책이 마련됐고, 상당히 많은 예산이 투입된 것으로 알고 있습니다. 그런데도 이번에 상수도 사업을 민영화하겠다는 것은 결국 수돗물 정책이 실패했다는 걸 스스로 인정하는 게 아닌가 싶습니다. 그리고 민영화만 되면 모든 문제가 해결되는 것처럼 말씀하시는데요, 현실을 너무 안이하게 보고 있다는 생각이 듭니다.
>
> 사회자: 말씀 중에 죄송합니다만, 수돗물 사업이 민영화되면 좀 더 효율적이고 전문적으로 운영된다는 생각에 동의할 분도 많을 것 같은데요.
>
> 김 박사: 전 동의할 수 없습니다. 우선 정부도 수돗물 사업과 관련하여 충분히 전문성을 갖추고 있다고 봅니다. 현장에서 근무하는 분들의 기술 수준도 세계적이고요. 그리고 효율성 문제는요, 저희가 알아본 바에 의하면 시설 가동률이 50% 정도에 그치고 있고, 누수율도 15%나 된다는데, 이런 것들은 시설 보수나 철저한 관리를 통해 정부가 충분히 해결할 수 있다고 봅니다. 게다가 현재 상태로 민영화가 된다면 또 다른 문제가 생길 수 있습니다. 수돗물 가격의 인상을 피할 수 없다고 보는데요. 물 산업 강국이라는 프랑스도 민영화 이후에 물 값이 150%나 인상되었다고 하는데, 우리에게도 같은 일이 일어나지 않을까 걱정됩니다.
>
> 사회자: 박 과장님, 김 박사님의 의견에 대해 어떻게 생각하십니까?
>
> 박 과장: 민영화할 경우 아무래도 어느 정도 가격 인상 요인이 있겠습니다만 정부와 잘 협조하면 인상 폭을 최소화할 수 있으리라고 봅니다. 무엇보다도 수돗물 사업을 민간 기업이 운영하게 된다면, 수질도 개선될 것이고, 여러 가지 면에서 더욱 질 좋은 서비스를 받을 수 있을 겁니다. 또 시설 가동률과 누수율의 문제도 조속히 해결될 수 있을 겁니다.

① 김 박사는 국내의 여러 사례를 들어 주장을 펼치고 있다.
② 박 과장은 문제의 경과 과정을 토대로 논지를 전개하고 있다.
③ 김 박사는 설문 조사로 도출된 구체적인 수치를 근거로 제시하고 있다.
④ 박 과장은 우려되는 점에 대한 해결책을 들어 주장을 뒷받침하고 있다.

어휘

07 밑줄 친 말을 한자로 바르게 표기한 것은?

> • 인기를 얻으면 그만큼 유명세도 뒤따르기 마련이다.
> • 동생은 어른스러운 척을 하지만, 아직 구상유취의 어린아이에 불과하다.
> • 그 학생은 늘 올바른 태도로 수업에 참여하여 다른 학생들의 모범이 되었다.

	㉠	㉡	㉢
①	有名勢	口尙有臭	摸範
②	有名稅	口尙乳臭	模範
③	有名勢	口尙乳臭	摸範
④	有名稅	口尙有臭	模範

08 밑줄 친 말의 의미는?

> 입이 밭은 언니는 오늘도 저녁을 먹다가 먼저 자리를 떴다.

① 입이 무거워 말수가 적다.
② 음식을 심하게 가리거나 적게 먹다.
③ 어떤 일이나 말 등이 못마땅하여 기분이 언짢다.
④ 다른 사람에게 들리지 않도록 중얼중얼 낮은 목소리로 말하다.

핵심한자 암기노트: p.148

정답 및 해설: 해설집 p.38

○×

01 한자어 '유명세(有名稅)'는 긍정적·부정적 문맥에서 모두 사용할 수 있다. (○, ×)

02 관용 표현 '입에 달라붙다'는 '입맛에 맞다.'라는 의미이다. (○, ×)

정답
01 ×, 부정적 문맥에서만 사용할 수 있다.
02 ○

매일 국어 15일

소요 시간 / 10분 맞은 개수 / 8개

OX

01 '가을걷이'와 '추수'는 현재 공존하고 있는 동의어의 예이다. (○, ×)

02 '계집'은 일반적인 여자를 일컫는 말이었으나 지금은 '여자'를 낮잡아 이르는 말로 의미가 축소되었다. (○, ×)

03 '씩씩하다'의 의미가 '엄하다'에서 '용감하다'로 바뀐 것은 '의미의 이동'으로 설명할 수 있다. (○, ×)

정답
01 ○
02 ○
03 ○

어법

01 ㉠~㉢을 구체적으로 설명하기 위한 예로 적절하지 않은 것은?

㉠ 의미의 확대	시간이 흐름에 따라 어휘의 의미 영역이 확대되는 것
㉡ 의미의 축소	시간이 흐름에 따라 어휘의 의미 영역이 축소되는 것
㉢ 동의어와의 경쟁	동의어가 서로 경쟁하며 공존하거나 한쪽은 살아남고 한쪽은 소멸하기도 함

① ㉠: '다리'는 '사람이나 짐승의 다리'를 뜻했으나 '물체의 아래쪽에 붙어 그 물체를 받치는 부분'까지 뜻하게 되었다.
② ㉡: '놈'은 '일반 사람'에서 '남자'를 낮잡아 이르는 말로 의미가 축소되었다.
③ ㉢: '계란'과 '달걀'은 경쟁을 이어가며 공존하고 있다.
④ ㉢: '단어'와 '낱말'의 경쟁 결과로 '낱말'은 소멸하고 '단어'만 쓰이고 있다.

02 〈보기〉의 밑줄 친 ㉠에 대한 이해로 가장 적절한 것은?

보기

단어의 의미는 언어적, 심리적, 사회적, 역사적 요인에 따라 변화한다. 심리적 요인은 단어가 지시하는 대상을 선호하거나 꺼리는 것과 연관되며, 언어적 요인은 단어와 단어가 맞닿아 있어 의미가 전이되는 것과 연관된다. 사회적 요인은 해당 단어를 사용하는 이들이나 사회의 변동과 관련되며, ㉠ 역사적 요인은 시대에 따라 단어가 지시하는 대상이 변화하거나 소멸하는 것과 연관된다.

① '라볶이'는 '라면'과 '떡볶이'가 결합한 음식을 가리키는 말이다.
② '사과주스'를 가리키던 외래어 '사이다'는 '탄산수'를 가리키게 되었다.
③ '아침'은 시간적인 개념이었으나 아침에 먹는 음식도 의미하게 되었다.
④ '영감'은 벼슬이 없어짐에 따라 정삼품이나 종이품의 벼슬아치를 가리키는 말로 쓰이지 않는다.

문학

03 다음 〈보기〉의 ㉠에 들어갈 내용으로 가장 적절한 것은?

─┤ 보기 ├─

　자장면은 좀 침침한 작은 중국집에서 먹어야 맛이 난다.

　그 방은 퍽 좁아야 하고, 될 수 있는 한 깨끗지 못해야 하고 칸막이에는 콩알만한 구멍이 몇 개 뚫려 있어야 어울린다.

　식탁은 널판으로 아무렇게나 만든 앉은뱅이어야 하고, 그 위엔 담뱃불에 탄 자국이 검고 또렷하게 무수히 산재해 있어야 정이 간다. 〈중 략〉

　내가 어려서 최초로 대면한 중국 음식이 자장면이고(자장면이 정말 중국의 전통적인 음식인지 어떤지는 따지지 말자.), 내가 맨 처음 가 본 내 고향의 중국집이 그런 집이고, 이따금 흑설탕을 한 봉지씩 싸 주며 "이거 먹어해, 헤헤헤." 하던 그 집 주인이 그런 사람이어서, 나는 중국 음식이라면 우선 자장면을 생각했고 중국집이나 중국 사람은 다 그런 줄로만 알고 컸다.

　스무 살 때던가, 서울에 처음 왔을 때도 나는 자장면을 잘 사 먹었는데 그 그릇이나 맛, 그 방 안의 풍경과 분위기는 말할 것도 없고, 비록 흑설탕은 싸 주지 않으나 그 주인의 모습까지도 내 고향의 자장면, 그 중국집, 그 장궤(掌櫃)와 다르지 않았던 것을 기억한다. 해서 내가 처음으로 으리으리한 중국집을 보았을 때, 그리고 엄청난 중국 요리 앞에 앉았을 때 나는 (　　　　㉠　　　　)

① 새로운 세계를 접한 설렘에 가슴이 뛰었다.

② 그것들이 온통 가짜처럼 보였고 겁이 났고 괜히 왔구나 했다.

③ 자장면을 중국 음식의 전부로 생각했던 내 자신이 부끄러웠다.

④ 낯설었지만 겉만 다를 뿐 어릴 적 중국집과 크게 다르지 않다는 생각이 들었다.

04 다음 시에 대한 감상으로 적절한 것은?

> 가을 햇볕에 공기에
> 익는 벼에
> 눈부신 것 천지인데,
> 그런데,
> 아, 들판이 적막하다—
> 메뚜기가 없다!
>
> 오 이 불길한 고요—
> 생명의 황금 고리가 끊어졌느니······   – 정현종, '들판이 적막하다' –

① 무너진 생태계에 대한 안타까움을 드러내고 있다.

② 부정적 상황을 극복하려는 의지를 보여주고 있다.

③ 대상 부재를 인식한 뒤 이에 대한 쓸쓸한 감정을 표현하고 있다.

④ 가을 들판의 경치를 묘사하여 자연에 대한 예찬을 드러내고 있다.

비문학

05 다음 중 〈보기〉의 ㉠과 같이 조건을 모두 충족하는 토론 논제로 알맞은 것은?

> **보기**
>
> 토론 논제 ㉠'동물 실험은 금지해야 한다'는 '동물 실험의 금지'라는 현 상황에 존재하는 문제의 해결 방향이 명확히 드러나며, '동물 실험은 금지해야 한다', '동물 실험은 금지하지 않아도 된다'라는 긍정 측과 부정 측의 입장 대립이 나타난다. 또한 '~해야 한다'라는 긍정 평서문으로 진술되었으며 객관적이지 않은 표현이 쓰이지 않았다.

① 휴머노이드는 인간인가, 로봇인가?

② 도서 대출 기준을 변경해서는 안 된다.

③ 폭력적인 인터넷 방송은 규제해야 한다.

④ 쓰레기 불법 투기 규제를 강화해야 한다.

06 다음 글은 방송에서의 경어 사용에 대한 것이다. 각 문단의 앞에 올 내용으로 옳지 **않은** 것은?

2020 국회직 8급

(㉠) 하대어가 없는 방송언어의 특징을 알아야 한다. 어린이 방송에서 유념해야 할 일이다. 아이들이라고 해서 함부로 하대어를 쓰면 시청자를 무시하는 듯한 느낌을 받는다.

(㉡) 시청자가 왕이라는 생각, 시청자가 바로 국민이라는 생각을 항상 가져야 한다. 국가원수일지라도 방송언어에서는 지나친 경칭이나 경어를 사용할 수 없다. 그래서 방송언어는 가장 민주적인 말이라야 한다.

(㉢) 문법에 소홀하면 상대방을 존경하는 의미를 가진 선어말 어미 '-시-'가 자신의 말에 들어가기도 한다. '내가 부르시면 대답하세요.'와 같은 경우이다.

(㉣) 나를 생각하기에 앞서 남을 생각하는 말이라야 한다. '곰보처럼 파인 길, 절름발이 행정, 애꾸눈이 된 차량' 등은 불특정 다수에게, 아니면 주인공의 인격을 모독하여 피해를 입히는 결과가 된다.

(㉤) 억양도 그러하고, 화면에 비친 몸의 동작도 정중해야 한다. 지나치게 빠른 말투의 방송, 말끝이 터무니없이 올라간 설득조가 담긴 말투의 방송도 문제다. 신체언어(body language)라는 말도 있거니와 말을 사용하지 않는 커뮤니케이션(nonverbal communication)에도 세심한 배려가 있어야 한다.

① ㉠: 방송언어는 누구든지 존중하는 경어라야 한다.
② ㉡: 방송언어는 민주주의 이념에 맞는 경어라야 한다.
③ ㉢: 방송언어는 문법에 맞는 경어라야 한다.
④ ㉣: 방송언어는 타인의 처지를 고려하는 경어라야 한다.
⑤ ㉤: 방송언어는 정중한 자세를 가진 경어라야 한다.

어휘

07 ㉠∼㉣의 밑줄 친 어휘의 한자가 옳지 <u>않은</u> 것은?

> • 현대인은 반복되는 일상에 ㉠권태를 느끼기도 한다.
> • 공정한 거래가 이뤄지기 위해서는 반드시 ㉡뇌물을 경계해야 한다.
> • 이 작품은 정치에 대한 ㉢풍자가 노골적으로 드러난 것이 특징이다.
> • 힘겹게 입에 풀칠만 하며 살던 그는 교통사고로 병원 수술비까지 내야 하는 ㉣비운의 상황에 처했다.

① ㉠ – 倦怠   ② ㉡ – 賂物
③ ㉢ – 諷刺   ④ ㉣ – 非運

08 단어의 밑줄 친 부분의 음이 <u>다른</u> 것은?

① <u>殺</u>生   ② <u>殺</u>到
③ 笑<u>殺</u>   ④ 刺<u>殺</u>

핵심한자 암기노트: p.148

정답 및 해설: 해설집 p.41

O X

01 한자어 '諷刺'는 '남의 결점을 다른 것에 빗대어 비웃으면서 폭로하고 공격함'이라는 의미이다. (○, ×)

02 '예상했던 것과 달리 사장은 그 문제를 ㉠하며 넘겼다.'에서 ㉠에 적절한 한자어는 '笑殺'이다.
                                    (○, ×)

정답
01 ○
02 ○

○×

01 자립 형태소에는 체언, 수식언, 독립언, 용언 등이 속한다.
(○ , ×)

02 '짜임새'의 형태소는 '짜- + -이- + -ㅁ + -새'로 분석할 수 있다. (○ , ×)

03 '여쭈어봤다'의 형태소는 '여- + -쭈- + -어 + 보- + -았- + -다'로 분석할 수 있다. (○ , ×)

🏷 어법

01 국어 형태소에 대한 이해를 바탕으로 〈보기〉 문장을 분석할 때, 가장 옳지 <u>않</u>은 것은?

┤ 보기 ├
　만나는 날이 급히 정해진 까닭이 있었겠지.

① 형태소 개수는 총 17개이다.

② '급히'는 '급 + 하- + -이'로 분석된다.

③ '날', '까닭'은 자립 형태소에 해당한다.

④ '있었겠지'는 실질 형태소 1개와 형식 형태소 3개로 분석된다.

02 주어진 단어를 의미를 가진 요소들로 더 이상 나눌 수 없을 때까지 나누었을 때 그 요소의 수가 가장 많은 것은?

① 웃음

② 낚시질

③ 날짐승

④ 단팥죽

정답
01 ×, 용언은 속하지 않는다.
02 ○
03 ×, '여쭈-+-어+보-+-았-+-다'로 분석할 수 있다

문학

03 (가)~(라)에 대한 설명으로 적절하지 <u>않은</u> 것은?

2019 지방직 9급

> (가) 고인(古人)도 날 몯 보고 나도 고인(古人) 몯 뵈
>
> 　　고인(古人)을 몯 뵈도 녀던 길 알픠 잇너
>
> 　　녀던 길 알픠 잇거든 아니 녀고 엇뎔고
>
> (나) 술은 어이ᄒᆞ야 됴ᄒᆞ니 누룩 섯글 타시러라
>
> 　　국은 어이ᄒᆞ야 됴ᄒᆞ니 염매(鹽梅) 틀 타시러라
>
> 　　이 음식 이 뜯을 알면 만수무강(萬壽無疆)ᄒᆞ리라
>
> (다) 우레ᄀᆞ치 소ᄅᆞ나ᄂᆞᆫ 님을 번기ᄀᆞ치 번뜻 만나
>
> 　　비ᄀᆞ치 오락기락 구름ᄀᆞ치 헤여지니
>
> 　　흉중(胸中)에 ᄇᆞ롬ᄀᆞᄐᆞᆫ 흔슘이 안기 피둣 ᄒᆞ여라
>
> (라) 하하 허허 흔들 내 우음이 졍 우움가
>
> 　　하 어쳑 업서셔 늣기다가 그리 되게
>
> 　　벗님ᄂᆡ 웃디들 말구려 아귀 ᄣᅴ여디리라

① (가): 연쇄법을 활용하여 고인의 길을 따르겠다는 의지를 드러내고 있다.

② (나): 문답법과 대조법을 활용하여 임의 만수무강을 기원하고 있다.

③ (다): 'ᄀᆞ치'를 반복적으로 표현하여 운율감을 더하고 있다.

④ (라): 냉소적 어조를 통해 상대에 대한 불편한 심기를 표출하고 있다.

01 문학 작품에서 '연쇄법'은 앞 구절의 끝 어구를 다음 구절의 앞 구절에 이어받아 이미지나 심상을 강조하는 수사법을 가리킨다. (○, ×)

02 문학 작품에서 화자나 서술자가 대상을 쌀쌀맞게 대하거나 업신여기면서 비웃듯 말하고 있다면, 대상에 대해 화자나 서술자가 취하는 어조는 '냉소적 어조'라고 할 수 있다. (○, ×)

03 문학 작품에서 '문답법'은 '강조하기'의 일환으로 사용되는 표현 방법이다. (○, ×)

정답

01 ○

02 ○

03 ×, 변화주기

04 다음 글에서 '비'에 대한 이해로 적절하지 <u>않은</u> 것은?

이렇게 비 내리는 날이면 원구의 마음은 감당할 수 없도록 무거워지는 것이었다. 그것은 동욱 남매의 음산한 생활 풍경이 그의 뇌리를 영사막처럼 흘러가기 때문이었다. 빗소리를 들을 때마다 원구에게는 으레 동욱과 그의 여동생 동옥이 생각나는 것이었다. 그들의 어두운 방과 쓰러져 가는 목조 건물이 비의 장막 저편에 우울하게 떠오르는 것이었다. 비록 맑은 날일지라도 동욱 오뉘의 생활을 생각하면, 원구의 귀에는 빗소리가 설레고 그 마음 구석에는 빗물이 스며 흐르는 것 같았다. 원구의 머릿속에 떠오르는 동욱과 동옥은 그 모양으로 언제나 비에 젖어 있는 인생들이었다.

〈중 략〉

비 오는 날인 데다가 창문까지 거적때기로 가리어서 방 안은 굴속같이 침침했다. 다다미 여덟 장 깔리는 방 안은, 다다미 위에다 시멘트 종이로 장판 바르듯 한 것이었다. 한켠 천장에서는 쉴 사이 없이 빗물이 떨어졌다. 빗물 떨어지는 자리에는 바께쓰가 놓여 있었다. 촐랑촐랑 쪼르륵 촐랑, 빗물은 이와 같은 연속적인 음향을 남기며 바께쓰 안에 가 떨어지는 것이었다. 무덤 속 같은 이 방 안의 어둠을 조금이라도 구해 주는 것은 그래도 빗물 소리뿐이었다. 그러나 그 빗물 소리마저, 바께쓰에 차츰 물이 늘어 갈수록 우울한 음향으로 변해 가는 것이었다.

– 손창섭, '비 오는 날' 중에서 –

① '비 내리는 날'은 원구에게 동욱 남매를 회상하게 한다.

② '비에 젖어 있는 인생'은 동욱 남매의 암울한 생활을 의미한다.

③ '비 오는 날'은 원구가 동욱 남매에게 느끼는 연민의 감정을 극대화시킨다.

④ 원구는 처음에는 '빗물 소리'를 긍정적인 것으로 보았으나, 점차 부정적으로 인식하게 된다.

05 〈보기〉의 개요를 토대로 작문을 할 때에, 가장 적절한 주제문은?

| 보기 |

서론: 화석 연료 사용으로 인한 환경오염 문제의 심각성
본론: 화석 연료의 문제점과 재생 에너지의 효용 분석
      1. 화석 연료의 문제점
        ㄱ. 감소해 가는 가용 기간
        ㄴ. 환경오염 유발
        ㄷ. 기후변화 야기
      2. 재생 에너지의 효용
        ㄱ. 고갈의 문제없음
        ㄴ. 무공해 에너지
        ㄷ. 재생하여 사용 가능
결론: 본론의 내용 요약 및 재생 에너지 연구 촉구

① 화석 연료의 사용을 자제해야 한다.

② 환경오염을 해결할 수 있는 방안을 마련해야 한다.

③ 화석 연료를 대체할 수 있는 재생 에너지 연구를 활발히 해야 한다.

④ 화석 연료의 고갈을 늦출 수 있는 재생 에너지 개발에 박차를 가해야 한다.

OX

06 다음 글에 대한 설명으로 적절하지 <u>않은</u> 것은?

> 지금 우리 식탁에 오르는 된장찌개의 가장 보편적인 모습이라면 조개, 우렁이, 멸치 또는 고기로 맛을 낸 국물에다 호박이나 파, 감자, 고추 등의 채소와 두부가 어우러진 모습을 누구나 상상할 것이다. 그렇다면 이런 종류의 된장찌개는 과연 언제부터 먹었을까?
>
> 우선 찌개와 국의 차이부터 생각해보자. 아무래도 찌개는 국보다 진한 국물을 뜻한다. 된장국은 이전에는 흔히 토장국이라고 불렸는데 국을 한자로 표기할 때는 탕(湯)이라고 했다. 찌개에 해당하는 옛말은 '조치'로, 보통은 새우젓으로 간을 하는 맑은 국물을 뜻했던 말이다. 이 점을 염두에 두면, 요즘의 전골보다는 훨씬 맑은 국물이었던 듯싶다.
>
> 여러 재료를 쓰는 조치는 계절별로 나는 생선으로 만들기도 하는데, 조치를 끓이려면 생선이나 새우젓과 같이 맛을 내는 것들이 필요하고 과정도 복잡해 서민적인 음식은 아니었던 것 같다. 아마도 웬만큼 사는 양반 집에서나 해 먹은 음식의 하나가 아니었나 하는 생각이 든다.
>
> 된장을 묽게 풀어 넣은 조치도 틀림없이 있었겠지만, 그보다 훨씬 더 서민적인 음식이라면 강된장을 들 수 있을 것이다. 요즘도 강된장을 즐겨 먹기도 하거니와 가장 간편한 요리법이기에 더욱 그렇다. 보리나 좁쌀로 지은 밥이 주식인 서민 밥상에는 역시 간이 센 된장이 필요했을 것이다. 개화기에 외국인들이 남긴 글을 보면 한국 사람이 먹는 밥의 양에 놀라는 표현을 볼 수 있다. 주로 밥으로만 배를 채웠으니 양이 많을 수밖에 없다. 반찬은 정말 단순하기 짝이 없어서 김치나 장 한 가지를 놓고도 그 많은 밥을 비웠다.

① 국물을 맑기에 따라 나열하면 '탕, 전골, 조치'의 순서가 된다.

② 요즘의 된장찌개는 해산물이나 육류로 낸 국물에 각종 재료를 넣어 끓인 음식이다.

③ 과거 된장찌개는 재료나 조리 과정으로 인해 서민들이 흔하게 먹기는 힘든 음식이었다.

④ 주식을 보리밥과 좁쌀밥으로 하고 강된장을 반찬으로 즐겨 먹던 이들은 반찬보다는 밥을 많이 먹었다.

어휘

07 밑줄 친 말의 의미와 거리가 가장 먼 것은?

> • 조 대리가 낙하산이라는 소문이 돌면서 직원들은 그를 흰 눈으로 보기
>   시작했다.
> • 편견에 휩싸여 함부로 사람을 판단하고 흰 눈으로 보는 것보다는 그 사
>   람의 장점을 찾으려고 노력하는 태도가 필요하다.

① 蔑視   ② 侮辱

③ 困惑   ④ 唾棄

08 밑줄 친 부분의 쓰임이 모두 옳은 것은?

① 막판의 집중력 차이가 경기 결과를 <u>가늠한다</u>.

　할 일이 너무 많아 시간이 얼마나 걸릴지 <u>가름하기도</u> 힘들다.

② 안경의 도수를 <u>돋우니</u> 눈이 한결 편안해졌다.

　입맛을 <u>돋구는</u> 데에는 시큼한 음식이 제격이다.

③ 점심을 급하게 먹어 <u>바치지</u> 않을는지 모르겠다.

　임금님께 지역의 특산품을 <u>받치기</u> 위해 일손을 모았다.

④ 오랜만에 집에 온 아들을 위해 어머니는 고등어를 <u>조렸다</u>.

　미역국을 너무 오래 <u>졸였는지</u> 국물이 짜서 먹을 수가 없었다.

핵심한자 암기노트: p.149

정답 및 해설: 해설집 p.44

○×

01 한자 '蔑'과 '侮'는 한자의 뜻이 같
　다.   (ㅇ, ×)

02 '새빨간 색을 ㉠ 물체는 멀리서도
　눈에 ㉡.'에서 ㉠과 ㉡에 들어가는
　어휘의 기본형은 '띠다'로 동일하
　다.   (ㅇ, ×)

정답
01 ㅇ ('업신여길'이라는 뜻이다.)
02 ×, ㉠은 '띠다' ㉡은 '띄다'로 다르
　다.

○×

01 표준 발음법에 따르면 '계기'는 [계:기]로 발음할 수 있다. (○ , ×)

02 표준 발음법에 따르면 '상견례'는 [상견네]로 발음할 수 있다.
　　　　　　　　　　　　　(○ , ×)

03 표준 발음법에 따르면 '의의(意義) 가 있다'에서 '의의'는 [이:의]로 발음할 수 있다. 　　(○ , ×)

어법

01 〈보기〉의 밑줄 친 ㉠ ~ ㉤ 중 표준 발음으로 옳은 것을 모두 고르면?

┤ 보기 ├
- 좋은 학자가 ㉠ 되고[뒈고] 싶다.
- ㉡ 강의의[강:이에] 질을 높여야 한다.
- ㉢ 차례[차례]를 지켜 배식을 받아야 한다.
- ㉣ 쏜살같이[쏜:살:가치] 달아난 고양이를 잡았다.
- 선생님은 안전이 중요함을 ㉤ 재삼재사[재삼재사] 말씀하셨다.

① ㉠, ㉡, ㉢
② ㉠, ㉡, ㉤
③ ㉡, ㉢, ㉣
④ ㉢, ㉣, ㉤

02 밑줄 친 발음 중 표준 발음이 아닌 것은?

① 시계[시게] 수리
② 손목을 다쳐[다처]
③ 협의[혀븨] 필요성
④ 길에 피어[피여] 있는

정답
01 ○
02 ×, [상견녜]
03 ×, [의:의/의:이]

03 〈보기〉의 작품에 대한 설명으로 가장 옳은 것은?

---| 보기 |---

龜乎龜乎出水路
掠人婦女罪何極
汝若悖逆不出獻
入網捕掠燔之喫

거북아 거북아 수로 부인을 내놓아라.
남의 아내 훔쳐간 죄 얼마나 큰가?
네 만약 거역하고 내어 놓지 않으면,
그물로 잡아 구워 먹으리.   – 작자 미상, '해가(海歌)' –

---

① 반복되는 후렴구가 존재한다.

② 4언 4구의 형식으로 되어 있다.

③ '구지가'가 후대로 전승었음을 보여준다.

④ 새로운 왕의 탄생을 기원하는 의미가 담겨 있다.

○✕

04 ⑤과 가장 유사한 정서가 드러나는 것은?

> "사람들꺼정 한꺼번에 잼겨 뿐 거이 더 마음 아프구면유."
>
> "누가 빠져 죽었나요?"
>
> "죽은 거나 매한가지라우. 수십 년 동안 얼굴 맞대고 정붙이고 살아온 방울재 사람들을 시방 어디에 가서 찾을 겁니까유. 살아 남은 사람들은 몇 집 안 되지라우."
>
> "예끼 여보슈. 난 또 무슨 소리라구!"
>
> "선생님들은 우리 속 몰라유."
>
> "땜이 원망스럽겠군요."
>
> "으째서유?"
>
> "고향을 삼켜 버렸으니까요."
>
> "워디가유, 아무리 배우지는 못했어도 우리가 그러키 앞뒤 꽉 맥힌 멍충이들이란가유? 댐이 생겨서 많은 농민덜이 가뭄 모르고 농사 잘 짓는 거이 을매나 잘헌 일인가유? 우리도 그 정도는 압니다유."
>
> "그렇다면 됐습니다."
>
> "그래도 고향이 없어져 뿔고 정든 사람덜이 뿔뿔이 풍지박산되야뿐졌는디 으찌."
>
> "딱하게 됐습니다."
>
> "⑤ 그라니께 우리는 뿌리 없는 나무여라우. 우리헌티 땅이 있소, 기술이 있소?"
>
> 빨간 모자가 대꾸를 해주지 않자, 봉구는 고개를 들어 다시 매운탕집들 위로 내리 뻗은 고속 도로를 바라보았다. 자동차들이 바람처럼 쌩쌩 내달았다.
>
> – 문순태, '징 소리' 중에서 –

① 절로 가며 절로 오는 것은 집 위의 제비요, / 서로 친하며 서로 가까운 것은 물 가운데의 갈매기로다.

② 그 못이 아니었다면 / 아비는 어디서 밤을 지냈을까요 / 못 위에 앉아 밤새 꾸벅거리는 제비를 / 눈이 뜨겁도록 올려다봅니다

③ 오늘도 뫼 끝에 홀로 오르니 / 흰 점 꽃이 인정스레 웃고, // 어린 시절에 불던 풀피리 소리 아니 나고 / 메마른 입술에 쓰디쓰다.

④ 아홉이나 남아 되던 오랩동생을 / 죽어서도 못 잊어 차마 못 잊어 / 야삼경(夜三更) 남 다 자는 밤이 깊으면 / 이 산 저 산 옮아 가며 슬피 웁니다.

05 〈보기〉의 내용을 이해한 것으로 가장 옳은 것은?

| 보기 |

　전통적 공리주의는 세 가지 요소에 기초하여 성립하는 대표적 윤리 이론이다. 첫째, 공리주의는 행동의 윤리적 가치가 행동의 결과에 의존한다는 결과주의이다. 행동은 전적으로 예상되는 결과에 의해서 선하거나 악한 것으로 판단된다. 둘째, 행동의 결과를 평가할 때의 유일한 기준은 바로 행동의 결과가 산출할, 계산 가능한 '행복의 양'이다. 이에 따르면 불행과 대비하여 행복의 양을 많이 산출할수록 선한 행동이 되며, 가장 선한 행동은 최대 다수의 최대 행복을 산출하는 것이다. 셋째, 행동을 하기 전 발생할 행복의 양을 계산할 때 개개인의 행복을 모두 동일하게 중요한 것으로 간주하므로 어느 누구의 행복도 다른 누구의 행복보다 더 중요하지는 않다. 그래서 두 사람의 행복을 비교할 때 오로지 그 둘에게 산출될 행복의 양들만을 고려한다. 이는 공리주의가 전형적인 공평주의라는 사실을 보여 준다.

① 공리주의는 행동의 선악을 판단할 때 불행의 총량을 염두에 두지 않겠군.

② 공리주의는 행동의 과정에 따라 행동이 윤리적이냐 아니냐를 판단하겠군.

③ 공리주의는 행복을 개인에 따라 달라질 수 있는 차등적 가치로 파악하겠군.

④ 공리주의는 다수가 행복할 수 있다면, 소수의 희생이 있을지라도 선한 행동으로 판단하겠군.

○╳

01 '대조'는 둘 이상의 대상에 대해 공통점에 주목하며 논지를 전개하는 방식이다. (○, ╳)

02 '정의'는 일정한 기준을 토대로 어떤 대상에 포함되는 것들을 구별하며 논지를 전개하는 방식이다. (○, ╳)

03 '우리 대학은 인문대학, 경영대학, 사회과학대학, 공과대학으로 구성된다.'에서 사용된 논지 전개 방식은 '분류'이다. (○, ╳)

06 밑줄 친 부분의 주된 설명 방식은?

불교의 가르침을 한마디로 요약하는 방법은 많지만, 무엇보다 명확하고 뚜렷한 방법은 '연기'라는 말로 요약하는 것이다. 즉 연기가 불교의 요체고, 석가모니가 자신의 깨달음을 펼치기 위해 선택한 첫 번째 개념이다. <u>연기緣起란 무엇인가? 연緣하여 일어남起이다. 연한다는 것은, 어떤 조건에 기대어 있음이다. 따라서 연기란 어떤 조건에 연하여 일어남이고, 어떤 조건에 기대어 존재함이다.</u> 반대로 그 조건이 없으면 존재하지 않음, 혹은 사라짐이다.

① 대조
② 분류
③ 비교
④ 정의

정답
01 ╳, 비교
02 ╳, 분류
03 ╳, 분석

07 밑줄 친 한자 성어의 쓰임이 적절하지 <u>않은</u> 것은?

① 권력자 주변에는 겉과 속이 다른 <u>面從腹背</u>한 사람들이 모이게 되어 있다.

② 공부를 하지도 않으면서 좋은 점수를 받길 원하는 것은 <u>緣木求魚</u>나 다름없다.

③ 그와 나는 어려운 시절을 <u>同病相憐</u>하며 이겨냈기에 그 어떤 미래도 두렵지 않았다.

④ 매번 취업에 실패하는 형은 무엇이 문제인지 찾아보지 않는 <u>磨斧作針</u>의 태도로 자기소개서만 쓰고 있다.

08 ㉠~㉣의 한자가 모두 바르게 표기된 것은?

> 인간관계의 ㉠균열이 일어났을 때, ㉡타협이 잘 이루어지면 관계가 오히려 ㉢돈독해질 수 있는 반면, 잘 해결되지 않으면 관계의 ㉣와해로 이어질 수 있다.

	㉠	㉡	㉢	㉣
①	龜裂	妥協	敦篤	瓦解
②	龜裂	他協	頓篤	瓦懈
③	龜列	妥協	敦篤	瓦懈
④	龜列	他協	頓篤	瓦解

핵심한자 암기노트: p.150

정답 및 해설: 해설집 p.46

○×

01 한자 성어 '同病相憐'은 '같은 병을 앓는 사람끼리 서로 가엾게 여긴다'라는 뜻으로, 어려운 처지에 있는 사람끼리 서로 가엾게 여김을 이르는 말이다. (○ , ×)

02 '외부 압력에 의해 계획이 모두 ㉠되었다.'에서 ㉠에 적절한 한자어는 '瓦解'이다. (○ , ×)

정답
01 ○
02 ○

OX

01 중세 국어에는 객체 높임을 표현하는 선어말 어미 '-시/샤-'가 있었다. (○, ×)

02 중세 국어에는 구개음화가 아직 일어나지 않았다. (○, ×)

03 '알외시니'에서 알 수 있듯 중세 국어에서 '-외-'는 사동을 만드는 접미사로 사용되었다. (○, ×)

어법

01 밑줄 친 부분에 대한 설명으로 적절한 것은?

> 불휘 ⊙기픈 남ᄀᆞᆫ ᄇᆞᄅᆞ매 아니 뮐씨, 곶 됴코 ⓒ여름 하ᄂᆞ니.
> 시미 기픈 므른 ⓒᄀᆞᄆᆞ래 ⓔ아니 그츨씨, 내히 이러 바ᄅᆞ래 가ᄂᆞ니.
>
> (뿌리가 깊은 나무는 바람에도 흔들리지 아니하므로, 꽃이 좋고 열매도 많으니.
> 샘이 깊은 물은 가뭄에도 그치지 않고 솟아나므로, 내가 되어서 바다에 이르니.)
> – 용비어천가 제2장 –

① ⊙에서 '기픈'과 '남ᄀᆞᆫ'의 '은'과 'ᄋᆞᆫ'은 문법적 기능이 같다.
② ⓒ '여름'의 '-음'은 명사형 어미이다.
③ ⓒ 'ᄀᆞᄆᆞ래'의 '애'는 부사격 조사이다.
④ ⓔ '아니'는 부정의 뜻을 가진 형용사의 활용형이다.

02 중세 국어에 대한 설명으로 옳지 않은 것은?

① 중세 국어에서는 합용 병서와 각자 병서가 모두 사용되었다.
② 중세 국어 시기에는 이어적기 표기가 일반적으로 사용되었다.
③ 중세 국어에서는 존칭과 평칭의 호격 조사가 '하'로 통용되었다.
④ 중세 국어에서는 종성에 'ㄱ, ㆁ, ㄴ, ㄷ, ㄹ, ㅁ, ㅂ, ㅅ'의 8자만 발음되었다.

정답
01 ×, 습/즙/ᄉᆞᆸ
02 ○
03 ○

03 ㉠에 해당하는 것과 ㉡에 해당하는 것을 문맥적 의미를 고려하여 짝지을 때 적절하지 <u>않은</u> 것은?

2018 국가직 7급

> 내 집에 당장 쓰러져 가는 행랑채가 세 칸이나 되어 할 수 없이 전부 수리하였다. 그중 두 칸은 이전 장마에 비가 새면서 기울어진 지 오래된 것을 알고도 이리저리 미루고 수리하지 못한 것이고 한 칸은 한 번 비가 새자 곧 기와를 바꿨던 것이다. 이번 수리할 때에 기울어진 지 오래였던 두 칸은 들보와 서까래들이 다 썩어서 다시 쓰지 못하게 되어 수리하는 비용도 더 들었으나, 비가 한 번 새었던 한 칸은 재목이 다 성하여 다시 썼기 때문에 비용도 덜 들었다. 나는 <u>㉠이 경험</u>을 통해 <u>㉡깨달음</u>을 얻었다. 이러한 것은 사람에게도 있는 일이다. 자기 과오를 알고 곧 고치지 않으면 나무가 썩어서 다시 쓰지 못하는 것과 같고, 과오를 알고 고치기를 서슴지 않으면 다시 착한 사람이 되기 어렵지 않으니 집 재목을 다시 쓰는 이로움과 같은 것이다. 다만 한 사람만이 아니라 한 나라의 정치도 또한 이와 같아서 백성의 이익을 침해하는 일이 심하여도 그럭저럭 지내고 고치지 않다가 백성이 떠나가고 나라가 위태롭게 된 뒤에는 갑자기 고치려고 해도 바로잡기가 대단히 어려우니 삼가지 않아서야 되겠는가?
>
> — 이규보, '이옥설' —

	㉠	㉡
①	기와를 바꾸다	과오를 고치다
②	미루고 수리하지 않다	과오를 알고도 곧 고치지 않다
③	들보와 서까래가 다 썩다	나라를 바로잡을 방도가 없다
④	비가 새서 기울어진 상태	자기 과오

01 문학 작품에서 '의인법'과 '활유법'은 모두 비유법에 속하는 표현 방법이다.　　　　(○, ×)

02 문학 작품에서 '인형은 생각하면서 책을 읽었다.'라고 표현한다면, 여기에 쓰인 표현 방식은 활유법이다.　　　　(○, ×)

03 문학 작품에서 '돌은 숨을 쉬었다.'라고 표현한다면, 여기에 쓰인 표현법은 활유법이다. (○, ×)

04 다음 시에 대한 설명으로 적절하지 <u>않은</u> 것은?

> 기다리지 않아도 오고
> 기다림마저 잃었을 때에도 너는 온다.
> 어디 뻘밭 구석이거나
> 썩은 물 웅덩이 같은 데를 기웃거리다가
> 한눈 좀 팔고, 싸움도 한 판 하고,
> 지쳐 나자빠져 있다가
> 다급한 사연 들고 달려간 바람이
> 흔들어 깨우면
> 눈 부비며 너는 더디게 온다.
> 더디게 더디게 마침내 올 것이 온다.
> 너를 보면 눈부셔
> 일어나 맞이할 수가 없다.
> 입을 열어 외치지만 소리는 굳어
> 나는 아무것도 미리 알릴 수가 없다.
> 가까스로 두 팔을 벌려 껴안아 보는
> 너, 먼 데서 이기고 돌아온 사람아.
>
> － 이성부, '봄' －

① '너'는 반드시 도래하게 될 새 시대를 의미한다.

② 시적 대상의 행동을 의인법을 사용하여 나열하고 있다.

③ 시적 대상을 직접 부르며 대상에 대한 간절한 태도를 드러내고 있다.

④ 화자는 전반부에서 봄이 올 것이라는 믿음을, 후반부에서 봄이 왔을 때의 감동을 표현하며 시상을 전개하고 있다.

정답
01 ○
02 ×, 의인법
03 ○

비문학

05 다음 조건을 모두 만족시키는 표어로 적절한 것은?

- 에너지 절약 방안을 주제로 한다.
- 직유법을 활용하여 표현한다.
- 행위의 결과가 드러나도록 서술한다.

① 20도로 맞춘 난방 온도 / 지구를 온난화로부터 구할 수 있습니다.

② 문어발로 꽂은 전선 / 언제 불이 붙을지 모르는 화산처럼 위험합니다.

③ 흐르는 강물과 같이 멈추지 않는 전류 / 플러그를 뽑으면 자연이 건강해집니다.

④ 종량제 봉투에 버려진 불청객 같은 플라스틱 컵 / 나무가 자랄 땅을 썩게 만듭니다.

○×

01 '직유법'은 사물의 상태나 움직임을 암시적으로 나타내는 수사법이다.   (○, ×)

18일

해커스공무원 혜원국어 매일 국어 2

정답
01 ×, 은유법

01 접속어 '요컨대'는 '중요한 점을 말하자면', '여러 말 할 것 없이'라는 뜻이다. (○, ×)

02 접속어 '결국'은 '일의 마무리에 이르러서, 또는 일의 결과가 그렇게 돌아가게'라는 뜻이다. (○, ×)

06 ㉠과 ㉡에 들어갈 적절한 접속어를 순서대로 나열한 것은?

역사가는 믿을 만한 지도를 손에 들고 과거라는 큰 도시를 찾아드는 여행가와 같다. 그렇다면 역사가의 지도란 무엇인가? 그것은 많은 사실 속에서 역사적 의미를 가려낼 수 있게 하는 문제의식이다. (㉠) 그것은 어느 시대를 역사적 전후 관계에 따라서 전체를 파악할 수 있게 하는 하나의 관점이다. 역사가의 사명은 바로 이러한 문제의식과 관점을 확실하게 세워서 사회와 인간 생활을 정확하게 이해하는 데 있다. (㉡) 역사가의 문제의식은 궁극적으로 역사가의 사관(史觀)과 밀접하게 관련되는 것이라 할 수 있다.

	㉠	㉡
①	곧	아울러
②	또한	결국
③	요컨대	따라서
④	그러므로	요약하자면

정답
01 ○
02 ○

07 ㉠~㉣에 들어갈 한자어를 순서대로 바르게 나열한 것은?

공부를 잘하기 위해서는, 우선 계획이나 일정을 세우는 등 공부하기 위한 (㉠)를 철저히 하는 것이 중요하다. 다음으로, 공부할 때 꼭 지켜야 할 (㉡)을 만들어 자신을 통제할 필요도 있다. 또한, 공부할 때는 공부와 다른 일을 동시에 하지 않고, 공부에만 (㉢)하는 것이 효율적이다. 마지막으로, 때로는 혼자 공부하기보다 다른 사람과 함께 공부하는 것이 목표 달성의 (㉣)이 될 수 있다.

	㉠	㉡	㉢	㉣
①	準備	原則	集中	捷徑
②	準備	源則	執中	捷輕
③	準據	首則	執中	捷莖
④	準比	守則	集中	捷經

08 〈보기〉의 ㉠~㉢에 들어갈 알맞은 낱말끼리 짝지은 것은?

┤ 보기 ├

• 동생은 저녁을 먹을 때에도 휴대폰 게임에만 (㉠)한다.
• 정부는 신재생 에너지 (㉡)을 위해 경제적 지원을 이어가고 있다.
• 이번 경제적 위기로 인해 올해 제품 판매량이 30% 감소할 것으로 (㉢)된다.

	㉠	㉡	㉢
①	熟考	開拓	推定
②	熟考	開發	類推
③	沒頭	開發	推定
④	沒頭	開拓	類推

핵심한자 암기노트: p.151

정답 및 해설: 해설집 p.49

18일

해커스공무원 안효주 매일 국어 2

○×

01 한자어 '守則'은 '미리 마련하여 갖춤'이라는 의미이다. (ㅇ , ×)

02 한자어 '開拓'은 어떤 분야를 처음 시작하는 것과 관련된다. (ㅇ , ×)

정답
01 ×, 準備(준비)
02 ○

01 '살짝곰보'는 관형사에 명사가 결합한 통사적 합성어이다. (○, ×)

02 '지우개'는 용언의 어간 '지우-'에 명사 '개'가 결합한 합성어이다. (○, ×)

03 '회덮밥'은 어근 '회'에 합성어 '덮밥'이 결합한 합성어이다. (○, ×)

어법

01 비통사적 합성어끼리 짝지어진 것은?

① 볼일, 짙푸르다

② 접칼, 굶주리다

③ 들어오다, 빛나가다

④ 어린이, 두근두근하다

02 〈보기〉의 설명 중 옳은 것을 모두 고른 것은?

| 보기 |

㉠ '구름', '춥다'는 단일어이다.
㉡ '놀이터'는 파생어 '놀이'에 명사 '터'가 결합한 합성어이다.
㉢ '최고참'은 명사 '최고'에 접미사 '-참'이 결합한 파생어이다.
㉣ '많이'는 어근 '많-'에 부사를 만드는 접미사 '-이'가 붙은 파생어이다.

① ㉠, ㉢

② ㉡, ㉣

③ ㉠, ㉡, ㉣

④ ㉡, ㉢, ㉣

정답
01 ×, 부사(살짝)에 명사(곰보)가 결합한 비통사적 합성어이다.
02 ×, 접미사 '-개'가 결합한 파생어이다.
03 ○

03 〈보기〉를 참고할 때 밑줄 친 ㉠ ~ ㉢에 대해 추론한 것으로 적절하지 않은 것은?

| 보기 |

청강사자현부전(淸江使者玄夫傳): 고려 고종 때에, 문인 이규보(李奎報)가 지은 가전체 작품. 거북을 의인화한 작품으로, 왕의 부름에도 응하지 않고 속된 무리와도 어울리지 않는 어진 사람의 행실을 묘사하여 세상 사람들을 경계하고자 하였다.

㉠ 현부는 어떠한 사람인지 알 수 없다. 어떤 이는 말하기를,
"그 선조는 신인(神人)이었다. 그 형제가 열다섯 명이었는데, 모두 건장하고 힘이 굉장했다. 그러므로 하느님이 명하여 바다 가운데 있는 ㉡ 다섯 산을 떠내려가지 않게 떠받치게 했다."
라고 한다. 그 후 대대로 내려오면서 크기가 차츰 작아지고 또한 소문이 날 정도로 힘이 센 자도 없었으며, 오직 ㉢ 점치는 것을 업으로 삼았다. 현부는 한곳에 머물지 않고 사는 곳을 가려 옮겨 다녔기 때문에 그의 출신 고향이나 조상들의 내력을 자세히 알 수 없다. 〈중 략〉
아버지의 이름은 중광(重光)이다. 그는 나면서부터 왼쪽 옆구리에 '나는 달의 아들 중광인데, 나를 얻으면 서민은 제후가 될 것이고 제후는 제왕이 될 것이다.'라는 ㉣ 글이 새겨져 있었다. 그래서 그의 이름을 중광이라 하였다.   – 이규보, '청강사자현부전(淸江使者玄夫傳)' 중에서 –

① ㉠: 색깔을 통해 의인화된 사물을 짐작할 수 있다.
② ㉡: 선조의 등이 크고 단단함을 의미하는 것이다.
③ ㉢: 수명이 길어 세상일을 꿰뚫고 있는 것이다.
④ ㉣: 갑골문자(甲骨文字)를 의미하는 것이다.

정답
01 ㅇ
02 ×, 고려 중기 이후에 성행하기 시작하였다.

○×

01 문학 작품에서 '과장법'은 사실을 왜곡하여 표현하는 방식이다.
(○, ×)

02 문학의 표현 방법 중 '과장법'은 작가가 말하고자 하는 바를 효과적으로 표현하기 위하여 대상을 강조하고자 할 때 사용할 수 있다.
(○, ×)

04 다음 시조에 대한 설명으로 적절하지 <u>않은</u> 것은?

> ᄆᆞᆷ이 어린 後(후)ㅣ니 ᄒᆞᄂᆞᆫ 일이 다 어리다.
> 萬重雲山(만중 운산)에 어닉 님 오리마ᄂᆞᆫ
> 지ᄂᆞᆫ 닙 부ᄂᆞᆫ ᄇᆞ람에 힝여 긘가 ᄒᆞ노라.

① 화자는 사랑하는 임을 그리워하고 있다.
② '萬重雲山(만중운산)'에서 과장법을 사용하고 있다.
③ '지ᄂᆞᆫ 닙 부ᄂᆞᆫ ᄇᆞ람'은 임이 돌아올 것임을 암시한다.
④ 보편적인 내용을 먼저 서술한 뒤에 구체적인 내용을 이야기하는 구성을 보인다.

정답
01 ×, 대상을 사실보다 지나치게 작거나 크게 표현하는 방식이다.
02 ○

비문학

05 다음 글에 대한 이해로 적절하지 <u>않은</u> 것은?

내가 『죄와 벌』에 '꽂혔던' 것은 그 소설의 문학적 향취나 극적인 재미 때문이 아니라 도스토옙스키가 정밀하게 묘사한 제정러시아 수도 상트페테르부르크 뒷골목의 음산한 풍경과 여러 등장인물들이 겪는 처참한 가난에 큰 충격을 받았기 때문이다. 그것은 내가 어린 시절 경주와 대구에서 직접 보고 겪었던 절대 빈곤보다 훨씬 더 끔찍한 참상이었다. 도스토옙스키가 설정한 소설의 시공간적 배경이 100년도 더 전인 1860년대 '제정(帝政)' 러시아였다는 사실을 나는 크게 의식하지 않았다.

라스꼴리니꼬프는 사람을 죽였지만 근본적으로 선량한 사람이다. 그가 본의 아니게 죽인 리자베따도, 가족을 부양하기 위해 몸을 판 소냐도 모두 착한 사람이다. 소냐의 아버지 알코올중독자 마르멜라도프와 계모 까쩨리나 이바노브나도 결코 악한 인간이라고 할 수는 없다. 그런데 그들 모두는 말할 수 없이 가난하다. '어째서 착한 사람들이 이렇게 가난하게 살아야 할까?' '인간 사회는 이러한 부조리를 벗어날 수 없는 것일까?' 『죄와 벌』을 읽는 동안 내내 이런 의문이 나를 사로잡았다.

① 『죄와 벌』은 가난 이상의 사회적 비극을 소재로 한다.

② 『죄와 벌』은 사회의 모순에 대한 의문을 제기하게 한다.

③ 『죄와 벌』은 범죄와 인간의 본성을 별개의 것으로 다룬다.

④ 『죄와 벌』에는 작품의 배경과 인물이 처한 상황이 상세하게 서술되어 있다.

19일

해커스공무원 임효주 매일 국어 2

○×

06 다음 글에서 추론한 바로 적절하지 <u>않은</u> 것은?

2019 지방직 9급

우리는 도시화, 산업화, 고도성장 과정에서 우리 경제의 뒷방살이 신세로 전락한 한국 농업의 새로운 가치에 주목해야 한다. 농업은 경제적 효율성이 뒤처져서 사라져야 할 사양 산업이 아니다. 전 지구적인 기후 변화와 식량 및 에너지 등 자원 위기에 대응하여 나라와 생명을 살릴 미래 산업으로서 농업의 전략적 가치가 크게 부각되고 있다. 농본주의의 기치를 앞세우고 농업 르네상스 시대의 재연을 통해 우리 경제가 당면한 불확실성의 터널을 벗어나야 한다.

우리는 왜 이런 주장을 하는가? 농업은 자원 순환적이고 환경 친화적인 산업이기 때문이다. 땅의 생산력에 기초해서 한계적 노동력을 고용하는 지연(地緣) 산업인 동시에 식량과 에너지를 생산하는 원천적인 생명 산업이기 때문이다. 물질적인 부의 극대화를 위해서 한 지역의 자원을 개발하여 이용한 뒤에 효용 가치가 떨어지면 다른 곳으로 이동하는 유목민적 태도가 오늘날 위기를 낳고 키워 왔는지 모른다. 급변하는 시대의 흐름에 부응하지 못하는 구시대의 경제 패러다임으로는 오늘날의 역사에 동승하기 어렵다. 이런 맥락에서, 지키고 가꾸어 후손에게 넘겨주는 정주민의 문화적 지속성을 존중하는 농업의 가치가 새롭게 조명 받는 이유에 주목할 만하다. 과학 기술의 눈부신 발전 성과를 수용하여 새로운 상품과 시장을 창출할 수 있는 녹색 성장 산업으로서 농업의 잠재적 가치가 중시되고 있는 것이다.

① 고도성장을 도모하는 경제 정책을 추진하는 과정에서 농업 중심의 경제 패러다임을 지양하였다.

② 효율성을 중요한 가치로 내세우는 경제 시스템은 미래 사회를 대비하는 데 한계가 있다.

③ 유목 생활을 하는 민족에 비해 정주 생활을 하는 민족이 농업의 가치 증진에 더 기여할 수 있다.

④ 녹색 성장 산업으로서 농업의 효용성을 드높이기 위해서 과학 기술의 부작용을 성찰할 필요가 있다.

07 다음 시조의 주제를 한자어로 표현한 것으로 적절한 것은?

> 국화(菊花)야 너는 어이 삼월 동풍(東風) 다 지니고
> 낙목한천(落木寒天)에 네 홀로 피엿는다.
> 아마도 오상고절(傲霜孤節)은 너뿐인가 ᄒ노라.

① 狷介   ② 變節

③ 悲劇   ④ 嗚咽

08 밑줄 친 어휘의 뜻풀이가 옳지 않은 것은?

① 아버지는 오랜 교직 생활로 교육에 대한 <u>미립</u>을 얻으셨다.

   – 미립: 경험을 통하여 얻은 묘한 이치나 요령

② 유년시절부터 고생을 많이 한 그는 <u>대갈마치</u>가 되어 있었다.

   – 대갈마치: 말이나 행동이 좀 모자란 듯이 보이는 사람을 비유적으로 이르는 말

③ 여자 친구가 해외로 떠난다는 소식을 전해 들은 남자는 <u>어안</u>이 벙벙했다.

   – 어안: 어이없어 말을 못 하고 있는 혀 안

④ 이야기를 듣고 나서야 내가 그녀를 오해하고 있었음을 <u>깨단하게</u> 되었다.

   – 깨단하다: 오랫동안 생각해 내지 못하던 일 등을 어떠한 실마리로 말미암아 깨닫거나 분명히 알다.

핵심한자 암기노트: p.152

정답 및 해설: 해설집 p.52

01 '좋지 않은 형편에 큰 병까지 걸리다니 ㉠이(가) 따로 없다.'에서 ㉠에 적절한 한자어는 '嗚咽'이다.
               (○, ×)

02 고유어 '깝살리다'는 '가볍고 조심성 없이 함부로 행동하다.'라는 의미이다.
               (○, ×)

정답
01 ×, 悲劇(비극)
02 ×, 까불다

01 다음 중 의미가 중복된 표현이 <u>없는</u> 것은?

① 동생은 갈비 역시 좋아한다.

② 오늘은 원고 투고를 위해 밤을 새웠다.

③ 그녀는 소유한 사유지가 많다고 자랑했다.

④ 친구와 오후 8시에 역전 앞에서 만나기로 했다.

02 〈보기〉의 대화에서 밑줄 친 '채연'의 말을 공손성의 원리로 설명할 때, 가장 적절한 것은?

┤ 보기 ├

소희: 졸업 공연에 초대해줘서 고마워. 연주가 정말 좋더라. 어떤 곡을 연주한 거야?

채연: 내가 작곡한 건데, 한여름 공원의 모습을 보고 영감을 받아서 만든 거야.

소희: 그렇구나. 공연 내내 네가 연주한 곡만 기억나더라. 역시 네가 최고야.

채연: <u>아냐, 난 아직 갈 길이 멀어. 동기들이 훨씬 잘하지. 더 열심히 할게.</u>

① 상대에 대한 칭찬의 표현을 최대화한다.

② 상대에게 이익이 되는 표현을 최대화한다.

③ 화자 자신을 비난하는 표현을 최대화한다.

④ 화자 자신에게 부담이 되는 표현을 최대화한다.

03 〈보기〉의 주제로 글을 작성한다고 할 때, 글의 내용으로 적절하지 <u>않은</u> 것은?

┤ 보기 ├

주제: 직장인의 불균형한 영양 섭취에 대한 원인 분석 및 해결책 마련

① 직장인이 자주 섭취하는 식사류의 영양 성분을 분석한 자료를 근거로 논의의 필요성을 강조한다.

② 20세 이상 성인 남녀 천 명을 대상으로 한 식습관 관련 설문 조사 결과를 바탕으로 문제의 원인을 규명한다.

③ 영양을 골고루 섭취할 수 있는 식단을 구성하는 방법에 대한 식품영양학 전문가의 의견을 해결책으로 제시한다.

④ 불균형한 영양 섭취로 인해 수면 장애, 면역력 저하 등 건강 문제가 발생할 수 있음을 들어 문제 해결의 필요성을 제시한다.

04 다음 시에 대한 감상으로 적절하지 <u>않은</u> 것은?

어두운 방 안엔
바알간 숯불이 피고,

외로이 늙으신 할머니가
애처로이 잦아드는 어린 목숨을 지키고 계시었다.

이윽고 눈 속을
아버지가 약을 가지고 돌아오시었다.

아, 아버지가 눈을 헤치고 따 오신
그 붉은 산수유 열매—.

나는 한 마리 어린 짐승,
젊은 아버지의 서느런 옷자락에
열로 상기한 볼을 말없이 부비는 것이었다.

이따금 뒷문을 눈이 치고 있었다.
그날 밤이 어쩌면 성탄제의 밤이었을지도 모른다.

어느새 나도
그때의 아버지만큼 나이를 먹었다.

옛것이라곤 찾아볼 길 없는
성탄제 가까운 도시에는
이제 반가운 그 옛날의 것이 내리는데,

서러운 서른 살 나의 이마에
불현듯 아버지의 서느런 옷자락을 느끼는 것은,

눈 속에 따오신 산수유 붉은 알알이
아직도 내 혈액 속에 녹아 흐르는 까닭일까.

                                 – 김종길, '성탄제' –

① 촉각적 심상으로 아버지의 사랑을 표현하였다.

② 색채 대비로 따스한 방 안의 분위기를 강조하였다.

③ '성탄제'를 매개로 하여 과거와 현재를 대비시켰다.

④ 유사한 색채를 활용해 아버지의 사랑을 더는 느낄 수 없는 아쉬움을 표현하였다.

05 밑줄 친 단어의 쓰임이 옳은 것은?

① 어찌된 일인지 <u>사달</u>을 찾을 수 없었다.

② 여기에 30분만 <u>이따가</u> 돌아가기로 했다.

③ 드라마가 <u>한창</u> 흥미롭게 전개되고 있었는데 갑자기 끝나 버렸다.

④ 충분히 <u>삭이지</u> 않은 김치로 찌개를 끓였더니 맛이 영 좋지 않았다.

06 밑줄 친 단어의 활용 유형이 같은 것은?

① 최 선생님을 <u>따르는</u> 사람이 많다.

　<u>곧바른</u> 재단을 위해 자가 필요하다.

② 꽃밭을 하얀 울타리가 <u>에두르고</u> 있다.

　낡은 책들을 <u>불사르고</u> 나니 재만 남았다.

③ 노른 빛깔의 달걀말이는 먹음직스럽다.

　그는 <u>서투른</u> 발음으로 통역을 계속 했다.

④ 오빠가 <u>모르고</u> 한 일이라니 더 얄미웠다.

　오래 준비한 행사를 <u>치르고</u> 나니 마음이 후련했다.

07 다음 글의 주장으로 가장 적절한 것은?

　시는 어떤 사실이나 사물에 대한 정보를 전달하는 데 그 목적이 있지 않다. 시는 언어 그 자체로 살아 숨 쉬는 생물체여야 한다. 시인은 외롭다는 말을 해서는 안 된다. 그러면서 독자를 외로움에 젖어 들게 해야 한다. 괴롭다는 말을 해서도 안 된다. 그래도 독자가 그 마음을 읽을 수 있어야 한다. 만약 시인이 직접 나서서 시시콜콜한 자신의 감정을 죽 늘어놓는다면 넋두리나 푸념일 뿐, 시일 수는 없다.

　추사(秋史) 김정희(金正喜)의 유명한 '세한도(歲寒圖)'는 글씨를 쓰다 남은 먹을 버리기 아까워 그린 듯한 갈필(渴筆)의 거친 선 몇 개로 이루어져 있다. '대교약졸(大巧若拙)', 정말 큰 기교는 겉으로 보기에는 언제나 졸렬해 보이는 법이다. 그러나 시인의 덤덤한 듯, 툭 던지는 한마디가 예리한 비수처럼 독자의 의식을 헤집는다. 좋은 시는 독자에게 방심하고 있다가 느닷없이 허를 찔린 느낌을 준다. 이에 반해 화가의 정신이 들어가 있지 않은 그림은 이발소 그림, 목욕탕 벽화에 지나지 않는다. 사진과 똑같이 그려진 영화관의 간판은 결코 우리를 감동시키지는 못한다. 가끔 그 기교에 감탄할 뿐이다. 예술과 기술의 차이가 여기에 있다.

① 의도치 않은 작가의 표현은 예술이 된다.

② 작가의 정신이 표상된 결과물이 예술이다.

③ 시의 언어와 일상의 언어는 성격이 다르다.

④ 독자는 작품 이면에 숨겨진 의미를 파악해야 한다.

08 다음 글의 ㉠ ～ ㉣에 대한 고쳐쓰기 방안으로 적절하지 <u>않은</u> 것은?

만성피로증후군은 6개월 동안 원인을 모르는 피로가 계속되는 증상이다. 증상의 정의에서 알 수 있듯이 정확한 원인은 아직 밝혀지지 않고 있다. 다만, 체내 면역기능이 바이러스, 세균, 곰팡이 감염으로 인해 ㉠작동시킬 때 생긴 물질들이 영향을 미치는 것으로 추정할 뿐이다. 의학계에서는 대체로 어떤 감염이나 극복하기 힘든 극심한 스트레스를 오랜 기간 받았을 경우에도 ㉡나타난다.

만성피로증후군 환자는 책을 읽거나 운동을 하는 등의 일상생활이 어려울 정도로 피곤함을 느낀다. 책을 펼쳐도 글자에 집중할 수가 없고, 조금만 걸어도 하루 종일 누워 있어야 한다. ㉢그래서 업무에 집중하기 힘들고 두통도 수반된다.

원인이 명확히 밝혀지지 않았으나 만성피로증후군의 치료법이 없는 것은 아니다. 일반적으로는 인지행동치료, 유산소운동, 항우울제 투여 등이 이뤄진다. ㉣무엇보다 건강한 생활습관을 가지는 것이 중요하며 피로회복제나 건강식품 복용 등의 자가 치료는 숨어 있는 원인 질환을 악화시킬 수 있으므로 삼간다. 더불어 규칙적인 운동과 스트레스를 해소할 만한 취미생활을 하는 것도 도움이 된다.

① ㉠은 불필요한 사동 표현이 쓰였으므로 '작동할'로 고쳐 쓴다.
② ㉡은 주어와 서술어의 호응이 적절하지 않으므로 '나타난다고 한다'로 고쳐 쓴다.
③ ㉢은 앞뒤 문장의 내용을 고려하여 '또한'으로 고쳐 쓴다.
④ ㉣은 내용의 흐름을 고려하여 앞 문장과 순서를 바꾼다.

09 〈보기〉는 기사문의 일부이다. 다음 ㉠ ～ ㉣에 대한 설명으로 가장 적절한 것은?

| 보기 |

㉠생활권 주변 재해위험 · 생활불편 수목 정비 추진
㉡ – 시민중심, 민생중심 시민이 안전하고
편리한 도시환경 조성 –

㉢○○시에서는 안전하고 편리한 생활환경을 조성하여 시민의 안전과 재산을 보호하기 위해 3월부터 생활권 주변 재해위험 및 생활불편 수목 정비 사업을 추진한다고 밝혔다. 정비 대상은 주택 등 시민들이 주로 생활하는 곳을 중심으로 태풍 등 강풍에 의한 피해가 우려되거나 발생되어 긴급히 제거해야 할 수목이다. ㉣사업신청은 ○○시 공원녹지과 또는 읍면동으로 신청이 가능하며 접수 후 현장조사 결과 인명, 재산 피해 등 위험도에 따라 우선순위를 결정하여 순차적으로 정비해나간다는 계획이다.

① ㉠: 기사문의 내용이 간결히 드러나는 표제로, 가장 주관적이다.
② ㉡: 중요한 내용을 중심으로 본문을 요약한 전문이다.
③ ㉢: 기사의 소재가 육하원칙에 따라 구체적으로 서술된 본문이다.
④ ㉣: 기사의 내용에 대한 참고 사항이 기술된 해설이다.

10 다음 글에 대한 이해로 적절하지 <u>않은</u> 것은?

> 금녀: 윗마을 오빠의 친구에게 알아봤더니, 오빠 헌 일은 정말 훌륭한 일이래요. 우리두 이런 토막살이에서 죽지 말구, 좀 더 살아보자는…….
>
> 명서 처: 그럼 그렇지. 그래, 종신 징역을 산다는 건 정말이라디?
>
> 이웃 여자: 종신 징역?
>
> 명서 처: 거짓말야! 거짓말야! (미친 듯이 부르짖는다.)
>
> 금녀: 암, 거짓말이죠!
>
> 명서 처: 종신 징역이란 감옥에서 죽어 나온단 말 아냐? 젊어서 새파란 그가! 금지옥엽 내 자식이! 내겐 아무래도, 아무래도 믿을 수 없는 일야! 그런 청천에 벼락같은 일이 우리 명수의 신상에 있어 어쩔라구! 신문에만 날 걸 보구 그걸 우리 명수라지만 그런 멀쩡한 소리가 어딨어? 이 넓은 팔도강산에 얼굴 같은 사람이 없구, 최명수랑 이름 석 자 가진 사람이 어디 우리 자식 하나뿐일 거라구? 이건 누가 뭐래두 난 안 믿어.
>
> 금녀: 어머니, 이러시다가 병이나 나시문 어떻게 해유? 설사 오빠가 죽어 나온대두 조금도 서러울 건 없어유. 외려 우리의 자랑이에유. 오빠는 우릴 위해서 싸웠어유. 〈중 략〉 여기를 떠날 때만 해두, 오빠는 나무를 하거나 끌밭을 매거나 남의 두 몫은 했었는데, 지금쯤은 어머니, 오빠 얼마나 대장부가 됐겠수?
>
> 명서 처: …… 옳아! 그놈은 몸도 크구 기상도 좋았겠다! 그놈이 지금은 얼마나 훌륭한 장골이 됐겠니? 제 어미도 몰라보게 됐을 거야. …… 아아, 명수야! 이제 명수가 저 사립문에 나타나서 장부다운 우렁찬 목소리로 이 어미를 부르고, 떠벅떠벅 내 앞으로 걸어 와서 그 억센 손으로 이 여윈 팔목을 덜컥 붙잡을 것이다. …… 그러면 이 토막에도 서기(瑞氣)가 날 거야.
>
> 금녀: 아무렴, 서기가 나구말구! 이 어두운 땅도 환해질 거예유.
>
> ― 유치진, '토막' 중에서 ―

① 금녀는 오빠가 한 일을 자랑스럽게 여긴다.

② 금녀는 미래를 긍정적으로 전망하는 인물이다.

③ 명서 처는 신문에서 아들의 소식을 본 적이 있다.

④ 금녀와 명서 처는 명수가 감옥에 갇힌 것을 믿으려 하지 않는다.

11 밑줄 친 고유어와 바꿔 쓸 수 있는 한자어로 가장 적절한 것은?

① 사회자는 발표 내용을 <u>모아</u> 말해주었다.
 → 蒐集해

② 동생은 모임에서 회비를 <u>모으는</u> 역할을 하게 되었다.
 → 收斂하는

③ 절판된 책을 <u>모으는</u> 것이 아버지의 유일한 취미이다.
 → 募集하는

④ 다양한 동아리가 생겨나면서 동아리 부원을 <u>모으기</u>가 쉽지 않아졌다. → 綜合하기

12 다음 글에 대한 이해로 적절하지 <u>않은</u> 것은?

여기까지 들은 나는, 마침내 참지 못하고 벌떡 일어서서 소나무 가지에 걸었던 모자를 내려 쓰고, 그곳을 찾으려 모란봉 꼭대기에 올라섰다. 꼭대기는 좀 더 노랫소리가 잘 들린다. 그는 배따라기의 맨 마지막, 여기를 부른다—.

밥을 빌어서
죽을 쑬지라도
제발 덕분에
뱃놈 노릇은 하지 마라
에—야, 어그여지야—

그의 소리로써 방향을 찾으려던 나는 그만 그 자리에 섰다.

"어딘가? 기자묘, 혹은 을밀대?"

그러나 나는, 오래 서 있을 수가 없었다. 어떻든 찾아보자 하고 현무문으로 가서 문밖에 썩 나섰다. 〈중 략〉

거울은 마침 장에 마음에 맞는 것이 있었다. 지금 것과 대보면 어떤 때는 코도 크게 보이고 입이 작게도 보이는 것이지만, 그 당시에는, 그리고 그런 촌에서는 둘도 없는 귀물이었다. 거울을 사가지고 장을 본 뒤에 그는 이 거울을 아내에게 주면 그 기뻐할 모양을 생각하면서, 새빨간 저녁 햇빛을 받은 넘치는 듯한 바다를 안고 자기 집으로, 늘 들르던 탁줏집에도 안 들러서 돌아왔다.

그러나, 그가 그의 집 방 안에 들어선 때에는 뜻도 안 하였던 광경이 그의 눈앞에 벌어져 있었다.

방 가운데는 떡상이 있고, 그의 아우는 수건이 벗어져서 목 뒤로 늘어지고, 저고리 고름이 모두 풀어져 가지고 한편 모퉁이에 서 있고, 아내도 머리채가 모두 뒤로 늘어지고, 치마가 배꼽 아래 늘어지도록 되어 있으며, 그의 아내와 아우는 그를 보고 어찌할 줄을 모르는 듯이, 움쩍도 않고 서 있었다.

세 사람은, 한참 동안 어이가 없어서 서 있었다. 그러나 좀 있다가 마침내 그의 아우가 겨우 말했다.

"그놈의 쥐 어디 갔니?"

"흥! 쥐? 훌륭한 쥐 잡댔다."

그는 말을 끝내지 않고 짐을 벗어 버리고 뛰어가서 아우의 멱살을 그러쥐었다.

"형님 정말 쥐가!"

"쥐? 이놈! 형수와 그런 쥐 잡는 놈 어디 있니?"

그는 따귀를 몇 번 때린 뒤에 등을 밀어서 문밖에 집어 던졌다. 그런 뒤에 이제 자기에게 이를 매를 생각하고 우들우들 떨면서 아랫목에 서 있는 아내에게 달려들었다.   — 김동인, '배따라기' 중에서 —

① 모란봉 주변의 어느 곳에서 배따라기 노래가 들려오고 있다.

② 장 근처에는 그가 자주 가던 탁줏집이 있으나, 그는 거울을 사고 곧장 집으로 향한다.

③ 그가 집에 들어왔을 때 방 안에는 그의 아내와 아우가 옷이 흐트러진 채로 서 있었다.

④ 그는 동생의 말을 끝까지 듣지 않고 동생과 아내에게 윽박을 지르며 둘을 집 밖으로 쫓아낸다.

13 다음 글을 통해 추론할 수 <u>없는</u> 것은?

청소년기에는 도파민의 분비와 기능이 최고조에 달한다. 일명 보상 체계 혹은 '쾌락 중추'라고 불리는 측좌핵의 발달이 급속도로 일어난다. 반면에 위험을 알리는 영역인 편도체가 비교적 느리게 발달하며 행동과 인지적 조절 역할을 담당하는 전전두엽의 발달은 가장 늦게 일어난다. 이러한 청소년기의 불균형적 대뇌 발달은 이 시기에 뇌가 보상에 민감해져 흥분과 쾌락을 추구하게 되고, 그 결과 그들의 행동이 충동적이고 위험해 보일 수밖에 없는 이유를 잘 설명해준다.

코넬대학교 케이시Casey 교수 연구팀은 보상에 대한 민감성을 살펴보기 위해 청소년, 아동, 성인에게 도박 과제를 수행하게 한 후 뇌 활성화 패턴을 비교하였다. 연구결과 큰 보상을 받으면 성인과 아동에 비해서 청소년의 측좌핵 활성화 정도가 큰 것으로 나타났다. 작은 보상을 받으면 아동이나 성인보다 청소년의 측좌핵 활성화 정도가 작았다. 그러나 보상을 기대하는 동안에는 청소년보다 성인의 측좌핵 활성화가 더 큰 것으로 나타났다. 또한 기대했던 보상이 주어지지 않으면 성인은 가치 판단을 담당하는 안와전두피질에서 활성화가 발견됐지만 청소년은 아무런 활성화도 발견되지 않았다. 따라서 기대했던 보상이 주어지지 않으면 성인만이 후속 보상을 추구하기 위해 기존 가치 체계를 갱신한다. 이러한 결과를 종합해 보면 청소년은 큰 보상을 받는 동안에만 보상에 민감하다.

① 청소년들은 어떤 행동에 대한 보상을 강하게 원하는 경향이 있다.
② 청소년들은 적절한 보상을 받지 못한 경우 자기의 행동의 문제점을 파악한다.
③ 청소년들은 성인에 가까워질수록 충동적 행동의 위험성을 고려할 확률이 높아진다.
④ 청소년들은 즐거움을 추구하기 위한 행동에 대한 인지적 판단을 제대로 하지 못한다.

14 다음 글의 전개 순서로 가장 자연스러운 것은?

ㄱ. 이에 따라 똑같은 조건하에 있는 시장이라도 독점화되어 있는 경우에는 완전 경쟁이 이루어지는 경우에 비해 상품 생산량이 더 낮은 수준에 머물게 된다.

ㄴ. 그러므로 이윤 극대화를 추구하는 독점 기업은 생산량을 적당히 줄여 높은 가격을 받고 판매하는 전략을 사용하게 된다.

ㄷ. 완전 경쟁 시장은 효율적인 자원 분배를 가져다준다는 점에서 이상적인 경쟁 형태라고 말할 수 있다. 이는 사회 후생의 관점에서 볼 때, 생산 수준은 완전 경쟁이 실현된 상태가 가장 바람직한 결과를 낳는다는 것을 말한다.

ㄹ. 사회 후생의 관점에서 볼 때 독점 기업은 많은 부정적 측면을 지니고 있다. 그 중 하나는 독점 기업이 선택하는 생산량이 사회적으로 적절한 수준에 못 미치게 된다는 사실이다. 시장에 공급되는 상품의 양이 많아지면 가격은 떨어지게 마련이고, 이로 인해 이윤이 줄어드는 결과가 생길 수 있다.

ㅁ. 반면, 독점화되어 있는 시장에서는 생산량이 사회적으로 최적인 수준에 미치지 못하는 결과가 나타난다. 독점 기업이 이윤을 더 크게 만들기 위해 상품 생산량을 스스로 줄이기 때문이다.

① ㄷ - ㅁ - ㄱ - ㄹ - ㄴ
② ㄷ - ㅁ - ㄴ - ㄱ - ㄹ
③ ㄹ - ㄴ - ㄱ - ㄷ - ㅁ
④ ㄹ - ㄱ - ㄴ - ㄷ - ㅁ

15 밑줄 친 부분에서 행위의 주체가 같은 것끼리 묶은 것은?

칠공주 불러내어, 부모 소양 가려느냐?
국가에 은혜와 신세는 안 졌지만은
어마마마 배 안에 열 달 들어 있던 공으로
소녀 가오리다.
거동 시위로 하여 주랴, ㉠ 구수덩 싸덩을 주랴?
필마단기(匹馬單騎)로 가겠나이다.
사승포(四升布) 고의 적삼, 오승포(五升布) 두루마기
짓고
쌍상토 짜고, 세 패랭이 닷죽 무쇠 주랑(鐵杖) 짚으
시고
은 지게에 금줄 걸어 메이시고
양전마마 ㉡ 수결(手決) 받아, 바지끈에 매이시고,
여섯 형님이여, 삼천 궁녀들아
대왕 양 마마님께서 한날한시에 승하하실지라도
나 돌아올 때까지 기다려서 ㉢ 인산거동(因山擧動)
내지 마라.
양전마마께 하직하고, 여섯 형님께 하직하고
궐문 밖을 내달으니, 갈 바를 아지 못할너라. 〈중 략〉
이화도화(梨花桃花) 만발하고 향화방초(香花芳草)
흩날리고
누런 꾀꼬리〔黃鶯〕는 양류 간에 날아 들고
앵무 공작 깃 다듬는다, 뻐꾹새는 벗 부르며
서산에 해는 지고 월출동령(月出東嶺) 달이 솟네.
앉아서 멀리 바라보니, 어렁성 금바위에
반송(盤松)이 덥혔는데, 석가세존(釋迦世尊)님이 지
장보살(地藏菩薩)님과
아미타불님과 설법(說法)을 하시는구나.
아기가 가까이 가서
삼배(三拜)나 삼배 삼삼구배(三三九拜)를 드리니,
네가 사람이냐 귀신이냐? 날짐승 길버러지도
못 들어오는 곳이거든, 어찌하여 들어 왔느냐?
아기 하는 말이
국왕의 세자이옵더니, 부모 소양 나왔다가
㉣ 길을 잃었사오니, 부처님 은덕(恩德)으로
길을 인도하옵소서.

석가세존님 하시는 말씀이,
국왕에 칠공주 있다는 말은 들었어도
세자 대군 있다는 말은 금시초문이다.
너를 태양(太陽) 서촌(西村)에 버렸을 때에
㉤ 너의 잔명(殘命)을 구해 주었거든
그도 그러하려니와
평지 삼천 리는 왔지마는
험로(險路) 삼천 리는 어찌 가려느냐?
　　　　　　　　– 작자 미상, '바리공주' 중에서 –

① ㉠, ㉡　　　　　　　② ㉡, ㉣
③ ㉢, ㉣　　　　　　　④ ㉢, ㉤

16 〈보기〉에 드러난 '갑'의 상황을 가장 적절하게 표현한 한자 성어는?

┤ 보기 ├

갑은 어느 날 '2등이라도 당첨되면 더는 소원이 없겠다'라고 생각하며 복권을 샀다. 그리고 다음날, 놀랍게도 그는 2등에 당첨되었다. 그러나 그는 이내 '1등에 당첨되었어야 했는데……'라고 생각하며 아쉬워했다.

① 口蜜腹劍   ② 得隴望蜀

③ 馬耳東風   ④ 賊反荷杖

17 다음 글을 통해 추론할 수 <u>없는</u> 것은?

일반적으로 동식물에서 종(種)이란 '같은 개체끼리 교배하여 자손을 남길 수 있는' 또는 '외양으로 구분이 가능한' 집단을 뜻한다. 그렇다면 세균처럼 한 개체가 둘로 분열하여 번식하며 외양의 특징도 많지 않은 미생물에서는 종을 어떤 기준으로 구분할까?

미생물의 종 구분에는 외양과 생리적 특성을 이용한 방법이 사용되기도 한다. 하지만 이러한 특성들은 미생물이 어떻게 배양되는지에 따라 변할 수 있으며, 모든 미생물에 적용될 만한 공통적 요소가 되기도 어렵다. 이런 문제를 극복하기 위해 오늘날 미생물의 종의 구분에는 주로 유전적 특성을 이용하고 있다. 미생물의 유전체는 DNA로 이루어진 많은 유전자로 구성되는데, 특정 유전자를 비교함으로써 미생물들 간의 유전적 관계를 알 수 있다. 종의 구분에는 서로 간의 차이를 잘 나타내 주는 유전자를 이용한다. 유전자 비교를 통해 미생물들이 유전적으로 얼마나 가깝고 먼지를 확인할 수 있는데, 이를 '유전 거리'라 한다. 유전 거리가 가까울수록 같은 종으로 묶일 가능성이 커진다.

하지만 유전자 비교로 확인한 유전 거리만으로는 두 미생물이 같은 종에 속하는지를 명확히 판별하기 어렵다. 특정 유전자가 해당 미생물의 전체적인 유전적 특성을 대변하지는 못하기 때문이다.

이러한 문제를 보완하기 위한 것이 미생물들 간의 유전체 유사도를 측정하는 방법이다. 유전체 유사도를 정확히 측정하기 위해서는 모든 유전자를 대상으로 유전적 관계를 살펴야 하지만, 수많은 유전자를 모두 비교하는 것은 현실적으로 어렵다. 따라서 유전체의 특성을 화학적으로 비교하는 방법이 주로 사용되고 있다. 이렇게 얻어진 유전체 유사도는 종의 경계를 확정하는 데 유용한 기준을 제공한다.

① 환경이 다른 실린더 A와 실린더 B에서 자란 세균은 유전 형질이 다를 가능성이 있다.

② 토마토와 감자를 접 붙여 발명된 포마토는 토마토와 감자 중 어느 것도 아니라고 말할 수 있다.

③ 유전체 전체의 성질을 파악할 수 없는 유전 거리의 한계는 화학적 유전자 비교로 극복할 수 있다.

④ 미생물 A의 특징적인 유전자가 미생물 B에 나타나도 미생물 A와 B는 다른 개체에 속할 가능성이 있다.

18 다음 글의 주장으로 가장 적절한 것은?

> 당신이 개와 함께 계곡물에 빠져 둘 다 다리가 부러진 상황을 가정해 보자. 당신이나 개나 모두 고통스럽다. 그러나 당신은 고통을 호소할 수도 있고 이를 과장할 수도 있다. 왜냐하면 당신은 다리가 부러져 쓰라린 통증만 느낄 뿐 아니라 어떻게 물에서 빠져나가야 할지, 골짜기에서 사람들이 나를 발견할 수 있을지, 치료 비용은 어떻게 충당할지처럼 더 많은 걱정을 하기 때문이다. 분명, 개가 돈 문제를 걱정하거나 모든 상황을 고려하여 개인상해보험금을 신청하는 것이 이득이 될지 손해가 될지 고민할 수는 없다. 그래서 부러진 다리의 물리적인 통증은 당신에게나 개에게나 똑같다 하더라도 당신의 고통이 더 커 보인다. 당신이 더 고통스러워 하는 것은 미래를 생각할 수 있는 인식력과 상상력이 더 뛰어나기 때문이다. 따라서 인간은 더 뛰어난 인식력, 상상력, 추리력 때문에 일반적으로 동물과 같은 상황에 처했다 하더라도 그 고통이 더 크다고 말할 수 있다.

① 동물은 고통에서 탈출할 방법을 궁리한다.

② 인간과 동물이 고통을 느끼는 범주는 다르다.

③ 인간은 아픔을 실제보다 더 크게 표현하기도 한다.

④ 인간은 동물보다 상황을 인식하고 추론하는 능력이 뛰어나다.

19 밑줄 친 접두사가 한자에서 온 말이 아닌 것은?

① 선보름   ② 선대인

③ 선웃음   ④ 선이자

20 밑줄 친 부분의 띄어쓰기가 옳은 것은?

① 홀몸으로 두 아이를 키운다니 정말 안 됐다.

② 수목원내지 놀이공원으로 놀러 가기로 했다.

③ 어느덧 제 3회 교내 백일장이 코앞으로 다가왔다.

④ 풍물놀이는 우리나라 고유의 음악으로, 무형문화재이다.

고득점 대비
핵심한자 암기노트

☑ 한자어

☐ **啓發**   **계발** [열 계, 필 발]

슬기나 재능, 사상 등을 일깨워 줌

☐ **過程**   **과정** [지날 과, 길 정]

일이 되어 가는 경로

☐ **課程**   **과정** [공부할 과, 길 정]

「1」 해야 할 일의 정도
「2」 일정한 기간에 교육하거나 학습하여야 할 과목의 내용과 분량

☐ **論意**   **논의** [논할 논, 뜻 의]

논하는 말이나 글의 뜻이나 의도

☐ **論議**   **논의** [논할 논, 의논할 의]

어떤 문제에 대하여 서로 의견을 내어 토의함. 또는 그런 토의

☐ **尿素**   **요소** [오줌 요, 본디 소]

포유류의 오줌 속에 들어 있는 화합물

☐ **要素**   **요소** [요긴할 요, 본디 소]

「1」 사물의 성립이나 효력 발생 등에 꼭 필요한 성분. 또는 근본 조건
「2」 그 이상 더 간단하게 나눌 수 없는 성분

▨ **한자어**

☐ **交差**　**교차** [사귈 교, 다를 차]

　　　벼슬아치를 번갈아 임명함

☐ **交叉**　**교차** [사귈 교, 갈래 차]

　　　서로 엇갈리거나 마주침

☐ **期待/企待**　**기대** [기약할 기/꾀할 기, 기다릴 대]

　　　어떤 일이 원하는 대로 이루어지기를 바라면서 기다림

☐ **踏査**　**답사** [밟을 답, 조사할 사]

　　　현장에 가서 직접 보고 조사함

☐ **答辭**　**답사** [대답 답, 말씀 사]

　　　「1」 회답을 함. 또는 그런 말
　　　「2」 식장에서 환영사나 환송사 등에 답함. 또는 그런 말

☐ **詩境**　**시경** [시 시, 지경 경]

　　　「1」 시의 경지
　　　「2」 시흥을 불러일으키거나 시정이 넘쳐흐르는 아름다운 경지

☐ **詩經**　**시경** [시 시, 글 경]

　　　유학 오경(五經)의 하나

☐ **渴而穿井**   **갈이천정** [목마를 갈, 말 이을 이, 뚫을 천, 우물 정]

'목이 말라야 비로소 샘을 판다'라는 뜻으로,
「1」 미리 준비를 하지 않고 있다가 일이 지나간 뒤에는 아무리 서둘러 봐도 아무 소용이 없음
「2」 자기가 급해야 서둘러서 일을 함

☐ **螳螂拒轍**   **당랑거철** [사마귀 당, 사마귀 랑, 막을 거, 바퀴 자국 철]

제 역량을 생각하지 않고, 강한 상대나 되지 않을 일에 덤벼드는 무모한 행동거지를 비유적으로 이르는 말

☐ **束手無策**   **속수무책** [묶을 속, 손 수, 없을 무, 꾀 책]

손을 묶은 것처럼 어찌할 도리가 없어 꼼짝 못 함

☐ **搖之不動**   **요지부동** [흔들 요, 갈 지, 아닐 부, 움직일 동]

흔들어도 꼼짝하지 않음

3일

☑ 한자 성어

☐ **膠柱鼓瑟**   **교주고슬** [아교 교, 기둥 주, 북 고, 큰 거문고 슬]

'아교풀로 비파나 거문고의 기러기발을 붙여 놓으면 음조를 바꿀 수 없다'라는 뜻으로, 고지식하여 조금도 융통성이 없음을 이르는 말

☐ **多岐亡羊**   **다기망양** [많을 다, 갈림길 기, 망할 망, 양 양]

「1」 '갈림길이 많아 잃어버린 양을 찾지 못한다'라는 뜻으로, 두루 섭렵하기만 하고 전공하는 바가 없어 끝내 성취하지 못함을 이르는 말
「2」 방침이 많아서 도리어 갈 바를 모름

☐ **優柔不斷**   **우유부단** [넉넉할 우, 부드러울 유, 아닐 부, 끊을 단]

어물어물 망설이기만 하고 결단성이 없음

☐ **左顧右眄**   **좌고우면** [왼 좌, 돌아볼 고, 오른쪽 우, 곁눈질할 면]

'이쪽저쪽을 돌아본다'라는 뜻으로, 앞뒤를 재고 망설임을 이르는 말

☑ 한자어

□ **乾杯** **건배** [하늘 건, 잔 배]

「1」 술잔의 술을 다 마셔 비움
「2」 술좌석에서 서로 잔을 들어 축하하거나 건강 또는 행운을 비는 일

□ **踏襲** **답습** [밟을 답, 엄습할 습]

예로부터 해 오던 방식이나 수법을 좇아 그대로 행함

□ **辨明** **변명** [분별할 변, 밝을 명]

「1」 어떤 잘못이나 실수에 대하여 구실을 대며 그 까닭을 말함
「2」 옳고 그름을 가려 사리를 밝힘

□ **嚴禁** **엄금** [엄할 엄, 금할 금]

엄하게 금지함

☑ 한자 성어

□ **傍若無人** **방약무인** [곁 방, 같을 약, 없을 무, 사람 인]

곁에 사람이 없는 것처럼 아무 거리낌 없이 함부로 말하고 행동하는 태도가 있음

□ **雪中松柏** **설중송백** [눈 설, 가운데 중, 소나무 송, 측백 백]

눈 속의 소나무와 잣나무라는 뜻으로, 높고 굳은 절개를 이르는 말

□ **自強不息** **자강불식** [스스로 자, 강할 강, 아닐 불, 쉴 식]

스스로 힘써 몸과 마음을 가다듬어 쉬지 않음

□ **表裏不同** **표리부동** [겉 표, 속 리, 아닐 부, 한가지 동]

겉으로 드러나는 언행과 속으로 가지는 생각이 다름

☑ 한자어

☐ **排他的**　　**배타적** [밀칠 배, 다를 타, 과녁 적]

남을 배척하는 것

☐ **謁見**　　**알현** [뵐 알, 뵈올 현]

지체가 높고 귀한 사람을 찾아가 뵘

☐ **自敍傳**　　**자서전** [스스로 자, 펼 서, 전할 전]

작자 자신의 일생을 소재로 스스로 짓거나, 남에게 구술하여 쓰게 한 전기

☑ 한자 성어

☐ **權謀術數**　　**권모술수** [권세 권, 꾀 모, 재주 술, 셈 수]

목적 달성을 위하여 수단과 방법을 가리지 않는 온갖 모략이나 술책

☑ 한자어

☐ **更新**　　**갱신** [다시 갱, 새 신]

「1」 이미 있던 것을 고쳐 새롭게 함
「2」 법률관계의 존속 기간이 끝났을 때 그 기간을 연장하는 일

☐ **更新**　　**경신** [고칠 경, 새 신]

「1」 이미 있던 것을 고쳐 새롭게 함
「2」 기록경기 등에서, 종전의 기록을 깨뜨림
「3」 어떤 분야의 종전 최고치나 최저치를 깨뜨림

☐	龜鑑	**귀감** [거북 귀, 거울 감]

거울로 삼아 본받을 만한 모범

☐	反證	**반증** [돌이킬 반, 증거 증]

「1」 어떤 사실이나 주장이 옳지 않음을 그에 반대되는 근거를 들어 증명함. 또는 그런 증거
「2」 어떤 사실과 모순되는 것 같지만, 거꾸로 그 사실을 증명하는 것

☐	破綻	**파탄** [깨뜨릴 파, 터질 탄]

「1」 찢어져 터짐
「2」 일이나 계획 등이 원만하게 진행되지 못하고 중도에서 어긋나 깨짐

7일

☑ 한자 성어

☐	犬馬之勞	**견마지로** [개 견, 말 마, 갈 지, 일할 로]

'개나 말 정도의 하찮은 힘'이라는 뜻으로, 윗사람에게 충성을 다하는 자신의 노력을 낮추어 이르는 말

☐	勞心焦思	**노심초사** [일할 노, 마음 심, 탈 초, 생각 사]

몹시 마음을 쓰며 애를 태움

☐	望雲之情	**망운지정** [바랄 망, 구름 운, 갈 지, 뜻 정]

자식이 객지에서 고향에 계신 어버이를 생각하는 마음

☐	以心傳心	**이심전심** [써 이, 마음 심, 전할 전, 마음 심]

마음과 마음으로 서로 뜻이 통함

▨ 한자 성어

☐ 髀肉之歎/嘆　　**비육지탄** [넓적다리 비, 고기 육, 갈 지, 탄식할 탄]

재능을 발휘할 때를 얻지 못하여 헛되이 세월만 보내는 것을 한탄함을 이르는 말

☐ 上漏下濕　　**상루하습** [윗 상, 샐 루, 아래 하, 젖을 습]

'위에서는 비가 새고 아래에서는 습기가 오른다'라는 뜻으로, 매우 가난한 집을 비유적으로 이르는 말

☐ 識字憂患　　**식자우환** [알 식, 글자 자, 근심 우, 근심 환]

학식이 있는 것이 오히려 근심을 사게 됨

☐ 泣斬馬謖　　**읍참마속** [울 읍, 벨 참, 말 마, 일어날 속]

큰 목적을 위하여 자기가 아끼는 사람을 버림을 이르는 말

▨ 한자어

☐ 亂場　　**난장** [어지러울 난, 마당 장]

여러 사람이 어지러이 뒤섞여 떠들어 대거나 뒤엉켜 뒤죽박죽이 된 곳. 또는 그런 상태

☐ 亂杖　　**난장** [어지러울 난, 지팡이 장]

여러 사람이 한꺼번에 덤비어 때리는 매

☐ 答紙　　**답지** [대답 답, 종이 지]

문제의 해답을 쓰는 종이

☐ 遝至　　**답지** [뒤섞일 답, 이를 지]

한군데로 몰려들거나 몰려옴

☑ 한자 성어

☐ **錦上添花**　　　**금상첨화** [비단 금, 윗 상, 더할 첨, 꽃 화]

　　'비단 위에 꽃을 더한다'라는 뜻으로, 좋은 일 위에 또 좋은 일이 더하여짐을 비유적으로 이르는 말

☐ **附和雷同**　　　**부화뇌동** [붙을 부, 화할 화, 우레 뇌, 한가지 동]

　　줏대 없이 남의 의견에 따라 움직임

☐ **不恥下問**　　　**불치하문** [아닐 불, 부끄러울 치, 아래 하, 물을 문]

　　손아랫사람이나 지위나 학식이 자기만 못한 사람에게 모르는 것을 묻는 일을 부끄러워하지 않음

☐ **守株待兔**　　　**수주대토** [지킬 수, 그루 주, 기다릴 대, 토끼 토]

　　한 가지 일에만 얽매여 발전을 모르는 어리석은 사람을 비유적으로 이르는 말

10일

☑ 한자어

☐ **干涉**　　　**간섭** [방패 간, 건널 섭]

　　직접 관계가 없는 남의 일에 부당하게 참견함

☐ **苦衷**　　　**고충** [쓸 고, 속마음 충]

　　괴로운 심정이나 사정

☐ **乖離**　　　**괴리** [어그러질 괴, 떠날 리]

　　서로 어그러져 동떨어짐

☐ **捺印**　　　**날인** [누를 날, 도장 인]

　　도장을 찍음

☐ **否決**　　　**부결** [아닐 부, 결단할 결]

　　의논한 안건을 받아들이지 않기로 결정함. 또는 그런 결정

□ **辛酸**　　　　**신산** [매울 신, 실 산]

「1」 맛이 맵고 심

「2」 세상살이가 힘들고 고생스러움을 비유적으로 이르는 말

□ **紐帶**　　　　**유대** [맺을 유, 띠 대]

끈과 띠라는 뜻으로, 둘 이상을 서로 연결하거나 결합하게 하는 것. 또는 그런 관계

□ **情況**　　　　**정황** [뜻 정, 상황 황]

「1」 일의 사정과 상황

「2」 인정상 딱한 처지에 있는 상황

□ **陳述**　　　　**진술** [베풀 진, 펼 술]

일이나 상황에 대하여 자세하게 이야기함. 또는 그런 이야기

□ **桎梏**　　　　**질곡** [차꼬 질, 수갑 곡]

「1」 옛 형구인 차꼬와 수갑을 아울러 이르는 말

「2」 몹시 속박하여 자유를 가질 수 없는 고통의 상태를 비유적으로 이르는 말

□ **墮落**　　　　**타락** [떨어질 타, 떨어질 락]

올바른 길에서 벗어나 잘못된 길로 빠지는 일

□ **褒貶**　　　　**포폄** [기릴 포, 낮출 폄]

옳고 그름이나 선하고 악함을 판단하여 결정함

☑ 한자 성어

☐ **孤立無援**   **고립무원** [외로울 고, 설 립, 없을 무, 도울 원]

       고립되어 구원을 받을 데가 없음

☐ **明若觀火**   **명약관화** [밝을 명, 같을 약, 볼 관, 불 화]

       불을 보듯 분명하고 뻔함

☐ **殺身成仁**   **살신성인** [죽일 살, 몸 신, 이룰 성, 어질 인]

       자기의 몸을 희생하여 인(仁)을 이룸

☐ **類類相從**   **유유상종** [무리 유, 무리 유, 서로 상, 좇을 종]

       같은 무리끼리 서로 사귐

☐ **切齒腐心**   **절치부심** [끊을 절, 이 치, 썩을 부, 마음 심]

       몹시 분하여 이를 갈며 속을 썩임

☐ **狐假虎威**   **호가호위** [여우 호, 거짓 가, 범 호, 위엄 위]

       남의 권세를 빌려 위세를 부림

☐ **和而不同**   **화이부동** [화할 화, 말 이을 이, 아닐 부, 한가지 동]

       남과 사이좋게 지내기는 하나 무턱대고 어울리지는 않음

☑ 한자 성어

☐ **曲學阿世**   **곡학아세** [굽을 곡, 배울 학, 언덕 아, 인간 세]

바른길에서 벗어난 학문으로 세상 사람에게 아첨함

☐ **金蘭之契**   **금란지계** [쇠 금, 난초 란, 갈 지, 맺을 계]

친구 사이의 매우 두터운 정을 이르는 말

☐ **吳越同舟**   **오월동주** [성씨 오, 넘을 월, 한가지 동, 배 주]

서로 적의를 품은 사람들이 한자리에 있게 된 경우나 서로 협력하여야 하는 상황을 비유적으로 이르는 말

☐ **後生可畏**   **후생가외** [뒤 후, 날 생, 옳을 가, 두려워할 외]

'젊은 후학들을 두려워할 만하다'라는 뜻으로, 후진들이 선배들보다 젊고 기력이 좋아, 학문을 닦음에 따라 큰 인물이 될 수 있으므로 가히 두렵다는 말

☑ 한자어

☐ **改善**   **개선** [고칠 개, 착할 선]

잘못된 것이나 부족한 것, 나쁜 것 등을 고쳐 더 좋게 만듦

☐ **改正**   **개정** [고칠 개, 바를 정]

주로 문서의 내용 등을 고쳐 바르게 함

☐ **改造**   **개조** [고칠 개, 지을 조]

고쳐 만들거나 바꿈

☐ **修繕**   **수선** [닦을 수, 기울 선]

낡거나 헌 물건을 고침

□ **是正** **시정** [옳을 시, 바를 정]

잘못된 것을 바로잡음

□ **採根** **채근** [캘 채, 뿌리 근]

「1」 식물의 뿌리를 캐냄
「2」 어떤 일의 내용, 원인, 근원 등을 캐어 알아냄
「3」 어떻게 행동하기를 따지어 독촉함
「4」 남에게 받을 것을 달라고 독촉함

□ **採算** **채산** [캘 채, 셈 산]

「1」 수입과 지출을 맞추어 계산함. 또는 그 계산 내용
「2」 원가에 비용, 이윤 등을 더하여 파는 값을 정함. 또는 그렇게 이익이 있도록 맞춘 계산 내용

□ **採用** **채용** [캘 채, 쓸 용]

「1」 사람을 골라서 씀
「2」 어떤 의견, 방안 등을 고르거나 받아들여서 씀

□ **採取** **채취** [캘 채, 가질 취]

「1」 풀, 나무, 광석 등을 찾아 베거나 캐거나 하여 얻어 냄
「2」 연구나 조사에 필요한 것을 찾거나 받아서 얻음

한자어

☐ **模範**　　**모범** [본뜰 모, 법 범]

본받아 배울 만한 대상

☐ **有名稅**　　**유명세** [있을 유, 이름 명, 세금 세]

세상에 이름이 널리 알려져 있는 탓으로 당하는 불편이나 곤욕을 속되게 이르는 말

한자 성어

☐ **口尙乳臭**　　**구상유취** [입 구, 오히려 상, 젖 유, 냄새 취]

'입에서 아직 젖내가 난다'라는 뜻으로, 말이나 행동이 유치함을 이르는 말

한자어

☐ **倦怠**　　**권태** [게으를 권, 게으를 태]

어떤 일이나 상태에 시들해져서 생기는 게으름이나 싫증

☐ **賂物**　　**뇌물** [뇌물 뇌, 물건 물]

어떤 직위에 있는 사람을 매수하여 사사로운 일에 이용하기 위하여 넌지시 건네는 부정한 돈이나 물건

☐ **否運**　　**비운** [막힐 비, 옮길 운]

「1」 막혀서 어려운 처지에 이른 운수
「2」 불행한 운명

☐ **殺生**　　**살생** [죽일 살, 날 생]

사람이나 짐승 등의 생물을 죽임

□ 笑殺　　**소살** [웃음 소, 죽일 살]

「1」 웃어넘기고 문제 삼지 않음
「2」 큰 소리로 비웃음

□ 殺到　　**쇄도** [빠를 쇄, 이를 도]

「1」 전화, 주문 등이 한꺼번에 세차게 몰려듦
「2」 어떤 곳을 향하여 세차게 달려듦

□ 刺殺　　**자살** [찌를 자, 죽일 살]

칼 등으로 사람을 찔러 죽임

□ 諷刺　　**풍자** [풍자할 풍, 찌를 자]

「1」 남의 결점을 다른 것에 빗대어 비웃으면서 폭로하고 공격함
「2」 문학 작품 등에서, 현실의 부정적 현상이나 모순 등을 빗대어 비웃으면서 씀

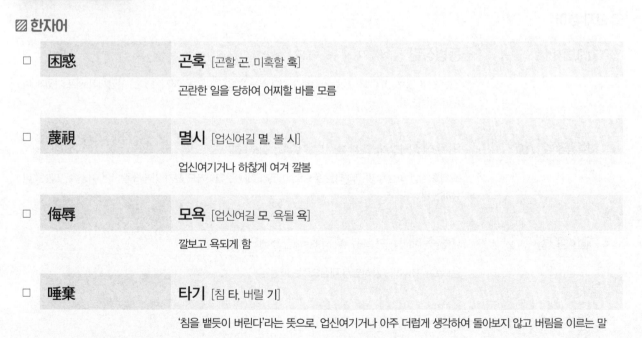

16일

☑ 한자어

□ 困惑　　**곤혹** [곤할 곤, 미혹할 혹]

곤란한 일을 당하여 어찌할 바를 모름

□ 蔑視　　**멸시** [업신여길 멸, 볼 시]

업신여기거나 하찮게 여겨 깔봄

□ 侮辱　　**모욕** [업신여길 모, 욕될 욕]

깔보고 욕되게 함

□ 唾棄　　**타기** [침 타, 버릴 기]

'침을 뱉듯이 버린다'라는 뜻으로, 업신여기거나 아주 더럽게 생각하여 돌아보지 않고 버림을 이르는 말

📑 한자어

□ **龜裂**　　**균열** [터질 균, 찢을 열]

「1」 거북의 등에 있는 무늬처럼 갈라져 터짐
「2」 친하게 지내는 사이에 틈이 남
「3」 추위 등으로 손발이 터짐

□ **敦篤**　　**돈독** [도타울 돈, 도타울 독]

도탑고 성실함

□ **瓦解**　　**와해** [기와 와, 풀 해]

'기와가 깨진다'라는 뜻으로, 조직이나 계획 등이 산산이 무너지고 흩어짐. 또는 조직이나 계획 등을 산산이 무너뜨리거나 흩어지게 함

□ **妥協**　　**타협** [온당할 타, 화합할 협]

어떤 일을 서로 양보하여 협의함

📑 한자 성어

□ **同病相憐**　　**동병상련** [한가지 동, 병 병, 서로 상, 불쌍히 여길 련]

'같은 병을 앓는 사람끼리 서로 가엾게 여긴다'라는 뜻으로, 어려운 처지에 있는 사람끼리 서로 가엾게 여김을 이르는 말

□ **磨斧作針/鍼**　　**마부작침** [갈 마, 도끼 부, 지을 작, 바늘 침/침 침]

'도끼를 갈아 바늘을 만든다'라는 뜻으로, 아무리 어려운 일이라도 끈기 있게 노력하면 이룰 수 있음을 비유하는 말

□ **面從腹背**　　**면종복배** [낯 면, 좇을 종, 배 복, 배반할 배]

겉으로는 복종하는 체하면서 내심으로는 배반함

□ **緣木求魚**　　**연목구어** [인연 연, 나무 목, 구할 구, 물고기 어]

'나무에 올라가서 물고기를 구한다'라는 뜻으로, 도저히 불가능한 일을 굳이 하려 함을 비유적으로 이르는 말

☑ 한자어

☐ **開發** **개발** [열 개, 필 발]

「1」 토지나 천연자원 등을 유용하게 만듦
「2」 지식이나 재능 등을 발달하게 함
「3」 산업이나 경제 등을 발전하게 함
「4」 새로운 물건을 만들거나 새로운 생각을 내어놓음

☐ **開拓** **개척** [열 개, 넓힐 척]

「1」 거친 땅을 일구어 논이나 밭과 같이 쓸모 있는 땅으로 만듦
「2」 새로운 영역, 운명, 진로 등을 처음으로 열어 나감

☐ **沒頭** **몰두** [빠질 몰, 머리 두]

어떤 일에 온 정신을 다 기울여 열중함

☐ **守則** **수칙** [지킬 수, 법칙 칙]

행동이나 절차에 관하여 지켜야 할 사항을 정한 규칙

☐ **熟考** **숙고** [익을 숙, 생각할 고]

「1」 곰곰 잘 생각함. 또는 그런 생각
「2」 아주 자세히 참고함

☐ **原則** **원칙** [근원 원, 법칙 칙]

어떤 행동이나 이론 등에서 일관되게 지켜야 하는 기본적인 규칙이나 법칙

☐ **類推** **유추** [무리 유, 밀 추]

같은 종류의 것 또는 비슷한 것에 기초하여 다른 사물을 미루어 추측하는 일

☐ **準據** **준거** [준할 준, 근거 거]

사물의 정도나 성격 등을 알기 위한 근거나 기준

☐ **準備** **준비** [준할 준, 갖출 비]

미리 마련하여 갖춤

☐ **集中** **집중** [모을 집, 가운데 중]

「1」 한곳을 중심으로 하여 모임. 또는 그렇게 모음
「2」 한 가지 일에 모든 힘을 쏟아부음

☐ **執中** **집중** [잡을 집, 가운데 중]

지나치거나 모자람이 없이 또는 한쪽으로 치우침이 없이 마땅하고 떳떳한 도리를 취함

☐ **捷徑** **첩경** [빠를 첩, 지름길 경]

「1」 멀리 돌지 않고 가깝게 질러 통하는 길
「2」 가장 쉽고 빠른 방법을 비유적으로 이르는 말
「3」 어떤 일을 할 때 흔히 그렇게 되기가 쉬움을 이르는 말

☐ **推定** **추정** [밀 추, 정할 정]

미루어 생각하여 판정함

19일

▨ 한자어

☐ **狷介** **견개** [성급할 견, 낄 개]

굳게 절개를 지키고 구차하게 타협하지 않음

☐ **變節** **변절** [변할 변, 마디 절]

「1」 절개나 지조를 지키지 않고 바꿈
「2」 계절이 바뀜

☐ **悲劇** **비극** [슬플 비, 심할 극]

인생의 슬프고 애달픈 일을 당하여 불행한 경우를 이르는 말

☐ 嗚咽 　**오열** [슬플 오, 목멜 열]

목메어 욺. 또는 그런 울음

20일

☑ 한자어

☐ 募集 　**모집** [모을/뽑을 모, 모을 집]

사람이나 작품, 물품 등을 일정한 조건 아래 널리 알려 뽑아 모음

☐ 收斂 　**수렴** [거둘 수, 거둘 렴]

「1」 돈이나 물건 등을 거두어들임
「2」 의견이나 사상 등이 여럿으로 나뉘어 있는 것을 하나로 모아 정리함
「3」 방탕한 사람이 몸과 마음을 단속함
「4」 오그라들게 함
「5」 조세 등을 거두어들임

☐ 蒐集 　**수집** [모을 수, 모을 집]

취미나 연구를 위하여 여러 가지 물건이나 재료를 찾아 모음. 또는 그 물건이나 재료

☐ 綜合 　**종합** [모을 종, 합할 합]

여러 가지를 한데 모아서 합함

한자 성어

☐ **口蜜腹劍** **구밀복검** [입 구, 꿀 밀, 배 복, 칼 검]

입에는 꿀이 있고 배 속에는 칼이 있다는 뜻으로, 말로는 친한 듯하나 속으로는 해칠 생각이 있음을 이르는 말

☐ **得隴望蜀** **득롱망촉** [얻을 득, 고개 이름 롱, 바랄 망, 나라 이름 촉]

'농을 얻고서 촉까지 취하고자 한다'라는 뜻으로, 만족할 줄을 모르고 계속 욕심을 부리는 경우를 비유적으로 이르는 말

☐ **馬耳東風** **마이동풍** [말 마, 귀 이, 동녘 동, 바람 풍]

'동풍이 말의 귀를 스쳐 간다'라는 뜻으로, 남의 말을 귀담아듣지 않고 지나쳐 흘려버림을 이르는 말

☐ **賊反荷杖** **적반하장** [도둑 적, 돌이킬 반, 멜 하, 지팡이 장]

'도둑이 도리어 매를 든다'라는 뜻으로, 잘못한 사람이 아무 잘못도 없는 사람을 나무람을 이르는 말

MEMO

MEMO

2021 최신판

해커스공무원

양효주
매일 국어 2

초판 1쇄 발행 2021년 2월 22일

지은이	해커스 공무원시험연구소
펴낸곳	해커스패스
펴낸이	해커스공무원 출판팀

주소	서울특별시 강남구 강남대로 428 해커스공무원
고객센터	02-598-5000
교재 관련 문의	gosi@hackerspass.com
	해커스공무원 사이트(gosi.Hackers.com) 교재 Q&A 게시판
	카카오톡 플러스 친구 [해커스공무원강남역], [해커스공무원노량진]
학원 강의 및 동영상강의	gosi.Hackers.com

ISBN	979-11-6662-066-9 (13710)
Serial Number	01-01-01

최단기 합격 공무원학원 1위,
해커스공무원 gosi.Hackers.com

해커스공무원

- 양효주 선생님의 **본 교재 인강**(교재 내 할인쿠폰 수록)
- 고득점 달성을 위한 **핵심한자 암기노트**
- '회독'의 방법과 공부 습관을 제시하는 **해커스 회독증강 콘텐츠**(교재 내 할인쿠폰 수록)
- 필수어휘와 사자성어를 편리하게 학습할 수 있는 **해커스 매일국어 어플**

합격을 위한 **확실한 해답!**

해커스공무원 교재 시리즈

영어 기초 시리즈

해커스 공무원 영어
기초 영문법/기초 독해

영어 보카 시리즈

해커스공무원
기출 보카 4800 (세트)

입문서 시리즈

해커스공무원
처음 헌법
조문해설집

해커스공무원
처음 헌법
만화판례집

기본서 시리즈

해커스공무원
영어 (세트)

해커스공무원
국어 (세트)

해커스공무원
한국사 (세트)

해커스공무원
이명호 한국사
(세트)

해커스공무원
현 행정학 (세트)

해커스공무원
神행정법총론
(세트)

해커스공무원
세법 (세트)

해커스공무원
회계학 (세트)

해커스공무원
교정학 (세트)

해커스공무원
사회 (세트)

해커스공무원
과학 (세트)

해커스공무원
수학

해커스공무원
교육학 (세트)

해커스공무원
박정훈 사회복지학개론
(세트)

해커스공무원
명품 행정학
(세트)

해커스공무원
쉬운 행정학

해커스공무원
하종화 사회
(세트)

해커스공무원
神헌법 (세트)

해커스공무원
박철한 헌법

해커스공무원
局경제학 (세트)

해커스공무원
패권 국제법 1, 2
일반국제법/국제경제법

해커스공무원
패권 국제법
조약집

해커스공무원
패권 국제법
판례집

해커스공무원
패권 국제정치학 1, 2, 3
사상 및 이론/외교사/이슈

해커스공무원
이명호 무역학

해커스공무원
이명호 올인원 관세법

연표노트

해커스공무원
김승범 스페셜 한국사
연표 노트

필기노트 시리즈

해커스공무원
신민숙 국어 어법
합격생 필기노트

해커스공무원
이중석 맵핑 한국사
합격생 필기노트

빈칸노트 시리즈

해커스공무원
이중석 맵핑 한국사
올인원 블랭크노트

해커스공무원
이중석 맵핑 한국사
연표-사료 블랭크노트

해커스공무원
이명호 관세법
뻥령집

핵심/요점정리 시리즈

해커스공무원
단권화 핵심정리
국어

해커스공무원
단권화 핵심정리
한국사

해커스공무원
요점정리
패권 국제법

해커스공무원
요점정리
패권 국제정치학

워크북

해커스공무원
이명호 한국사
암기강화 프로젝트 워크북

해커스공무원

2021 최신판

양효주
매일 국어 2

약점 보완 해설집

해커스공무원 | gosi.Hackers.com

 · 본 교재 인강(할인쿠폰 수록)
· 공무원 과목별 무료특강

**특별
제공**

· 핵심한자 암기노트(부록)
· 회독증강 콘텐츠(할인쿠폰 수록)
· 해커스 매일국어 어플

 해커스공무원

2021 최신판

해커스공무원

양효주
매일 국어 2

약점 보완 해설집

정답 빠르게 확인하기

매일 국어 **1**일

01	①
02	③
03	②
04	④
05	②
06	③
07	③
08	③

매일 국어 **2**일

01	③
02	③
03	②
04	①
05	②
06	②
07	④
08	③

매일 국어 **3**일

01	②
02	②
03	③
04	①
05	②
06	①
07	④
08	①

매일 국어 **4**일

01	③
02	③
03	③
04	③
05	③
06	③
07	④
08	④

매일 국어 **5**일

01	③
02	①
03	②
04	①
05	②
06	③
07	③
08	④

매일 국어 **6**일

01	①
02	③
03	①
04	④
05	①
06	①
07	③
08	②

매일 국어 **7**일

01	②
02	①
03	④
04	④
05	①
06	③
07	①
08	①

매일 국어 **8**일

01	③
02	③
03	②
04	③
05	②
06	②
07	②
08	①

매일 국어 **9**일

01	①
02	④
03	③
04	②
05	①
06	②
07	④
08	②

매일 국어 **10**일

01	①
02	④
03	④
04	②
05	②
06	④
07	②
08	①

매일 국어 **11**일

01	②
02	④
03	③
04	①
05	③
06	②
07	④
08	②

매일 국어 **12**일

01	①
02	②
03	②
04	④
05	④
06	③
07	④
08	③

매일 국어 **13**일

01	①
02	①
03	④
04	④
05	③
06	②
07	①
08	③

매일 국어 **14**일

01	④
02	①
03	③
04	②
05	①
06	④
07	②
08	②

매일 국어 **15**일

01	④
02	④
03	②
04	①
05	④
06	②
07	④
08	②

매일 국어 **16**일

01	②
02	④
03	②
04	③
05	③
06	①
07	③
08	④

매일 국어 **17**일

01	①
02	②
03	③
04	③
05	④
06	④
07	④
08	①

매일 국어 **18**일

01	③
02	③
03	③
04	③
05	③
06	②
07	①
08	③

매일 국어 **19**일

01	②
02	③
03	③
04	③
05	③
06	④
07	①
08	②

모의고사 **20**일

01	①	11	②
02	③	12	④
03	②	13	②
04	④	14	③
05	③	15	②
06	②	16	②
07	②	17	③
08	④	18	②
09	③	19	③
10	④	20	④

매일 국어 | 1일

본책 10p

정답 한 눈에 보기

01	02	03	04	05	06	07	08
①	③	②	④	②	③	③	③

01 어법

정답 ①

출제포인트 한글 맞춤법 사이시옷의 표기

정답 해설

겟날(○): '겟날[겐ː날/겓ː날]'은 한자어 '계(契)'와 고유어 '날'이 결합한 합성어로, 앞말 '계'가 모음 'ㅖ'로 끝나고 뒷말 '날'의 첫소리 'ㄴ' 앞에서 'ㄴ' 소리가 덧나므로 한글 맞춤법 제30항 – 2에 따라 **사이시옷을 받쳐 '겟날'로 적어야 한다.** 따라서 어법에 맞는 것은 ①이다.

오답 분석

② 공기밥(×) → 공깃밥(○): '공깃밥[공기빱/공긷빱]'은 한자어 '공기(空器)'와 고유어 '밥'이 결합한 합성어로, 앞말 '공기'가 모음 'ㅣ'로 끝나고 뒷말 '밥'의 첫소리 'ㅂ'이 된소리 [ㅃ]으로 나므로 한글 맞춤법 제30항 – 2에 따라 사이시옷을 받쳐 적어야 한다.

③ 나룻터(×) → 나루터(○): '나루터[나루터]'는 고유어 '나루'와 '터'가 결합한 합성어로서, 앞말 '나루'가 모음 'ㅜ'로 끝나지만 뒷말 '터'의 첫소리가 된소리로 나지 않으므로 사이시옷을 받쳐 적는 것은 어법에 맞지 않다.

④ 고기덩어리(×) → 고깃덩어리(○): '고깃덩어리[고기떵어리/고긷떵어리]'는 고유어 '고기'와 '덩어리'가 결합한 합성어로서, 앞말 '고기'가 모음 'ㅣ'로 끝나고 뒷말 '덩어리'의 첫소리가 된소리 [ㄸ]으로 나므로 한글 맞춤법 제30항 – 1에 따라 사이시옷을 받쳐 적어야 한다.

☑ 어법 – 시험에 또 나올 핵심 포인트

한글 맞춤법 제30항 – 1, 2

규정	사이시옷은 다음과 같은 경우에 받치어 적는다.
	1. 순우리말로 된 합성어로서 앞말이 모음으로 끝난 경우 　(1) 뒷말의 첫소리가 된소리로 나는 것 　(2) 뒷말의 첫소리 'ㄴ, ㅁ' 앞에서 'ㄴ' 소리가 덧나는 것 　(3) 뒷말의 첫소리 모음 앞에서 'ㄴㄴ' 소리가 덧나는 것 2. 순우리말과 한자어로 된 합성어로서 앞말이 모음으로 끝난 경우 　(1) 뒷말의 첫소리가 된소리로 나는 것 　(2) 뒷말의 첫소리 'ㄴ, ㅁ' 앞에서 'ㄴ' 소리가 덧나는 것 　(3) 뒷말의 첫소리 모음 앞에서 'ㄴㄴ' 소리가 덧나는 것

02 어법

정답 ③

출제포인트 한글 맞춤법 사이시옷의 표기

정답 해설

'초점(焦點)'은 두 음절로 된 한자어이나, 한글 맞춤법 제30항 – 3에 따라 사이시옷을 적는 예가 아니므로 ㄱ에 들어가기에 적절하지 않은 단어는 ③이다.

오답 분석

① ② ④ '셋방(貰房)', '숫자(數字)', '횟수(回數)'는 모두 한글 맞춤법 제30항 – 3에 따라 사이시옷을 적는 두 음절로 된 한자어이므로 ㄱ에 들어가기 적절하다.

☑ 어법 – 시험에 또 나올 핵심 포인트

한글 맞춤법 제30항 – 3

규정	사이시옷은 다음과 같은 경우에 받치어 적는다. 3. 두 음절로 된 다음 한자어
예	곳간(庫間), 셋방(貰房), 숫자(數字), 찻간(車間), 툇간(退間), 횟수(回數)

03 문학

정답 ②

출제포인트 서술상의 특징

정답 해설

ㄴ에서 용왕의 병세와 자라의 소식이 다시 전해지지 않았다는 내용을 서술하기 위해, '~ 없더라'처럼 **서술자가 작품에 개입하여 자신이 직접 경험한 듯이 말하고 있으므로,** 편집자적 논평이 나타나는 것은 ②이다. 참고로, 편집자적 논평은 전지적 작가 시점에서 서술자(작가)가 작품에 개입하여 본인의 견해를 직접적으로 드러내는 것이다.

오답 분석

ㄱ ㄷ ㄹ에는 편집자적 논평이 나타나지 않는다.

☑ 문학 – 시험에 또 나올 핵심 포인트

작자 미상, '토끼전'

주제	위기로부터 탈출하는 슬기로움과 헛된 욕심에 대한 경각심
특징	• 표면적으로 왕에 대한 충(忠)을 강조하고 있으나, 이면적으로 권력층의 무능력함을 풍자하고 비판함 • 세상의 모습을 풍자하기 위해 토끼와 자라 등을 우화적으로 사용함 • 다양한 표현 방식과 고사를 활용함

04 문학 정답 ④

출제포인트 **화자의 정서 및 태도**

정답 해설

제시된 작품(김수영, '폭포')과 ④(성삼문의 시조)에는 화자가 처한 부정적 현실에 대한 저항 의지가 드러난다.

- 제시된 작품: 화자는 '폭포'의 떨어지는 모습과 떨어지는 소리에 주목해 부정적 현실에 타협하거나 굴복하지 않고 폭포처럼 저항하리라는 의지를 드러내고 있다.
- ④: 세조의 왕위 찬탈 이후 단종의 복위를 꾀하다 처형당한 성삼문의 시조로, 단종에 대한 절개와 지조, **세조에 대한 저항 의지**를 드러내고 있다.

오답 분석

① 월산대군의 시조로, 가을밤에 가을 강을 바라보며 낚시를 하는 화자가 자연 속에서 여유를 즐기며 느끼는 풍류를 드러내고 있다.

② 길재의 시조로, 고려의 멸망을 떠올리는 화자가 인생의 무상함과 멸망한 나라에 대한 한의 정서를 드러내고 있다.

③ 황진이의 시조로, 화자는 임에 대한 변하지 않는 사랑을 드러내고 있다.

[지문풀이]

① 가을 강에 밤이 찾아오니 물결이 차갑구나.
  낚시를 드리우니 물고기가 물지 않는구나.
  욕심이 없는 달빛만 가득 싣고 빈 배를 저어 오는구나.
  　　　　　　　　　　　－ 월산대군, '추강에 밤이 드니'

② 오백 년 이어 온 고려의 옛 서울에 한 필의 말을 타고 들어가니,
  산천의 모습은 예나 다름이 없지만 인걸은 간 데 없다.
  아아, 고려의 태평했던 시절이 한낱 꿈처럼 허무하도다.
  　　　　　　　　　　　－ 길재, '오백 년 도읍지'

③ 청산은 변함없는 내 마음과 같고 쉬지 않고 흘러가는 푸른 시냇물은 임의 정과 같다.
  푸른 시냇물이야 흘러가 버리지만 청산이야 변할 수 있겠는가?
  하지만 흐르는 시냇물도 청산을 잊지 못해 울면서 흘러가는구나.
  　　　　　　　　　　　－ 황진이, '청산은 내 뜻이오'

④ 이 몸이 죽은 뒤에 무엇이 될까 생각해 보니
  봉래산 제일 높은 봉우리에 우뚝 솟은 소나무가 되어서
  흰 눈이 온 세상을 뒤덮을 때 홀로라도 푸른빛을 발하리라.
  　　　　　　　　　　　－ 성삼문, '이 몸이 주거 가셔'

✔ 문학 - 시험에 또 나올 핵심 포인트

김수영, '폭포'

주제	부정적인 현실에 굳은 의지를 가지고 저항하는 삶
특징	• 폭포의 소리와 모습을 통해 주제를 드러냄 • 주제를 강조하고 운율감을 형성하기 위해 동일한 시어 '떨어진다', '곧은 소리' 등을 반복함 • 감각적·비유적 표현을 통해 '폭포'의 이미지를 보여줌

05 비문학 정답 ②

출제포인트 **주제 및 중심 내용 파악**

정답 해설

제시문은 1문단에서는 한글 창제에 왕족이 참가했다는 주장을, 2문단에서는 이 주장에 대한 전제 조건과 한글 창제의 바탕에 신권과 왕권의 대립이 있을 수 있음을, 3문단에서는 한글 창제 사업이 신 문자 창제뿐 아니라 왕권 및 유교 통치 이념의 강화 목적도 가지고 있었음을 다루고 있다. 따라서 글의 중심 내용으로 가장 적절한 것은 ② '한글 창제는 신 문자 발명 이상의 의미를 지닌다'이다.

오답 분석

① 3문단 3~4번째 줄을 통해 알 수 있으나, 제시문의 일부분만을 설명하고 있으므로 중심 내용으로는 부적합하다.

  [관련 부분] 이런 상황이었기에 왕실로서는 왕권을 강화하면서 유교적 통치 이념을 굳건히 할 필요가 있었다.

③ 1문단 1~2번째 줄 '발음 기호로서 훈민정음을 고안한 것'에서 한글이 고안 초기에는 표음 문자의 성격을 띠지 않았다는 것은 글의 내용과 일치하지 않으며, 중심 내용으로도 부적합하다.

- 표음 문자(表音文字): 말소리를 그대로 기호로 나타낸 문자. 한글, 로마자, 아라비아 문자 등이 있다.

④ 3문단 1~3번째 줄을 통해 알 수 있으나, 제시문의 일부분만을 설명하고 있으므로 중심 내용으로는 부적합하다.

  [관련 부분] 조선은 유교를 건국이념으로 삼았지만 왕실이 유교적 세계관에 완전히 동화된 상태는 아니었다. ~유교적 이념에 투철한 사대부들이 있었다.

06 비문학 정답 ③

출제포인트 **글의 전략 파악**

정답 해설

제시문은 '락타아제 결핍증'이라는 현상이 나타나는 요인으로 2~3번째 줄에서 덴마크·타이(지역)와 성인 이후의 우유 섭취 유무(문화)를 들고 있으며, 끝에서 3~5번째 줄에서 '락타아제 결핍증'이 있는 사람들이 우유를 먹을 수 있는 방법으로 우유를 마시기 전에 락타아제 복용하기, 우유에 락타아제 타 먹기, 젖당 분해 유제품 섭취하기를 들며 글의 완결성을 높이고 있으므로 글쓰기 방식에 대한 설명으로 적절한 것은 ③이다.

[관련 부분]

- 락타아제 결핍증이 나타나는 비율은 지역과 문화에 따라 크게 다르다. 덴마크인은 3%만 락타아제 결핍증을 보이는 반면에 어른이 되고 난 뒤에 우유를 먹지 않는 타이인은 97%가 락타아제 결핍증을 보인다.
- 우유를 먹기 전에 락타아제를 복용하거나 우유에 타 먹으면 된다. 뿐만 아니라 젖당을 미리 분해해 놓은 유제품도 시중에 많이 나와 있다.

오답 분석

① ② 제시문에는 전문가의 견해를 인용하거나 주장에 대한 여러 관점의 근거를 제시한 부분이 나타나 있지 않다.

④ 2~3번째 줄에서 '락타아제 결핍증'이 지역과 문화에 따라 다르게 나타나는 통계 결과를 제시하고 있지만, 이를 통해 문제 해결의 필요성을 강조하고 있지는 않으므로 적절하지 않다.

[관련 부분] 덴마크인은 3%만 락타아제 결핍증을 보이는 반면에 어른이 되고 난 뒤에 우유를 먹지 않는 타이인은 97%가 락타아제 결핍증을 보인다.

07 어휘 정답 ③

출제포인트 **고유어**

정답 해설

'걱실걱실히'는 '성질이 너그러워 말과 행동을 시원스럽게 하는 모양'을 뜻하는 말이므로 사전적 의미로 가장 적절한 것은 ③이다.

오답 분석

① '부랴사랴'의 뜻풀이다.

② '자분자분'의 뜻풀이다.

④ '데면데면'의 뜻풀이다.

08 어휘 정답 ③

출제포인트 **한자어** 한자의 표기

정답 해설

문맥을 고려할 때, 한자어의 표기가 적절한 것은 ③이다.

- 啓發(계발: 열 계, 필 발)(○): 문맥상 지식을 쌓는 것보다 창의력을 가르쳐서 그것을 깨닫게 하는 것이 더욱 중요한 사회라는 의미이므로, '슬기나 재능, 사상 등을 일깨워 줌'을 뜻하는 한자어 '啓發(계발)'을 써야 한다.

오답 분석

① 過程(과정: 지날 과, 길 정)(×) → 課程(과정: 공부할 과, 길 정) (○): 문맥상 중국어 초급 단계에서 학습해야 할 분량을 한 달 만에 끝냈다는 의미이므로, '일정한 기간에 교육하거나 학습하여야 할 과목의 내용과 분량'을 뜻하는 課程(과정)'을 써야 한다.
    - 過程(과정): 일이 되어 가는 경로
② 論意(논의: 논할 논, 뜻 의)(×) → 論議(논의: 논할 논, 의논할 의) (○): 문맥상 축제 운영 방향에 대한 검토와 협의를 계속하였다는 의미이므로, '어떤 문제에 대하여 서로 의견을 내어 토의함. 또는 그런 토의'를 뜻하는 '論議(논의)'를 써야 한다.
    - 論意(논의): 논하는 말이나 글의 뜻이나 의도

④ 尿素(요소: 오줌 요, 본디 소)(×) → 要素(요소: 요긴할 요, 본디 소) (○): 문맥상 옛날 사람들은 자연을 이루는 필요 성분이 네 가지라고 생각했다는 의미이므로, '사물의 성립이나 효력 발생 등에 꼭 필요한 성분. 또는 근본 조건'을 뜻하는 '要素(요소)'를 써야 한다.
    - 尿素(요소): 포유류의 오줌 속에 들어 있는 화합물

매일 국어 | 2일

본책 16p

정답 한 눈에 보기

01	02	03	04	05	06	07	08
③	③	②	①	②	②	④	③

01 어법

정답 ③

출제포인트 **문장** 문장의 짜임

정답 해설

'배와 딸기는 각각 가을과 겨울에 열매를 맺는다'는 주어 '배와 딸기는', 부사어 '각각 가을과 겨울에', 목적어 '열매를', 서술어 '맺는다'로 이루어진 홑문장이다. 따라서 안긴문장이 없는 것은 ③이다.

오답 분석

① 서울 중심지는 땅값이 매우 비싸다: '땅값이 매우 비싸다'라는 문장이 주어부 '서울 중심지는'의 상태 및 성질을 서술하며 문장 전체의 서술어 역할을 하고 있으므로, 서술절로 기능함을 알 수 있다.

② 할머니의 은수저가 눈이 부시게 반짝거린다: '눈이 부시다'에 부사형 전성 어미 '-게'가 결합한 절이 서술어 '반짝거린다'를 수식하는 부사어의 역할을 하고 있으므로, '눈이 부시다'는 '할머니의 은수저가 반짝거린다'라는 문장 내에서 부사절로 기능함을 알 수 있다.

④ 비가 와서 축축한 땅에 지렁이가 꿈틀대며 지나간다: '비가 와서 (땅이) 축축하다'에 관형사형 전성 어미 '-ㄴ'이 결합한 절이 명사 '땅'을 수식하는 관형어의 역할을 하고 있으므로, '비가 와서 (땅이) 축축하다'는 '땅에 지렁이가 꿈틀대며 지나간다'라는 문장 내에서 관형절로 기능함을 알 수 있다. 참고로, '비가 와서 축축하다'는 '비가 오다'와 '땅이 축축하다'가 연결 어미 '-아서'로 연결된 종속적으로 이어진 문장이다.

☑ 어법 - 시험에 또 나올 핵심 포인트

홑문장과 겹문장

홑문장	주어와 서술어가 각각 하나씩 있어서 둘 사이의 관계가 한 번만 이루어지는 문장	
겹문장	• 개념: 한 문장의 성분 속에 두 개 이상의 절이 종속적인 관계로 겹쳐진 문장 • 종류	
	안은문장	하나의 문장 안에 주어와 서술어의 관계가 두 번 이상 이루어지며 성분 절을 가진 문장
	이어진 문장	둘 이상의 절이 연결 어미에 의하여 결합된 문장

02 어법

정답 ③

출제포인트 **문장** 문장의 짜임

정답 해설

㉠~㉣에 대한 반응으로 적절하지 않은 것은 ③이다.

• ㉢: '부뚜막식 화덕과 연기 통로가 있었다'에 명사형 전성 어미 '-기'가 결합한 절이 의존 명사 '때문'을 수식하고 있으므로, ㉢은 명사절이면서 문장 내에서 관형어 역할을 하고 있음을 알 수 있다.

오답 분석

① ㉠: '온돌 문화를 새 국가무형문화재로 지정할 것을 예고한다'에 간접 인용 조사 '고'가 결합한 절이 '문화재청은 지난 16일 밝혔다'라는 문장에 안겨 있으므로, ㉠은 인용절임을 알 수 있다.

② ㉡: '혹한의 기후 환경에 지혜롭게 적응하고 대처해 오다'에 관형사형 전성 어미 '-ㄴ'이 결합한 절이 명사 '한국인'을 수식하고 있으므로 관형절임을 알 수 있다.

④ ㉣: '온돌 유적들이 한반도 곳곳에서 발견되었다'에 명사형 전성 어미 '-음'이 결합한 절이 서술부 '들 수 있다'의 목적어 역할을 하므로, 명사절임을 알 수 있다.

※ 출처: 문화체육관광부 해외문화홍보원, http://www.kocis.go.kr

☑ 어법 - 시험에 또 나올 핵심 포인트

절의 종류

	개념	명사 구실을 하는 절
명사절	형성	• 명사형 어미 '-(음)ㅁ, -기' 결합 • 의문형 종결 어미 '-느냐, -(으)냐, -는가/(으)ㄴ가, -는지(으)ㄴ지'의 결합
	예	그는 이미 때가 늦었음을 알고 있었다.
관형절	개념	관형사형 어미와 결합하여 관형어의 구실을 하는 절
	형성	• 관형사형 어미 '-(으)ㄴ, -는, -(으)ㄹ, -던' 결합
	예	어제 민영이가 출국한다는 전화를 받았다.
부사절	개념	부사어의 구실을 하는 절
	형성	• 부사형 어미 '-이, -게, -도록, -듯(이), -(으)ㄹ수록' 결합
	예	늦지 않도록 일찍 버스를 탔다.

서술절	개념	문장에서 서술어 구실을 하는 절
	예	기린은 다리와 목이 길다.
인용절	개념	남의 말이나 글에서 직접 또는 간접으로 따온 절
	형성	• 직접 인용절: "(문장)"또는 '(문장)'에 인용 부사격 조사 '(이)라고' 결합 • 간접 인용절: 문장에 인용 부사격 조사 '고' 결합
	예	• 누나가 '용돈을 줄게'라고 말했다. • 누나가 용돈을 준다고 말했다.

03 문학

정답 ②

출제포인트 작품의 내용 파악

정답 해설

ⓒ '매파 주씨'가 '유 소사'의 혼인 의사를 전하며 ⓔ '소저'가 '천자 국색(天姿國色)'임을 먼저 언급하는 것을 통해 ⓒ '매파 주씨'는 색(色)을 덕(德)보다 중시하고 있음을 알 수 있다. 반면, ⓔ '소저'는 '숙녀는 덕으로써 시집을 가고 색으로써 사람을 섬기지 않는다고 합니다'라고 하며 색(色)보다 덕(德)을 중시하고 있으므로, 설명으로 적절하지 않은 것은 ②이다.

오답분석

① ⓔ '소저'의 말을 통해 ㉠ '유 소사(劉少師)'는 사람들로부터 좋은 평판을 얻고 있음을 알 수 있다.

[관련 부분] 소녀가 듣자오니 유 소사께서는 오늘날의 어진 재상이라고 합니다.

③ ㉡ '부인'의 말을 통해 자식인 ⓔ '소저'의 뜻을 존중하고 있음을 알 수 있다.

[관련 부분] 우리 아이는 어떻게 생각하느냐? 숨기지 말고 네 뜻을 말해 보아라.

④ ⓔ '소저'의 말 '그러나 오직 매파 주씨의 말로만 본다면 의심스러운 점이 없지 않습니다'를 통해 '덕(德)'보다 '색(色)'을 먼저 일컫는 ⓒ '매파 주씨'의 말이 ㉠ '유 소사'의 뜻과 다를 수 있다는 것도 고려하고 있음을 추측할 수 있다.

[관련 부분] 소녀가 듣자오니 유 소사께서는 오늘날의 어진 재상이라고 합니다. ~ 그러나 오직 매파 주씨의 말로만 본다면 의심스러운 점이 없지 않습니다.

문학 – 시험에 또 나올 핵심 포인트

김만중, '사씨남정기'

주제	권선징악(勸善懲惡)
특징	• 인물: 상징적 · 전형적인 특성을 지닌 인물이 등장함 • 창작 동기: 조선 숙종에게 가르침을 주기 위함
인물 간 대립 구조	

사씨	현모양처(賢母良妻)

↑

교씨	자신의 이익만 중시하는 악첩

04 문학

정답 ①

출제포인트 현대시의 종합적 감상

정답 해설

3연 '왜 사냐건/웃지요'에서 왜 사느냐는 질문에 대해 어떤 삶의 자세나 방식을 취하고자 하는지 이치를 따져가며 답하는 것이 아니라, **웃음을 통해서만 답함으로써 세속의 이치를 초월한 화자의 삶의 자세를** 함축적으로 드러내고 있으므로 적절하지 않은 것은 ①이다.

오답분석

② 1연의 '–소', '–요', 2연의 '–소, –오', 3연의 '–요'와 같이 유사한 종결 어미를 활용하여 운율을 형성하고 있다.

③ 2연 1행 '구름이 꼬인다 갈리 있소'에서 '구름'은 자연에서 살고 있는 화자를 꾀어내는 것이므로 세속에서의 삶을 의미함을 알 수 있다. 이러한 '구름'과 자연에서의 삶을 의미하는 1연의 '괭이', '호미', 2연의 '새 노래', '강냉이'를 대비하여 자연에서의 삶에 만족하는 주제를 표현하고 있으므로 적절하다.

④ 2연 1행 '구름이 꼬인다 갈리 있소'에서 의문형 종결 어미 '–소'를 사용해 가지 않겠다는 뜻을 물음의 형식으로 표현하고 있으므로 설의적 표현을 사용하였음을 알 수 있다. 또한 세속적인 삶을 의미하는 '구름'을 따라갈 리 없다고 하며 세속적인 삶이 아닌 자연에서의 삶을 지향하는 자세를 드러내므로 적절하다.

문학 – 시험에 또 나올 핵심 포인트

김상용, '남(南)으로 창을 내겠소'

주제	자연 속에서의 여유로운 삶과 세속을 초월한 삶의 자세
특징	• 상대에게 말하는 어조를 사용해 친숙하게 주제를 드러냄 • 유사한 종결 어미(–소, –오, –요)로 운율을 형성함
시어의 대비	

세속에서의 삶		자연에서의 삶
구름	↔	괭이, 호미, 새 노래, 강냉이

05 비문학
정답 ②

출제포인트 세부 내용 파악

정답 해설
1문단 끝에서 1~2번째 줄 '술의 빛이 붉고 맛이 감미甘味하여 '감홍甘紅'이라 붙였다'를 통해 '감홍로주'의 이름은 술의 맛과 색에서 유래하였음을 알 수 있으므로 글의 내용과 부합하는 것은 ②이다.

오답 분석
① 2문단 3~5번째 줄, 끝에서 2~3번째 줄을 통해 '소국주'의 제조 과정은 약 120여 일이 소요됨을 알 수 있다.

[관련 부분]
- 누룩을 만든 후 따뜻한 온돌 아랫목에서 20여 일 동안 띄운다. 그후 꺼내어 이틀 정도 밤이슬을 맞혀 누룩 냄새를 없앤다.
- 창호지로 입구를 막은 후 뚜껑을 덮고 100일 정도 익힌다.

③ 2문단 1~2번째 줄을 통해 '소국주'에 대한 설명임을 알 수 있다.
[관련 부분] 조선 시대 과거 급제자를 가장 많이 배출한 한산 이씨의 고장에서 나는 한산 '소국주'는

④ 1문단 2~4번째 줄을 통해 알 수 있다.
[관련 부분] 여기에 용안육·진피·방풍·정향 등을 가루 내어~술에 직접 닿지 않도록 술독에 넣어서 만든다는 것이다.

06 비문학
정답 ②

출제포인트 글의 구조 파악

정답 해설
㉠과 ㉡에 들어갈 접속 부사는 '그러나'와 '그래서'이므로 답은 ②이다.
- ㉠그러나: ㉠의 앞은 경영주와 전산 전문가들이 '컴퓨터'가 능동적으로 문제를 해결하고 '컴퓨터'로 인해 일처리도 빨라질 것이라고 기대했다는 내용이며, ㉠의 뒤는 기대되던 바와 달리 '컴퓨터'가 시키는 일만 하는 수동적인 기능을 수행한다는 내용이므로 ㉠에는 앞뒤 문장의 내용이 상반됨을 나타내는 접속 부사 '그러나'가 들어가야 한다.
- ㉡그래서: ㉡의 앞은 '정보'의 객관성에 대한 의문이, ㉡의 뒤는 '정보'의 가치 중립성과 공정성에 대한 의문이 제기되어 있다. 즉, 정보가 객관적이라면 그것을 가치 중립적이고 공정하다고 말할 수 있는가에 대한 의문이므로 ㉡에는 앞의 내용이 뒤의 내용의 조건일 때 쓰는 접속 부사 '그래서'가 들어가야 한다.

오답 분석
① • ㉠그래도: 뒤 문장의 내용이 앞 문장을 양보한 사실과는 상관이 없음을 나타내는 접속 부사로, ㉠에 들어가는 것은 적절하지 않다.
- ㉡그러면: '정보'의 객관성이 '정보'의 가치 중립성과 공정성의 조건이 될 수 있으므로, 앞의 내용이 뒤의 내용의 조건이 될 때 쓰는 접속 부사 '그러면'이 ㉡에 들어가는 것은 적절하다.

③ • ㉠하지만: ㉠의 앞뒤로 경영주와 전산 전문가의 기대와 그와 다른 컴퓨터의 수행 능력이 이어지므로, 서로 일치하지 않거나 상반되는 사실을 나타내는 두 문장을 이어 줄 때 쓰는 접속 부사 '하지만'이 ㉠에 들어가는 것은 적절하다.
- ㉡그리고: 단어, 구, 절, 문장 등을 병렬적으로 연결할 때 쓰는 접속 부사로, ㉡에 들어가는 것은 적절하지 않다.

④ • ㉠그러니까: 앞의 내용이 뒤의 내용의 이유나 근거 등이 될 때 쓰는 접속 부사로, ㉠에 들어가는 것은 적절하지 않다.
- ㉡그리하여: '정보'의 객관성이 담보되면 '정보'의 가치 중립성과 공정성도 담보될 수 있으므로, 앞의 내용이 뒤의 내용의 원인이거나 앞의 내용이 발전하여 뒤의 내용이 전개될 때 쓰는 접속 부사 '그리하여'가 ㉡에 들어가는 것은 적절하다.

⊘ 비문학 - 시험에 또 나올 핵심 포인트
접속 부사의 종류

1. 순접의 부사

기능	앞뒤의 구나 문장이 이유, 원인, 조건 등의 관계일 때 앞과 뒤를 이어줌
종류	그래서, 그러니, 그러니까, 그러면, 그리고, 그리하여 등

2. 역접의 부사

기능	앞뒤 구 또는 문장의 내용이나 서술이 반대되거나 일치하지 않을 때 앞과 뒤를 이어줌
종류	그래도, 그러나, 그렇지만, 하지만 등

07 어휘
정답 ④

출제포인트 한자어 한자의 표기

정답 해설
기대(企待: 꾀할 기, 기다릴 대)(○): '어떤 일이 원하는 대로 이루어지기를 바라면서 기다림'을 뜻하는 한자어는 '기대(企待/期待)'이므로, 밑줄 친 부분의 한자가 옳은 것은 ④이다.

오답 분석
① 교차(交差: 사귈 교, 다를 차)(×) → 교차(交叉: 사귈 교, 갈래 차)(○): '서로 엇갈리거나 마주침'을 뜻하는 '교차(交叉)'를 써야 한다.
- 교차(交差): 벼슬아치를 번갈아 임명함

② 시경(詩境: 시 시, 지경 경)(×) → 시경(詩經: 시 시, 글 경)(○): '유학 오경(五經)의 하나'를 뜻하는 '시경(詩經)'을 써야 한다.
- 시경(詩境): 1. 시의 경지 2. 시흥을 불러일으키거나 시정이 넘쳐 흐르는 아름다운 경지

③ 답사(踏査: 밟을 답, 조사할 사)(×) → 답사(答辭: 대답 답, 말씀 사)(○): '식장에서 환영사나 환송사 등에 답함. 또는 그런 말'을 뜻하는 '답사(答辭)'를 써야 한다.
- 답사(踏査): 현장에 가서 직접 보고 조사함

08 어휘

정답 ③

출제포인트 | **한자 성어** 내용에 어울리는 한자 성어

정답 해설
밑줄 친 부분에서 남은 호병 군사들은 달아나지 못하고 어찌할 방법이 없는 상황에 있으므로, 이와 가장 잘 어울리는 사자성어는 ③ '束手無策(속수무책)'이다.

- 束手無策(속수무책): 손을 묶은 것처럼 어찌할 도리가 없어 꼼짝 못 함

오답 분석
① 渴而穿井(갈이천정): '목이 말라야 비로소 샘을 판다'라는 뜻으로, 미리 준비를 하지 않고 있다가 일이 지나간 뒤에는 아무리 서둘러 봐도 아무 소용이 없음. 또는 자기가 급해야 서둘러서 일을 함

② 螳螂拒轍(당랑거철): 제 역량을 생각하지 않고, 강한 상대나 되지 않을 일에 덤벼드는 무모한 행동거지를 비유적으로 이르는 말

④ 搖之不動(요지부동): 흔들어도 꼼짝하지 않음

정답 한 눈에 보기

01	02	03	04	05	06	07	08
②	②	③	①	②	①	④	①

01 어법

정답 ②

출제포인트 | **의미** 의미 관계

정답 해설
〈보기〉의 '좋다'는 '신체적 조건이나 건강 상태가 보통 이상의 수준이다'라는 의미이므로, 이와 문맥적 의미가 가장 가까운 것은 ② '서울 간 길에 한 번 뵈올 땐 혈색이 좋으셨는데?'의 '좋다'이다.

오답 분석
① 그녀의 성격은 더할 수 없이 좋다: 이때 '좋다'는 '성품이나 인격 등이 원만하거나 선하다'를 뜻한다.

③ 다음 주 토요일은 결혼식을 하기에는 매우 좋은 날이다: 이때 '좋다'는 '날짜나 기회 등이 상서롭다'를 뜻한다.

④ 대화를 하는 그의 말투는 기분이 상쾌할 정도로 좋았다: 이때 '좋다'는 '말씨나 태도 등이 상대의 기분을 언짢게 하지 않을 만큼 부드럽다'를 뜻한다.

02 어법

정답 ②

출제포인트 | **의미** 의미 관계

정답 해설
손가락을 못 쓰게: 이때 '쓰다'는 '몸의 일부분을 제대로 놀리거나 움직이다'라는 의미이다. 따라서 '재능, 능력 등을 떨치어 나타내다'라는 뜻의 '발휘(發揮)하다'로 바꾸어 쓰는 것은 적절하지 않으므로 '쓰다'의 유의어에 해당하는 예문과의 연결이 적절하지 않은 것은 ②이다. 참고로, ②의 '쓰다'는 '신체 부위를 일정하게 움직이게 하다'라는 의미의 '놀리다'로 바꾸어 쓸 수 있다.

오답 분석
① 가게 사장은 인심을 써서: 이때 '쓰다'는 '다른 사람에게 베풀거나 내다'라는 의미이므로, '남에게 돈을 주거나 일을 도와주어서 혜택을 받게 하다'라는 뜻의 '베풀다'와 유의 관계에 있는 단어이다.

③ 직접 도구를 만들어 쓰면서: 이때 '쓰다'는 '어떤 일을 하는 데에 재료나 도구, 수단을 이용하다'라는 의미이므로, '일정한 목적이나 기능에 맞게 쓰다'라는 뜻의 '사용(使用)하다'와 유의 관계에 있는 단어이다.

④ 여가 생활에 쓸 돈: 이때 '쓰다'는 '어떤 일을 하는 데 시간이나 돈을 들이다'라는 의미이므로, '돈이나 물자, 시간, 노력 등을 들이거나 써서 없애다'라는 뜻의 '소비(消費)하다'와 유의 관계에 있는 단어이다.

✓ 어법 - 시험에 또 나올 핵심 포인트

유의 관계

개념	뜻이 서로 비슷한 말, 즉 유의어가 이루는 의미적 관계
예	• 어린아이 – 어린이 – 유아 • 파랗다 – 푸르다 – 푸르께하다 • 네모꼴 – 사각형

03 문학 　　　　　　　　　　　정답 ③

출제포인트　시구의 의미

정답 해설

ⓒ의 '香氣(향기) 업다 웃지 마소(향기가 없다고 비웃지 마오)'에서 봄이 지나면 봉선화에 향기가 없어짐을 이야기하고 있다. 그러나 이어지는 부분에서 봉선화가 향을 내지 않는 이유는 품격 없는 존재를 경계하기 위함임을 말하고 있으므로, 향기가 없는 것을 봉선화의 부족한 점으로 보기는 어렵다. 따라서 적절하지 않은 것은 ③이다.

오답분석

① 신선 '진유'가 떠난 후 그와의 인연이 규방의 한 가지 꽃(봉선화)으로 남았다고 하였으므로 적절한 설명이다.
② ⓛ의 '푸른 닙은 봉의 소리 넘노는 듯'에서 봉선화의 푸른 잎은 봉의 꼬리에, '붉은 쏫은 紫霞裙(자하군)을 헤쳣는 듯'에서 꽃 부분은 신선의 옷(자하군)에 비유하며 봉선화의 아름다움을 표현하고 있으므로 적절한 설명이다.
④ ⓔ에서는 봉선화가 삼월이 지난 후에 향이 나지 않는 이유를 '醉(취)흔 나비(취한 나비)', '미친 벌'과 같이 품격이 없는 존재를 경계하기 때문이라고 하며 봉선화의 올바른 성품을 예찬하고 있으므로 적절한 설명이다.

[지문풀이]

> 규방에 할 일이 없어 백화보를 펼쳐 보니, 봉선화 이 이름을 누가 지어냈는가. 진유(신선)의 옥피리 소리가 선경(仙境)으로 사라진 후에, 규방에 남은 인연이 한 가지 꽃에 머물렀으니, 연약한 푸른 잎은 봉의 꼬리가 넘노는 듯하며, 아름다운 붉은 꽃은 신선의 옷을 펼쳐 놓은 듯하다.
>
> 고운 섬돌 깨끗한 흙에 한 그루 한 그루 심어 내니, 봄 삼월이 지난 후에 향기가 없다고 비웃지 마오. 향기에 취한 나비와 미친 벌들이 따라올까 두려워서라네.

✓ 문학 - 시험에 또 나올 핵심 포인트

작자 미상, '봉선화가'

주제	봉선화가 주는 감흥과 봉선화에 대한 예찬
특징	• 문답법과 비유법(직유, 의인)을 사용함 • 일반적인 양반 가사, 규방 가사와 달리 밝은 느낌으로 여성의 정서를 표현함

04 문학 　　　　　　　　　　　정답 ①

출제포인트　현대소설의 종합적 감상

정답 해설

영호의 3번째 말 2~4번째 줄을 통해, ⓐ에서 영호는 철호를 집안의 가장으로서 식구들을 챙기는 책임감이 강한 사람으로 보고 있지 않음을 알 수 있으므로 적절하지 않은 것은 ①이다.
[관련 부분] 그런데 형님 하나 깨끗하기 위하여 치르는 식구들의 희생이 너무 어처구니없이 크고 많단 말입니다. 헐벗고 굶주리고.

오답 분석

② ⓛ에서 양심은 '손끝의 가시'로 비유되는데, 이는 손끝의 가시는 건드리지 않으면 모르듯이 양심도 일부러 의식하지 않으면 아무런 문제도 없다는 영호의 생각을 함축적으로 표현한 것이다.
[관련 부분] 빼어 버리면 아무렇지도 않은데 공연히 그냥 두고 건드릴 때마다 깜짝깜짝 놀라는 거야요.
③ 철호의 1번째 말 '양심을 버리고, 윤리와 관습을 무시하고, 법률까지도 범하고!?'를 통해 ⓒ '가난하더라도 깨끗이 살자는'은 경제적 문제보다 양심과 윤리, 관습 등을 중시하는 철호의 삶의 자세를 한 문장으로 요약한 것임을 알 수 있다.
④ 영호의 3번째 말 끝에서 2~6번째 줄을 통해 철호는 ⓔ에 드러나듯 충치를 치료할 치료비조차 없을 정도로 가난하게 살고 있음을 알 수 있다.
[관련 부분] 형님 자신만 해도 그렇죠. 밤낮 쑤시는 충치 하나 처치 못하시고. ~ 치료비가 없으니까 그러는 수밖에 없겠지요.

✓ 문학 - 시험에 또 나올 핵심 포인트

이범선, '오발탄'

주제	1950년대 불합리한 사회를 살아가는 소시민의 인생
특징	• 대표성을 가진 두 인물의 대립적 가치관에 의한 대비가 두드러짐 • 갈 곳을 잃은 소시민의 모습을 잘못 쏜 탄환인 '오발탄'에 비유함
인물의 가치관 대립	**'철호'의 가치관** 양심, 윤리, 관습, 법률 중시　↔　**'영호'의 가치관** 현실주의, 양심 무시

05 비문학

출제포인트 주제 및 중심 내용 파악

정답 해설

제시문은 1~3문단에서 청령포에 얽힌 정순왕후의 삶을, 4~5문단에서는 단종과 정순왕후의 삶을 백성들의 삶으로 재조명할 필요가 있음을, 6문단에서는 역사 재조명을 통해 민(民)과 정(政)이 하나가 될 수 있음을 다루고 있다. 따라서 필자가 궁극적으로 강조하는 내용으로 가장 적절한 것은 ② '계층적 통합을 바탕으로 역사를 바라보는 자세가 필요하다'이다.

오답 분석

① 역사를 친숙하게 배울 수 있는 환경이 구축되어야 하는지는 제시문에 나타나 있지 않다.

③ 제시문에는 단종과 정순왕후의 이야기가 나타나 있으나, 이는 필자가 역사 재조명과 바람직한 역사 서술의 자세를 말하기 위해 동원한 사례이므로 궁극적으로 강조하고자 하는 내용으로는 적절하지 않다.

④ 3문단을 통해 영월 마을 사람들이 동일한 감정을 공유하고 있었음을 알 수 있으나 이는 필자가 궁극적으로 강조하는 바는 아니며, 그들의 삶의 방식을 본받아야 한다는 내용은 제시문에 나타나 있지 않으므로 적절하지 않다.

[관련 부분] (영월 마을 사람들이) 같은 설움과 같은 한(恨)을 안고 살아갔던 사람들이었기 때문이라고 생각합니다.

06 비문학

정답 ①

출제포인트 작문 글쓰기 계획

정답 해설

층간 소음으로 인한 문제점을 분석하고 해결 방안을 마련하기 위해 **층간 소음 인식 정도를 고려하는 것은 적절하나, 이전 거주 형태에 따라 분류하는 것은 적절하지 않으므로 답은 ①이다.**

오답 분석

② 층간 소음과 관련된 판례와 법률 조항을 조사하면, 층간 소음을 해결할 수 있는 법적 근거를 마련할 수 있으므로 적절한 방안이다.

③ 층간 소음은 건물의 층과 층 사이에서 발생하는 문제이다. 따라서 건축과 교수와의 인터뷰를 통해 건축 형태나 구조 면에서 층간 소음을 감소시킬 수 있는 해결 방안을 도출할 수 있으므로 적절한 방안이다.

④ 공동 주택은 층과 층으로 이루어져 층간 소음이 일어날 확률이 높다. 따라서 이곳에 거주하는 주민들을 대상으로 한 설문 조사를 통해 층간 소음의 실태를 파악하여 층간 소음의 문제점을 도출할 수 있으므로 적절한 방안이다.

☑ 비문학 – 시험에 또 나올 핵심 포인트

보고서의 개념과 구성

개념	특정 주제에 대한 조사·관찰·연구 내용을 절차와 결과가 잘 드러나도록 객관적으로 서술한 글	
구성	처음	조사·관찰·연구의 기간, 대상, 내용 및 목적, 과정 등 기본 정보 기재
	중간	조사·관찰·연구한 사실을 정리하여 서술
	끝	본문의 내용 요약 및 추후 계획 서술, 출처 표기

07 어휘

정답 ④

출제포인트 표기상 틀리기 쉬운 어휘

정답 해설

나즈막한(×) → 나지막한(○): '소리가 꽤 나직하다'를 뜻하는 단어는 '나지막하다'이므로, 밑줄 친 부분의 표기가 잘못된 것은 ④이다.

오답 분석

① 하마터면(○): '조금만 잘못하였더라면'을 뜻하는 단어는 '하마터면'이므로, 옳은 표기이다.

② 언덕배기(○): '언덕의 꼭대기. 또는 언덕의 몹시 비탈진 곳'을 뜻하는 단어는 '언덕배기'이므로, 옳은 표기이다.

③ 뒤져냈다(○): '샅샅이 뒤져서 들춰내거나 찾아내다'를 뜻하는 단어는 '뒤져내다'이므로, 옳은 표기이다.

08 어휘

정답 ①

출제포인트 한자 성어 한자 성어의 의미

정답 해설

'융통성이 없음'을 의미하는 한자 성어로 적절한 것은 ①이다.

• 교주고슬(膠柱鼓瑟): '아교풀로 비파나 거문고의 기러기발을 붙여 놓으면 음조를 바꿀 수 없다'라는 뜻으로, 고지식하여 조금도 융통성이 없음을 이르는 말

오답 분석

② 다기망양(多岐亡羊): 1. '갈림길이 많아 잃어버린 양을 찾지 못한다'라는 뜻으로, 두루 섭렵하기만 하고 전공하는 바가 없어 끝내 성취하지 못함을 이르는 말 2. 방침이 많아서 도리어 갈 바를 모름

③ 우유부단(優柔不斷): 어물어물 망설이기만 하고 결단성이 없음

④ 좌고우면(左顧右眄): '이쪽저쪽을 돌아본다'라는 뜻으로, 앞뒤를 재고 망설임을 이르는 말

매일 국어 | 4일

본책 28p

정답 한 눈에 보기

01	02	03	04	05	06	07	08
③	③	③	③	③	③	④	④

01 어법

정답 ③

출제포인트 한글 맞춤법 띄어쓰기

정답 해설

띄어쓰기가 옳은 것은 ③이다.

- 한∨잎∨두∨잎(○): '한'과 '두'는 수 관형사이며, '잎'은 '이파리를 세는 단위'라는 의미의 명사이므로 각각을 모두 띄어 쓰는 것이 적절하다. 참고로, 한글 맞춤법 제46항에 따라 '한∨잎∨두∨잎'은 '한잎∨두잎'으로도 표기할 수 있다.

오답 분석

① 원하는대로(×) → 원하는∨대로(○): '대로'는 '어떤 모양이나 상태와 같이'라는 의미의 의존 명사이므로 앞말과 띄어 써야 한다.

② 안절부절∨못했다(×) → 안절부절못했다(○): 동사 '안절부절못하다'는 '마음이 초조하고 불안하여 어찌할 바를 모르다'라는 의미의 한 단어이므로 '안절부절'과 '못하다' 사이를 띄지 않고 붙여 써야 한다.

④ 할∨일(○): 동사 '하다'와 명사 '일'은 모두 한 단어이므로 띄어 쓴다. 참고로, '할'은 동사 '하다'의 어간 '하-'에 관형사형 전성 어미 '-ㄹ'이 결합한 것이다.

- 쓸∨데∨없이(×) → 쓸데없이(○): 부사 '쓸데없이'는 '아무런 쓸모나 득이 될 것이 없이'라는 의미의 한 단어이므로 붙여 써야 한다.

- 한밤∨중(×) → 한밤중(○): 명사 '한밤중'은 '깊은 밤'이라는 의미의 한 단어이므로 붙여 써야 한다.

✓ 어법 – 시험에 또 나올 핵심 포인트

한글 맞춤법 제46항

규정	단음절로 된 단어가 연이어 나타날 적에는 붙여 쓸 수 있다.
예	좀더 큰것, 이말 저말, 한잎 두잎

02 어법

정답 ③

출제포인트 한글 맞춤법 띄어쓰기

정답 해설

띄어쓰기가 옳지 않은 것은 ③이다.

- 은연중(○): 명사 '은연중'은 '남이 모르는 가운데'라는 의미의 한 단어이므로 붙여 쓴다.

- 자랑해∨댔다(○): 이때 '대다'는 '-어 대다' 구성으로 쓰여 앞말이 뜻하는 행동을 반복하거나 그 행동의 정도가 심함을 나타내는 보조 동사이다. 한글 맞춤법 제47항에 따라 본용언과 보조 용언은 띄어 쓰는 것을 원칙으로 하되, 붙여 쓰는 것도 허용된다. 그러나 '자랑하다'는 활용형이 3음절 이상인 합성어이므로 본용언 '자랑해'와 보조 용언 '댔다'는 띄어 쓴다.

- 그∨중(×) → 그중(○): 명사 '그중'은 '범위가 정해진 여럿 가운데'라는 의미의 한 단어이므로 붙여 써야 한다.

오답 분석

① • 꽃같이(○): '같이'는 '앞말이 보이는 전형적인 어떤 특징처럼'이라는 의미의 격 조사이므로 앞 체언 '꽃'에 붙여 쓴다.

- 나랑∨같이(○): 부사 '같이'는 '둘 이상의 사람이나 사물이 함께'라는 의미의 한 단어이므로 앞말과 띄어 쓴다.

② • 못∨되었다(○): 부사 '못'은 '동사가 나타내는 동작을 할 수 없다거나 상태가 이루어지지 않았다는 부정의 뜻을 나타내는 말'이라는 의미의 한 단어이므로 동사 '되다'와 띄어 쓴다.

- 못되었다(○): 형용사 '못되다'는 '성질이나 품행 등이 좋지 않거나 고약하다'라는 의미의 한 단어이므로 붙여 쓴다.

④ • 하나씩만(○): '-씩'은 '그 수량이나 크기로 나뉘거나 되풀이됨'의 뜻을 더하는 접미사이므로 앞 체언 '하나'와 붙여 쓰며, '만'은 보조사이므로 앞말에 붙여 쓴다.

- 씩∨웃었다(○): 부사 '씩'은 '소리 없이 싱겁게 얼핏 한 번 웃는 모양'이라는 의미의 한 단어이므로 동사 '웃었다'와 띄어 쓴다.

03 문학

정답 ③

출제포인트 현대시의 종합적 감상

정답 해설

제시된 작품은 정호승의 '슬픔이 기쁨에게'로, 이 작품에서 '슬픔'은 긍정적이고 이타적인 존재인 반면 '기쁨'은 부정적이고 이기적인 존재이며, 화자는 두 대상의 대조를 통해 사람들이 '슬픔'과 같은 면모를 지니기를 바란다는 것을 표현하고 있다. 따라서 슬픔에 잠긴 사람들이 작은 기쁨이라도 느끼길 바라고 있다는 ③은 화자의 태도로 적절하지 않다.

오답 분석

① 화자는 다른 사람들에게 무관심하고 고통에 공감할 줄 모르는 '너'와 같은 사람들이 많은 세태를 비판하고 있으므로 화자가 현대인에게 이기적인 태도가 만연해 있다고 여기는 것을 알 수 있다.

② 1~2행에서 화자가 '너'에게 반성을 촉구하는 이유는 3~10행에 나열된 할머니에게 귤값을 깎고, 어둠 속에서 도움을 요청하는 것을 외면하고, 동사자의 죽음에도 무관심한 것과 같은 '너'의 행위 때문이다. 따라서 '너'의 행위를 나열하여 행위에 대한 반성을 요구하고 있다는 것은 적절하다.

④ 화자는 '할머니', '동사자', '추워 떠는 사람들'과 같은 사회적으로 소외된 이웃들에게 관심을 가질 것을 말하고 있다.

정호승, '슬픔이 기쁨에게'

주제	• 자신만 생각하는 삶의 태도에 대한 반성 • 이웃과 조화롭게 살아가는 삶에 대한 지향
특징	• 청자에게 말을 하듯 시상을 전개함 • 운율감을 형성하고 화자의 의지를 강조하기 위해 '–겠다'를 반복 사용함
중심 소재	<table><tr><td>슬픔</td><td>• 긍정적 존재, 이타적 존재 • 소외받는 이웃과 함께 어울리는 따뜻한 마음</td></tr></table> ↕ <table><tr><td>기쁨</td><td>• 부정적 존재, 이기적 존재 • 타인에게 관심을 갖지 않고 자기 이익만을 생각하는 인정 없는 마음</td></tr></table>

04 문학   정답 ③

출제포인트   **문장의 의미**

정답 해설

ⓒ에서 '특재'는 '길동'을 죽이려는 배후가 '초란'임을 드러내고 있으나 이는 자신의 책임을 회피하기 위함이지 '길동'에게 죽음을 수긍할 것을 요구하기 위함이 아니므로 풀이로 옳지 않은 것은 ③이다. 참고로, ⓒ에서 '특재'는 '길동'의 아버지인 '상공(홍 판서)'도 '길동'을 죽이려 한다고 거짓말을 하고 있다.

오답분석

① ㉠ 다음에 이어지는 '길동'의 말을 통해, 밤에 들리는 까마귀 울음은 불길한 일이 일어날 것을 암시함을 알 수 있으며, 이후 내용을 통해 이 '불길한 일'은 '특재'가 '길동'을 죽이려 하는 것임을 알 수 있다.
　[관련 부분] "이 짐승은 본디 밤을 꺼리거늘, 지금 울고 가니 매우 불길하도다."
② ㉡에서 '길동'이 주문을 외우니 집이 사라지고 장엄한 산의 풍경이 나타났으므로, '길동'이 비범한 능력을 갖추고 있음을 알 수 있다.
④ ㉣에서 '길동'이 '초란'을 언급하고 있으며 말이 끝난 뒤에 바로 '관상녀'를 죽였으므로, 자신을 죽이려 했던 배후인 '초란'과 '관상녀'에 대한 분노가 ㉣에 담겨 있음을 알 수 있다.

허균, '홍길동전'

주제	조선 후기 부조리한 사회 체계에 대한 개혁 요구와 이상 사회에 대한 지향
특징	• 주인공의 비범한 능력과 위기 극복 과정 등 영웅의 일대기적 구성을 보임 • 전기성(傳奇性)이 강조되어 드러남

05 비문학   정답 ③

출제포인트   **세부 내용 파악**

정답 해설

끝에서 1∼3번째 줄을 통해 **'생물학적 인간학'은 '심리학으로서의 실증과학'과 동일한 특성을 지니며, '심리학으로서의 실증과학'은 삶의 현상에 고유한 권리와 철학적 의미를 부여하는 학문**임을 알 수 있으므로 적절하지 않은 것은 ③이다.
[관련 부분] 삶의 현상에 대해 그 나름의 고유한 권리와 철학적인 의미를 스스로 부여하는 심리학으로서의 실증과학, 즉 생물학적 인간학에 무조건적으로 이의를 제기할 수 없다.

오답 분석

① 6∼8번째 줄을 통해 하이데거는 '심리학'을 인간의 감각과 인지 기능뿐만이 아니라 현실에 기반한 인간의 '삶'의 '현실성'을 연구하는 학문이라고 생각함을 알 수 있으므로 적절하다.
　[관련 부분] 그가 보기에 심리학의 대상은 "감각"이나 "촉감인상", "기억기능"만이 아니라 "삶"으로서 삶을 현실성(Wirklichkeit)에 있어서 탐구한다.
② 2∼6번째 줄을 통해 하이데거는 철학 분과인 '윤리학, 역사 철학, 심리학'이 삶에 어떤 문제를 제기하는지는 불분명하지만, 이에 대한 기초는 마련된 학문이라고 여김을 알 수 있으므로 적절하다.
　[관련 부분] 우선 그는 윤리학, 역사 철학, 심리학이라는 전승된 철학 분과들이∼삶에 대한 물음은 불분명하지만, 그 기초는 다소 확보되어 있다고 인정하고 있다.
④ 끝에서 5∼6번째 줄을 통해 알 수 있다.
　[관련 부분] 심리학이 경험을 통해 보이는 그대로의 사태에 접근하는 자연과학적 방법과

06 비문학 정답 ③

정답 해설

1문단 끝에서 1~2번째 줄에서 **인간의 유전 질환은 '쥐'로도 연구할 수 있으며**, 끝에서 3~5번째 줄에서 **질병 연구는 윤리성 때문에 인간이 아닌 모델 생명체만을 대상으로 진행함**을 알 수 있으므로 시사점으로 적절하지 않은 것은 ③이다.

[관련 부분]

• 쥐는 유전자의 기능과 인간의 유전 질환을 알아내는 데 이상적인 연구 대상이다.

• 질병 연구를 위한 유전자 변화나 의약품 테스트는 윤리적인 이유 때문에 모델 생명체만을 그 대상으로 할 수 있다.

오답 분석

① 3문단 1번째 줄에서 유효한 질병 모델은 2문단에서 제시된 '녹아웃 모델'이나 '돌연변이 유전자 – 스크리닝 – 프로젝트'를 함께 쓸 때 만들어짐을 알 수 있다. 이를 통해 효용성 있는 질병 모델이 만들어지지 않는다면 기존의 연구 방식과 다른 연구 방식을 혼용하는 등 다양한 연구 방법을 함께 쓰는 것으로 해결할 수 있음을 추론할 수 있으므로 적절한 시사점이다.

[관련 부분] 이러한 방법들(녹아웃 모델, 돌연변이 유전자 – 스크리닝 – 프로젝트)을 혼용하면 유효한 질병 모델이 생겨난다.

② 2문단 1~3번째 줄에서 유전자를 주입했을 때 유전적 변화가 있는 동물과 유전적 변화가 없는 다른 동물과의 비교로 특정 유전자의 기능을 파악 가능함을 알 수 있다. 이를 통해 유전자의 기능을 정확히 파악하기 위해서는 유전자를 주입한 후 실험체 간의 변화 양상을 비교하며 연구하는 것이 필요함을 추론할 수 있으므로 적절하다.

[관련 부분] 연구 과정에서는 기능을 알고자 하는 유전자를 동물들에게 집어넣는다. 그렇게 해서 실험 대상이 된 동물과 유전적인 변화가 없는 다른 동물을 비교하면 임의로 집어넣은 유전자의 기능을 파악할 수 있다.

④ 1문단 1~3번째 줄에서 유전자의 기능과 작동 양상에 대한 연구는 살아 있는 생명체를 기준으로 함을 알 수 있다. 이를 통해 유전자가 죽은 생물의 체내에서는 제대로 작동하지 않을 수 있음을 추론할 수 있으므로, 죽은 생물의 체내에서 보고된 적 없는 새로운 유전자의 기능을 알 수 없을 때는 살아 있는 개체의 체내에서 연구를 진행해야 한다는 것은 적절한 시사점이다.

[관련 부분] 유전자 서열만으로는 살아 있는 생명체 내에서 유전자의 기능을 파악할 수 없을 뿐만 아니라, 그것이 언제 작동하여 어느 조직에서 활성화되는지도 알지 못한다.

07 어휘 정답 ④

정답 해설

한자 표기가 옳은 것은 ④이다.

• ⓔ 답습(踏襲: 밟을 답, 엄습할 습)(ㅇ): 문맥상 '답습'은 '예로부터 해 오던 방식이나 수법을 좇아 그대로 행함'을 의미하며, 이때 '답습'은 '踏襲'으로 표기한다.

오답 분석

① ㉠ 건배(建杯: 세울 건, 잔 배)(×) → 건배(乾杯: 하늘 건, 잔 배) (ㅇ): 문맥상 '건배'는 '술좌석에서 서로 잔을 들어 축하하거나 건강 또는 행운을 비는 일'을 의미하며, 이때 '건배'의 '건'은 '乾(하늘 건)'으로 표기해야 한다.

② ㉡ 엄금(儼禁: 엄연할 엄, 금할 금)(×) → 엄금(嚴禁: 엄할 엄, 금할 금)(ㅇ): 문맥상 '엄금'은 '엄하게 금지함'을 의미하며, 이때 '엄금'의 '엄'은 '嚴(엄할 엄)'으로 표기해야 한다.

③ ㉢ 변명(辯明: 말씀 변, 밝을 명)(×) → 변명(辨明: 분별할 변, 밝을 명)(ㅇ): 문맥상 '변명'은 '어떤 잘못이나 실수에 대하여 구실을 대며 그 까닭을 말함'을 의미하며, 이때 '변명'의 '변'은 '辨(분별할 변)'으로 표기해야 한다.

08 어휘 정답 ④

정답 해설

밑줄 친 부분에서 '동리자'는 수절을 잘하는 과부로 알려져 있으나 다섯 아들의 성이 모두 다르다는 것은 그녀의 남편이 다섯 명이었다는 것을 의미하므로, '동리자'는 겉과 속이 다른 인물임을 알 수 있다. 따라서 밑줄 친 부분과 관련된 사자 성어로 가장 적절한 것은 ④ '表裏不同(표리부동)'이다.

• 表裏不同(표리부동): 겉으로 드러나는 언행과 속으로 가지는 생각이 다름

오답 분석

① 傍若無人(방약무인): 곁에 사람이 없는 것처럼 아무 거리낌 없이 함부로 말하고 행동하는 태도가 있음

② 雪中松柏(설중송백): 눈 속의 소나무와 잣나무라는 뜻으로, 높고 굳은 절개를 이르는 말

③ 自强不息(자강불식): 스스로 힘써 몸과 마음을 가다듬어 쉬지 않음

정답 한 눈에 보기

01	02	03	04	05	06	07	08
③	①	②	①	②	③	③	④

01 어법　　　　정답 ③

출제포인트 **단어** 동사와 형용사의 구분

정답 해설

밑줄 친 단어의 품사를 같은 것끼리 묶은 것은 ③으로, 두 단어 모두 동사이다.

- ⓒ 의자 아래 **두었다**: 이때 '두다'는 '일정한 곳에 놓다'라는 의미로, '의자 아래 둔다'와 같이 현재 시제 선어말 어미 '-ㄴ-'과 결합이 가능하므로 동사이다.
- ⓔ 정해진 시간에 3분 **늦어**: 이때 '늦다'는 '정해진 때보다 지나다'라는 의미로, '정해진 시간에 3분 늦는다'와 같이 현재 시제 선어말 어미 '-는-'과 결합이 가능하므로 동사이다. 참고로, '저녁을 늦게 먹었다'와 같이 '시간이 알맞을 때를 지나 있다. 또는 시기가 한창인 때를 지나 있다'라는 의미로 쓰이는 '늦다'는 형용사이다.

오답 분석

- ㉠ **헌** 책을: '헌'은 '오래되어 성하지 않고 낡은'이라는 의미로, 체언 '책'을 수식하고 있으며 조사가 결합할 수 없고 형태가 변하지 않으므로 관형사이다.
- ⓒ **어떤** 문제가: 이때 '어떤'은 사람이나 사물의 특성, 내용, 상태, 성격 등이 무엇인지 물을 때 쓰는 말로, 체언 '문제'를 수식하고 있으며 조사가 결합할 수 없고 형태가 변하지 않으므로 관형사이다.
- ⓜ 예년만 **못한** 상황: 이때 '못하다'는 '비교 대상에 미치지 않다'라는 의미로, '*예년만 못한다'처럼 현재 시제 선어말 어미 '-ㄴ-'과 결합이 불가능하므로 형용사이다. 참고로, '공부를 못하다'처럼 '어떤 일을 일정한 수준에 못 미치게 하거나, 그 일을 할 능력이 없다'라는 의미로 쓰이는 '못하다'는 동사이다.

☑ 어법 – 시험에 또 나올 핵심 포인트

동사와 형용사의 구분

1. 의미에 따른 구분

동사	사물의 동작이나 작용을 나타냄
형용사	사물의 성질이나 상태를 나타냄

2. 어미의 결합 가능 여부에 따른 구분

결합하는 어미의 종류	동사	형용사
현재 시제 선어말 어미 '-ㄴ/는-'	가능	불가능
명령형 어미 '-아라/어라'	가능	불가능
청유형 어미 '-자'	가능	불가능
목적/의도를 나타내는 어미 '-(으)려고, -고자' 등	가능	불가능

02 어법　　　　정답 ①

출제포인트 **단어** 동사와 형용사의 구분

정답 해설

'없다'의 어간 '없-'에는 '*없는다'처럼 현재 시제 선어말 어미 '-는-'이 결합할 수 없으므로 '없다'는 형용사이며, 다른 선지는 ② '큰다', ③ '삼는다', ④ '굳는다'와 같이 어간에 현재 시제 선어말 어미 '-ㄴ/는-'이 결합 가능하므로 동사이다. 따라서 품사가 나머지 셋과 다른 것은 ①이다. 참고로, '없는'의 '-는'은 관형사형 전성 어미이다.

03 문학　　　　정답 ②

출제포인트 **고전시가의 종합적 감상**

정답 해설

5~8구 '구믈ㅅ다히 살손 물생(物生)/이흘 머기 다ᄉ라라~나라악 디니디 알고다(구물거리며 살아가는 백성들/이들을 먹여 다스리어~나라 안이 유지될 것을 알 것입니다)'에서 백성을 잘 먹이고 다스리면 나라가 잘 유지될 것이라고 하였으므로, 나라의 근본은 백성임을 강조하고 있음을 알 수 있다. 따라서 적절하지 않은 것은 ②이다.

오답 분석

① 3구 'ㅎ살디(하신다면)', 7구 '홀디(한다면)', 9구 'ㅎᄂᆞᆯ든(할지면)'에서 가정적인 상황을 상정하고 있으므로 적절하다.

③ 1~4구에서 군(君)을 '어비(아버지)', 신(臣)을 '어ᅀᅵ(어머니)', 민(民)을 '얼흔 아히(어린아이)'로 빗대어 표현하고 있으므로 적절하다.

④ 9~10구에서 '군(君)다이 신(臣)다이 민(民)다이 ㅎᄂᆞᆯ든/나라악 태평(太平)ㅎ니잇다(임금답게 신하답게 백성답게 한다면/나라 안이 태평할 것입니다)'라고 하며 나라를 태평하게 하기 위해서는 군(君), 신(臣), 민(民)이 모두 주어진 본분을 지키며 살아야 함을 제시하며 시상을 마무리하고 있으므로 적절하다.

[지문풀이]

임금은 아버지며,/신하는 사랑하실 어머니며,/백성은 어린아이라고 한다면,/백성이 사랑 받음을 알 것입니다.

구물거리며 살아가는 백성들 /이들을 먹여 다스리어/이 땅을 버리고 어디로 갈 것인가 한다면/나라 안이 유지될 것을 알 것입니다.

아아, 임금답게 신하답게 백성답게 한다면/나라 안이 태평할 것입니다.

☑ **문학 - 시험에 또 나올 핵심 포인트**

충담사, '안민가(安民歌)'

주제	• 나라를 태평하게 하고 백성을 편안케 하는 도(道) • 나라를 다스리고 백성을 평안하게 하는 바람직한 방법
특징	• 1~4구, 5~8구, 9~10구가 각각 유사한 구조를 보임 • 다른 향가와 달리 유교 사상을 바탕으로 주제를 드러내고 있음

04 문학

정답 ①

출제포인트 현대소설의 종합적 감상

정답 해설

5문단 끝에서 1~3번째 줄을 통해 '나'는 '문안'에서의 열등감과 '문밖'에서의 우월감을 모두 '이질감'으로 묶어 부정적으로 보고 있음을 알 수 있다. 따라서 '나'가 '문밖' 동네에 머무르며 친구들로부터 인정을 받고 싶어 한다는 ①의 설명은 적절하지 않다.

[관련 부분] 엄마가 억지로 조성한 나의 우월감이 등성이 하나만 넘어가면 열등감이 된다는 걸 엄마는 한번이라도 생각해 본 적이 있었을까? 우월감과 열등감은 다같이 이질감이라는 것으로 서로 한통속이었다.

오답 분석

② 5문단 1~3번째 줄을 통해 '엄마'는 자식인 '나'의 마음이나 상황보다는 엄마가 생각하는 이상향인 '문안'에 도달하는 것에 더 관심이 많음을 알 수 있다.

[관련 부분] 엄마는 자기가 미처 도달하지 못한 이상향과 당장 처한 현실과의 갈등을 부드럽게 하기 위해 부지불식간에 자식을 이용하고 있었지만 정작 자식이 겪는 갈등에 대해선 무지한 편이었다.

③ 5문단 4~7번째 줄을 통해 알 수 있다.

[관련 부분] 학교 친구들은 모두 그 근처 아이들이었기 때문에 처음부터 저희들 끼리끼리였다. ~ 처음부터 어떤 끼리끼리에도 안 속한 이질적인 아이에 대해선 배타적이고 냉혹했다.

④ 3문단의 엄마의 말을 통해 '말뚝'은 가족이 서울에 터전을 잡은 것을 의미함을 알 수 있으며, 다른 한편으로는 서울에서의 삶, 즉 '문안'에서의 삶을 지향하면서 살아온 '엄마'의 인생을 의미함을 알 수 있다.

[관련 부분] "기어코 서울에도 말뚝을 박았구나. 비록 문밖이긴 하지만······."

☑ **문학 - 시험에 또 나올 핵심 포인트**

박완서, '엄마의 말뚝'

주제	한국전쟁의 폐해와 이를 극복하려는 의지
특징	• 중년 여성이 겪는 감정을 섬세하게 표현함 • 전후 비극 속에서 '어머니'를 통해 성장하는 '나'의 모습을 보여주는 성장 소설

	문안		문밖
공간의 대립	• 경제적 수준이 높은 곳 • '엄마'가 평생 지향해 온 곳	↔	• 경제적 수준이 낮은 곳 • '엄마'가 떠나고자 했던 곳

05 비문학

정답 ②

출제포인트 화법 협력의 원리

정답 해설

(가)에서 위배된 격률은 ⊙ '양의 격률', ⓒ '질의 격률', ⓔ '태도의 격률'이므로 답은 ②이다. 참고로, 협력의 원리는 대화에 참여하는 화자와 청자가 대화의 목적을 달성할 수 있도록 서로 협력하며 노력해야 한다는 원리이다.

• ⊙: 양의 격률을 위배한 부분은 태희의 첫 번째 말 중 '엄마도 알고 있어요'이다. 할머니가 요구한 정보인 '태희가 약국에 가는 법을 아느냐 모르느냐'에 엄마도 알고 있다는 불필요한 정보를 함께 제공했기 때문이다.

• ⓒ: 질의 격률을 위배한 부분은 태희의 세 번째 말 중 '보통 약국은 오전에는 다 여니까 10시쯤 열 거예요'이다. 약국이 10시에 연다는 정보는 근거가 충분하지 않은 내용이기 때문이다.

• ⓔ:태도의 격률을 위배한 부분은 태희의 두 번째 말 중 '아, 그 전에 오른쪽으로 돌아야 해요'이다. 약국으로 가는 길 안내 중 순차적으로 제시되어야 하는 집에서 나가기, 오른쪽으로 돌기, 횡단보도 건너기라는 정보가 차례대로 조리 있게 설명되지 않았기 때문이다.

오답 분석

• ⓒ: (가)의 할머니와 태희의 대화에서 관련성의 격률을 위배한 부분은 없다.

06 비문학 정답 ③

정답 해설

1문단 끝에서 3~6번째 줄에서 ㉠ '아르브뤼'는 ㉡ '아르 앵포르멜'이 당대 일반적인 가치관이 주목했던 '서구 백인 – 어른 – 정상인'에 초점을 둔 것과 달리 '어린이, 정신병자, 심약자' 등 주류 가치관과 거리가 먼 이들의 그림을 수집하고, 거기에서 작품의 영감을 얻었음을 알 수 있으므로 적절한 것은 ③이다.

[관련 부분] 어린이, 정신병자, 심약자, 오지인, 원시인 등~뒤뷔페의 예술 활동은 그들의 그림을 수집하는 일과 그것에서 예술적 모티프를 얻어 스스로 화풍을 창조하는 일의 두 방향으로 전개되었다.

오답 분석

① 1문단 1~4번째 줄에서 ㉠ '아르브뤼'과 ㉡ '아르 앵포르멜' 모두 반합리주의의 경향을 띠며, 초현실주의의 대표자인 브레통과 연대했음을 알 수 있으므로 적절하지 않다.

[관련 부분] 아르브뤼는~아르 앵포르멜과 동일한 반합리주의 입장을 공유했다. ~초현실주의를 대표하는 브레통과 연대한 점도 공통점을 보여주는 현상이다.

② 1문단 끝에서 1~3번째 줄에서 ㉠ '아르브뤼'는 구상에 화풍의 기반이 있고, ㉡ '아르 앵포르멜'은 그렇지 않음을 알 수 있으므로 적절하지 않다.

[관련 부분] 구체적 화풍은 구상 – 비정형 경향으로 나타났는데 구상에 기반을 둔 점 역시 아르 앵포르멜과 다른 차이점이었다.

④ 3문단 1번째 줄에서 ㉠ '아르브뤼'가 장르와 전시 공간의 전통을 거부했음은 알 수 있으나, 전시 공간과 예술 작품을 구분하던 기존 관습에서 벗어났는지는 알 수 없으므로 적절하지 않다.

[관련 부분] 뒤뷔페의 전통 거부는 장르와 전시 공간 등에까지 확장되었다.

07 어휘 정답 ③

정답 해설

밑줄 친 부분의 한자 표기가 잘못된 것은 ③이다.

• 배타적(背他的: 등 배/배반할 배, 다를 타, 과녁 적)(×) → 배타적(排他的: 밀칠 배, 다를 타, 과녁 적)(○): 남을 배척하는 것

오답 분석

① 자서전(自敍傳: 스스로 자, 펼 서, 전할 전)(○): 작자 자신의 일생을 소재로 스스로 짓거나, 남에게 구술하여 쓰게 한 전기

② 알현(謁見: 뵐 알, 뵈올 현)(○): 지체가 높고 귀한 사람을 찾아가 뵘

④ 권모술수(權謀術數: 권세 권, 꾀 모, 재주 술, 셈 수)(○): 목적 달성을 위하여 수단과 방법을 가리지 않는 온갖 모략이나 술책

08 어휘 정답 ④

정답 해설

제시된 의미에 해당하는 속담은 ④ '머리는 끝부터 가르고 말은 밑부터 한다'이다.

• 머리는 끝부터 가르고 말은 밑부터 한다: 말은 시작부터 요령 있게 하여야 한다는 말

오답 분석

① 실없는 말이 송사 간다: 무심하게 한 말 때문에 큰 소동이 벌어질 수도 있음을 비유적으로 이르는 말

② 말이란 아 해 다르고 어 해 다르다: 말이란 같은 내용이라도 표현하는 데 따라서 아주 다르게 들린다는 말

③ 말은 해야 맛이고 고기는 씹어야 맛이다: 마땅히 할 말은 해야 한다는 말

매일 국어 | 6일

본책 40p

정답 한 눈에 보기

01	02	03	04	05	06	07	08
①	③	①	④	①	①	③	②

01 어법

정답 ①

출제포인트 표준어의 구분 복수 표준어

정답 해설

'되레'는 '예상이나 기대 또는 일반적인 생각과는 반대되거나 다르게'라는 의미인 '도리어'의 준말이며, '되우'는 '아주 몹시'라는 의미이다. 따라서 '되레'와 '되우'는 모두 표준어이나 동일한 의미로 쓰이는 복수 표준어가 아니므로 답은 ①이다.

오답 분석

② '우레'와 '천둥'은 '뇌성과 번개를 동반하는 대기 중의 방전 현상'이라는 동일한 의미로 쓰이는 복수 표준어이다.

③ '진작'과 '진즉'은 '좀 더 일찍이'라는 동일한 의미로 쓰이는 복수 표준어이다.

④ '꺼림직하다'와 '꺼림칙하다'는 '마음에 걸려서 언짢고 싫은 느낌이 있다'라는 동일한 의미로 쓰이는 복수 표준어이다.

02 어법

정답 ③

출제포인트 표준어의 구분 복수 표준어

정답 해설

〈보기〉의 '가물'과 '가뭄'은 동일한 의미로 쓰이는 복수 표준어이다. 그러나 표준어 '깨치다'와 '깨우치다'는 동일한 의미가 아니므로, '가물/가뭄'의 관계와 성격이 가장 다른 것은 ③이다.

• 깨치다: 일의 이치 등을 깨달아 알다.

• 깨우치다: 깨달아 알게 하다.

오답 분석

① '등물'과 '목물'은 '상체를 굽혀 엎드린 채로 다른 사람의 도움을 받아 허리에서부터 목까지 물로 씻는 일'이라는 의미로 쓰이는 복수 표준어이다.

② '나귀'와 '당나귀'는 '말과 비슷한데 몸은 작고 앞머리의 긴 털이 없으며 귀가 긴 말과의 포유류'라는 의미로 쓰이는 복수 표준어이다.

④ '추어주다'와 '추어올리다'는 '실제보다 과장되게 칭찬하다'라는 의미로 쓰이는 복수 표준어이다.

03 문학

정답 ①

출제포인트 시어의 의미

정답 해설

제시된 작품은 1~2구에서 나라를 잃은 비애를 드러내고 있으며, 3~4구에서는 이러한 상황에 대한 선비(지식인)의 고뇌를 보여주고 있다. 이때 '새와 짐승은 슬피 울고'에서 '鳥(새)'와 '獸(짐승)'에 '나라 잃은 슬픔'을 이입하여 드러내고 있으므로, ㉠~㉣ 중 감정 이입의 대상으로 적절한 것은 ㉠ '鳥(새)'이다. 참고로, '감정 이입'은 시적 화자의 감정이 특정 대상의 감정에 동일하게 이입되는 것을 뜻한다.

☑ **문학** – 시험에 또 나올 핵심 포인트

황현, '절명시(絶命詩)'

주제	나라를 잃은 상황에 대한 지식인의 비애와 좌절
특징	• 주제를 효과적으로 드러내기 위해 다양한 표현 방식 (감정 이입, 과장법, 대유법 등)을 사용함 • 고백적 어조로 화자의 정서를 드러냄

04 문학

정답 ④

출제포인트 서술상의 특징

정답 해설

글쓴이는 3문단 끝에서 1~2번째 줄에서 정의를 중시하는 '딸깍발이'의 의기를 드러내고 있으며, 5문단 1~2번째 줄에서는 '딸깍발이'와 대비하여 자기 이익을 중시하는 '현대인'의 약은 면을 서술하고 있다. 이를 바탕으로 6문단 1~2번째 줄에서 '딸깍발이'의 '의기(義氣)'와 '강직(剛直)'을 바람직한 삶의 자세로 제시하며 현대인이 이를 배워야 함을 강조하고 있으므로, 제시된 글에 대한 설명으로 가장 적절한 것은 ④이다.

[관련 부분]

• 죽음도 개의하지 않고 덤비는 그 의기야말로 본받음 직하지 않은 바도 아니다.

• 현대인은 너무 약다. 전체를 위하여 약은 것이 아니라, 자기 중심, 자기 본위로만 약다.

• 우리 현대인도 '딸깍발이'의 정신을 좀 배우자. 첫째, 그 의기(義氣)를 배울 것이요, 둘째 그 강직(剛直)을 배우자.

오답 분석

① 6문단에서 '배우자', '배워야 할 것이다'라고 하며 어떤 삶의 방식을 취해야 하는가를 주제로 독자에게 교훈을 주고 있음을 알 수 있으나, 자신의 경험이 아니라 '딸깍발이'의 이야기를 사례로 들고 있으므로 적절하지 않다.

[관련 부분] 우리 현대인도 '딸깍발이'의 정신을 좀 배우자. ~ 배워야 할 것이다.

② 글쓴이는 '딸깍발이'는 긍정적으로, '현대인'은 비판적으로 보고 있으므로 중립적인 관점을 취하지 않음을 알 수 있으며, 독자에게 판단을 유보하고 있지도 않으므로 적절하지 않다.

③ 1~3문단에서 구한말 단발령에 반대하여 상서를 올리던 '딸깍발이'의 일화를 소개하고 있으나, 3문단 끝에서 1~2번째 줄과 4문단을 통해 부정적인 측면이 아니라 '의기'라는 긍정적인 측면을 부각하고 있음을 알 수 있으므로 적절하지 않다.

[관련 부분]
- 구한국 말엽에 단발령(斷髮令)이 내렸을 적에~본받음 직하지 않은 바도 아니다.
- 그 의기야말로 본받음 직하지 않은 바도 아니다.
- '딸깍발이'는~훌륭한 점도 적잖이 가지고 있었던 것이다. 쾨쾨한 샌님이라고 넘고 깔보기만 하기에는 너무도 좋은 일면을 지니고 있었던 것이다.

✓ 문학 – 시험에 또 나올 핵심 포인트

이희승, '딸깍발이'

주제	의기 있고 강직한 '딸깍발이' 정신에 대한 가르침
특징	• 예시와 대조를 통해 교훈을 제시함 • 한문 투 표현이 쓰임

05 비문학 　　　　　　　정답 ①

출제포인트　**글의 구조 파악** 문단 배열

정답 해설

(다) – (가) – (라) – (나)의 순서가 가장 자연스러우므로 답은 ①이다.

순서	중심 내용	순서 판단의 단서와 근거
(다)	화석 연료의 폐해에 따른 대안 마련의 필요성	지시어나 접속어로 시작하지 않으며 '재생 가능 에너지'에 대한 논의의 배경인 '화석 연료의 문제점'을 제시함
(가)	원자력이 화석 연료의 대안이 될 수 없는 이유	(다)의 '화석 연료를 대신할 방안'에 대해 '원자력'을 들고 있으므로 (다) 뒤에 오는 것이 적절함
(라)	화석 연료의 다른 대안인 재생 가능 에너지원의 특징 및 재생 가능 에너지원과 대체 에너지의 차이점	고갈의 우려와 '기후 변화'는 '원자력'과 '화석 연료'의 문제점이므로 (가) 뒤에 오는 것이 적절함
(나)	재생 가능 에너지원의 개념과 종류 및 장점	'이것들'은 (라)의 '우라늄'과 '쓰레기'를 가리키며, 이것들은 고갈될 수 있으며 기후 변화를 일으킨다는 점에서 '재생 가능 에너지'와 대비되므로 (라) 뒤에 오는 것이 적절함

06 비문학 　　　　　　　정답 ①

출제포인트　**논지 전개 방식**

정답 해설

온실 효과로 기온이 상승하면(원인) 해수면이 상승하여 기후가 변하거나 섬나라와 저지대가 물에 잠기게 됨(결과)을 '인과'의 방법으로 설명하고 있는 ①이 답이다.

오답 분석

② • 정의: 핵심 용어인 제로섬(zero-sum)의 개념 설명
　 • 예시: 제로섬(zero-sum)에 대해 운동 경기를 예로 들어 설명
③ 서사: 시간에 흐름의 따른 찬호의 행동에 초점을 두어 진술
④ 묘사: 소음의 전경을 그림을 그리듯이 구체적으로 진술

07 어휘 　　　　　　　정답 ③

출제포인트　**고유어**

정답 해설

'가멸다'는 '재산이나 자원 등이 넉넉하고 많다'를 뜻하므로, 단어의 뜻풀이가 옳지 않은 것은 ③이다. 참고로, '하는 짓이 보기에 매우 치사하고 더러운 데가 있다'는 고유어 '던적스럽다'의 뜻풀이이다.

08 어휘 　　　　　　　정답 ②

출제포인트　**한자어** 문맥에 적절한 한자어

정답 해설

경신(更新: 고칠 경, 새 신)(×) → 갱신(更新: 다시 갱, 새 신)(○): 문맥상 인증서의 유효 기간을 연장했다는 의미이므로, '법률관계의 존속 기간이 끝났을 때 그 기간을 연장하는 일'이라는 의미의 '갱신(更新)'을 써야 한다. 따라서 밑줄 친 말의 쓰임이 적절하지 않은 것은 ②이다. 참고로, '개인 홈런 수 기록 경신' 등과 같이 쓰이는 '경신(更新)'은 '기록경기 등에서, 종전의 기록을 깨뜨림'이라는 의미이다.

오답 분석

① 파탄(破綻: 깨뜨릴 파, 터질 탄)(○): 일이나 계획 등이 원만하게 진행되지 못하고 중도에서 어긋나 깨짐
③ 귀감(龜鑑: 거북 귀, 거울 감)(○): 거울로 삼아 본받을 만한 모범
④ 반증(反證: 돌이킬 반, 증거 증)(○): 어떤 사실이나 주장이 옳지 않음을 그에 반대되는 근거를 들어 증명함. 또는 그런 증거

매일 국어 | 7일

본책 46p

정답 한 눈에 보기

01	02	03	04	05	06	07	08
②	①	④	④	①	③	①	①

01 어법

정답 ②

출제포인트 말소리 음운의 분류

정답 해설

'ㅊ'은 파찰음이면서 경구개음이므로 적절하지 않은 것은 ②이다.

- **파열음**: 폐에서 나오는 공기를 일단 막았다가 그 막은 자리를 터뜨리면서 내는 소리. 'ㅂ', 'ㅃ', 'ㅍ', 'ㄷ', 'ㄸ', 'ㅌ', 'ㄱ', 'ㄲ', 'ㅋ' 등이 있다.
- **파찰음**: 파열음과 마찰음의 두 가지 성질을 다 가지는 소리. 'ㅈ', 'ㅉ', 'ㅊ' 등이 있다.
- **경구개음**: 혓바닥과 경구개 사이에서 나는 소리. 'ㅈ', 'ㅉ', 'ㅊ' 등이 있다.

오답 분석

① 'ㅁ'은 입 안의 통로를 막고 코로 공기를 내보내면서 내는 소리이며, 'ㄹ'은 혀끝을 잇몸에 가볍게 대었다가 떼거나, 잇몸에 댄 채 공기를 그 양옆으로 흘려보내면서 내는 소리이므로, 'ㅁ'은 비음이고 'ㄹ'은 유음이라는 설명은 적절하다.

③ 'ㅔ'는 입을 보통으로 열고 혀의 높이를 중간으로 하여 발음하는 모음이면서 혀의 정점이 입 안의 앞쪽에 위치하여 발음되는 모음이므로, 중모음이면서 전설 모음이라는 설명은 적절하다.

④ 'ㅓ'는 입술을 둥글게 오므리지 않고 발음하는 모음이며, 'ㅟ'는 입술을 둥글게 오므려 발음하는 모음이므로, 'ㅓ'는 평순 모음이고 'ㅟ'는 원순 모음이라는 설명은 적절하다.

✅ 어법 – 시험에 또 나올 핵심 포인트

국어의 음운 체계

1. 모음의 분류

혀의 앞뒤	전설 모음		후설 모음	
입술 모양 혀의 높이	평순 모음	원순 모음	평순 모음	원순 모음
고모음	ㅣ	ㅟ	ㅡ	ㅜ
중모음	ㅔ	ㅚ	ㅓ	ㅗ
저모음	ㅐ		ㅏ	

2. 자음의 분류

조음 방법 \ 조음 위치		양순음	치조음	경구개음	연구개음	후음
파열음	평음	ㅂ	ㄷ		ㄱ	
	격음	ㅍ	ㅌ		ㅋ	
	경음	ㅃ	ㄸ		ㄲ	
파찰음	평음			ㅈ		
	격음			ㅊ		
	경음			ㅉ		
마찰음	평음		ㅅ			
	격음					ㅎ
	경음		ㅆ			
비음	평음	ㅁ	ㄴ		ㅇ	
유음	평음		ㄹ			

02 어법

정답 ①

출제포인트 말소리 음운의 분류

정답 해설

'잇몸소리(치조음)'이면서 '파열음'인 자음은 'ㄷ, ㅌ, ㄸ'이며 각 음절에 이를 모두 포함하고 있는 단어는 '두텁떡'이므로 답은 ①이다.

오답 분석

② • 땅: 'ㄸ'(잇몸소리, 파열음), 'ㅇ'(여린입천장소리, 비음)
- 돼: 'ㄷ'(잇몸소리, 파열음)
- 지: 'ㅈ'(센입천장소리, 파찰음)

③ • 목: 'ㅁ'(입술소리, 비음), 'ㄱ'(여린입천장소리, 파열음)
- 장: 'ㅈ'(센입천장소리, 파찰음), 'ㅇ'(여린입천장소리, 비음)
- 갑: 'ㄱ'(여린입천장소리, 파열음)

④ • 버: 'ㅂ'(입술소리, 파열음)
- 팀: 'ㅌ'(잇몸소리, 파열음), 'ㅁ'(입술소리, 비음)
- 돌: 'ㄷ'(잇몸소리, 파열음), 'ㄹ'(잇몸소리, 유음)

03 문학

정답 ④

출제포인트 화자의 정서 및 태도

정답 해설

9연 2행 '울고 싶어라'에서 화자는 슬픈 심정을 직접적으로 표현하고 있으나, 이 슬픔은 세상으로 돌아가고 싶은 마음이 아니라 '꽃이 지는' 것을 보고 느끼는 인생의 허무함에서 비롯된 것이므로 적절하지 않은 것은 ④이다.

오답분석

① 1연을 통해 화자는 꽃이 떨어지는 것을 보고 있음을 알 수 있으며, 2~3연에 제시된 하나 둘씩 사라지는 별과 가깝게 보이는 먼 산을 통해 시간적 배경은 하늘이 점차 밝아지는 새벽임을 알 수 있다.

② 7연 1행 '묻혀서 사는 이'를 통해 화자는 세상과 멀리 떨어진 곳에 살고 있음을 알 수 있다.

③ 화자는 1~6연에서 '꽃'이 떨어지는 바깥 풍경을 묘사하고 있으며 7~9연에서는 '고운 마음', '울고 싶어라'와 같이 인생의 덧없음을 느끼고 슬퍼하는 자신의 마음을 드러내고 있으므로, 이를 통해 시선이 화자의 바깥 풍경에서 내부인 마음으로 이동했음을 알 수 있다.

✅ 문학 – 시험에 또 나올 핵심 포인트

조지훈, '낙화'

주제	꽃이 떨어지는 모습을 보며 느끼는 인생의 무상함과 슬픔
특징	• 풍경에 대한 묘사가 두드러짐 • 전통적 율격을 사용함 • 연마다 행의 수를 동일하게 하여 형식을 통일함
시상의 전개	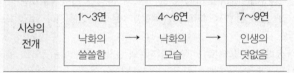

표: 1~3연 낙화의 쓸쓸함 → 4~6연 낙화의 모습 → 7~9연 인생의 덧없음

04 문학

정답 ④

출제포인트 고전산문의 종합적 감상

정답 해설

군도들에게 하는 허생의 4번째 말 끝에서 1번째 줄의 '여자 하나, 소 한 필을 거느리고 오너라'를 통해, 허생은 농사를 짓고 가정을 이루기 위한 조건이 갖춰져야 군도들이 도둑질 없이 생활할 수 있을 것이라고 생각함을 알 수 있으므로 글에 대한 이해로 가장 적절한 것은 ④이다.

오답 분석

① 허생의 질문 '왜 아내를 얻고, ~논밭을 갈고 지내려 하지 않는가?'에 대한 군도의 대답 '아니, 왜 바라지 않겠소? 다만 돈이 없어 못 할 뿐이지요'를 통해 군도들도 평범한 농사꾼의 삶을 살고 싶어 함을 알 수 있다.

② 군도들은 처음에 허생을 비웃으며 무시했으나, 약속한 대로 삼십만 냥을 가져온 허생의 능력을 보고 그를 따르는 것으로 태도를 바꾸었다. 따라서 허생의 됨됨이를 보고 태도를 바꾸었다는 설명은 적절하지 않다.

[관련 부분] 허생이 군도와 언약하고 내려가자, 군도들은 모두 그를 미친놈이라고 비웃었다. /이튿날, 군도들이 바닷가에 나가 보았더니, 과연 허생이 삼십만 냥의 돈을 싣고 온 것이었다. 모두들 대경해서 허생 앞에 줄지어 절했다. /"오직 장군의 명령을 따르겠소이다."

③ 허생은 도둑 문제를 해결하기 위해 군도들을 처벌하는 대신 그들에게 돈과 양식, 땅을 제공하면서 회유하고 있으므로, 허생이 군도를 잡아서 처벌하지 못하는 사회를 비판적으로 보고 있다는 설명은 적절하지 않다.

[관련 부분]
• 허생이 삼십만 냥의 돈을 싣고 온 것이었다.
• 허생은 몸소 이천 명이 1년 먹을 양식을 준비하고 기다렸다. 군도들이 빠짐없이 모두 돌아왔다. 드디어 다들 배에 싣고 그 빈 섬으로 들어갔다.

✅ 문학 – 시험에 또 나올 핵심 포인트

박지원, '허생전'

주제	조선 후기 양반 계층의 허위의식과 무능력함에 대한 풍자와 비판
특징	• 부조리한 사회 현실 비판, 이상적 사회 모습 제시 • 실학 정신을 바탕으로 하는 대표적인 문학 작품

05 비문학

정답 ①

출제포인트 세부 내용 파악

정답 해설

2문단 1~2번째 줄을 통해 제시문에서 설명하는 레밍쥐의 '집단 자살'은 설치류가 아닌 레밍쥐에게만 보이는 특별한 행동임을 알 수 있으므로 적절하지 않은 것은 ①이다.

[관련 부분] 노르웨이에 사는 레밍쥐(Lemmus lemmus)는 보통 쥐와는 다른 괴이한 행동을 한다.

오답 분석

② 2문단 3~7번째 줄에서 봄이나 가을에 레밍쥐는 집단 자살을 위해 이동하며, 이동의 끝에 도달한 곳이 바닷가임을 알 수 있다.

[관련 부분] 봄이나 가을의 하루를 잡아 ~ 이들의 종착지는 바닷가다. ~ 다른 길이 없다는 점을 알아차리고는 그만 바다에 빠져버린다.

③ 2문단 2~3번째 줄에서 레밍쥐의 개체 수가 폭발적으로 늘어나는 주기는 3~4년임을, 끝에서 1~3번째 줄을 통해 '집단 자살'로 인해 늙은 쥐가 죽는 현상도 3~4년 주기로 일어남을 알 수 있다.

[관련 부분]
• 레밍쥐의 집단은 3~4년만 지나면 수가 폭발적으로 늘어난다.
• 때가 되면 늙은 쥐들이 죽어줌으로써~이런 일은 3~4년 주기로 반복해 일어난다.

④ 1문단 1~2번째 줄에서 자신의 판단 없이 유행에 따라 타인을 모방하는 것을 '레밍효과(lemming effect)'라 함을 알 수 있다.

[관련 부분] 유행에 예민해서 맹목으로 남을 따라 행동하는 일을 레밍효과(lemming effect)라 한다.

06 비문학 정답 ③

출제포인트 글의 전략 파악

정답 해설

2문단 3~5번째 줄, 3문단 3~5번째 줄에서 **바로크 시대의 음악 이론의 특성을 웅변가와 웅변에 빗대어 설명하고 있으나**, 두 대상의 유사성을 통해 다른 속성도 유사할 것임을 추론하고 있지는 않으므로 유추의 방법이 사용되지 않았다. 따라서 제시된 글의 글쓰기 전략으로 볼 수 없는 것은 ③이다.

[관련 부분]

- 정서론에서는 웅변가가 청중의 마음을 움직이듯 음악가도 청자들의 정서를 움직여야 한다고 본다.
- 마치 웅변에서 말의 고저나 완급, 장단 등이 호소력을 이끌어 내듯 음악에서 이에 상응하는 효과를 낳는 장치들에 주목하였다.

오답 분석

① 2문단 1~2번째 줄에서 바로크 시대의 음악 이론인 '정서론'과 '음형론'이 대두된 배경은 1문단 끝에서 1~3번째 줄에 제시된 기악에 대한 사람들의 비난을 해결하기 위해서임을 알 수 있으므로 적절하다.

[관련 부분]
- 바로크 시대의 음악가들은 이러한 과제에 대한 해결의 실마리를 '정서론'과 '음형론'에서 찾으려 했다.
- 가사가 있는 성악에 익숙해져 있던 사람들에게 기악은 내용 없는 공허한 울림에 지나지 않았다. 이러한 비난을 면하기 위해 기악은 일정한 의미를 가져야 하는 과제를 안게 되었다.

② 3~4문단에서 바로크 시대의 음악 이론을 '바로크 초반', '바로크 후반'으로 나누어 설명하고 있으며, 4문단에서 '정서론'의 발달을 마테존의 이론에 연결하여 설명하고 있으므로 적절하다.

④ 3문단 끝에서 1~3번째 줄에서 바로크 시대의 음악 이론인 '음형론'을 그것이 강조한 음악적 장치들의 예를 들어 설명하고 있으므로 적절하다.

[관련 부분] 예를 들어, 가사의 뜻에 맞춰 가락이 올라가거나, 한동안 쉬거나, 음들이 딱딱 끊어지게 연주하는 방식 등이 이에 해당한다.

✅ 비문학 – 시험에 또 나올 핵심 포인트

논지 전개 방식

유추	두 개의 사물이 여러 면에서 비슷하다는 것을 근거로 다른 속성도 유사할 것이라고 추론하는 방식
서사	어떤 행동이나 사건을 시간의 흐름에 따라 서술하는 방식
예시	구체적인 예를 들어 대상을 설명하는 방식

07 어휘 정답 ①

출제포인트 단위를 표시하는 어휘

정답 해설

괄호에 들어갈 숫자는 차례대로 ㉠ '10', ㉡ '20', ㉢ '20'이다. 따라서 '10 + 20 − 20 = 10'이므로 답은 ①이다.

- **뭇**: 생선을 묶어 세는 단위. 한 뭇은 생선 열 마리를 이른다.
- **축**: 오징어를 묶어 세는 단위. 한 축은 오징어 스무 마리를 이른다.
- **두름**: 조기 등의 물고기를 짚으로 한 줄에 열 마리씩 두 줄로 엮은 것

08 어휘 정답 ①

출제포인트 한자 성어 내용에 어울리는 한자 성어

정답 해설

제시된 시조는 윤선도의 '견회요' 제3수로, '님 향한 내 뜻을 조차 그칠 뉘를 모르나다'에서 '님(임금)'을 향해 충성을 다하는 마음을 그칠 줄 모르는 '시내'에 빗대어 표현하고 있다. 따라서 시조에 드러난 유교 이념인 '충(忠)'이 표현된 한자 성어로 가장 적절한 것은 '犬馬之勞(견마지로)'이므로 답은 ①이다.

- **犬馬之勞(견마지로)**: '개나 말 정도의 하찮은 힘'이라는 뜻으로, 윗사람에게 충성을 다하는 자신의 노력을 낮추어 이르는 말

오답 분석

② 勞心焦思(노심초사): 몹시 마음을 쓰며 애를 태움

③ 望雲之情(망운지정): 자식이 객지에서 고향에 계신 어버이를 생각하는 마음

④ 以心傳心(이심전심): 마음과 마음으로 서로 뜻이 통함

정답 한 눈에 보기

01	02	03	04	05	06	07	08
③	③	②	③	②	②	②	①

01 어법 정답 ③

출제포인트 올바른 문장 표현

정답 해설
제시문의 첫 번째 문장은 소비자들이 다국적 식음료 기업의 상품을 선택하는 이유에 해당하나, ⓒ은 국내 식음료 기업에서 생산하는 물품의 질이 높다는 내용을 다루고 있다. 따라서 ⓒ을 첫 번째 문장 다음으로 옮기는 것은 고쳐쓰기 방안으로 적절하지 않다. 참고로, ⓒ은 글의 전체 내용과 어울리지 않으므로 통일성을 고려할 때 삭제하는 것이 자연스럽다.

오답 분석
① ㉠: 서술부 '즐겨 마시는'은 목적어 '커피'과만 호응하므로, 목적어 '샌드위치를'에 대한 서술어 '먹거나'를 추가하는 것이 적절하다.
② ㉡: '여간하여서는'이라는 의미의 부사 '좀처럼'은 부정적인 의미를 가진 서술어와 호응하므로, 서술어 '많다'를 '많지 않다'로 고치는 것이 적절하다.
④ ㉣: '고려에 넣을 때'는 영어 표현 'take ~ into account'를 직역하여 표현한 것이므로 '고려한다면'으로 바꾸는 것이 적절하다.

02 어법 정답 ③

출제포인트 올바른 문장 표현

정답 해설
③의 서술어로 쓰인 형용사 '다름없다'는 '…(이)나 다름없다', '…과 다름없다'의 형태로 쓰이는 단어이므로, 서술어 '다름없다'가 요구하는 문장 성분을 갖춘 ③은 적절한 문장이다. 참고로, '…에 다름 아니다'는 일본어를 그대로 직역한 표현으로, 우리말에서는 '…(이)나 다름없다', '…과 다름없다'와 같이 사용해야 한다.

오답 분석
① 절이다(×) → 저리다(○): '뼈마디나 몸의 일부가 오래 눌려서 피가 잘 통하지 못하여 감각이 둔하고 아리다'라는 뜻의 단어는 '저리다'이므로, '절이다'는 '저리다'로 써야 한다. 참고로, '절이다'는 '푸성귀나 생선 등을 소금기나 식초, 설탕 등에 담가 간이 배어들게 하다'라는 뜻이다.
② 도로 노면(×) → 도로(○): '도로(道路)'와 '노면(路面)'은 '길[路]'이라는 의미가 중복되는 표현이므로 '도로' 또는 '노면'을 단독으로 쓰는 것이 어법상 적절하다.

- 도로(道路): 사람, 차 등이 잘 다닐 수 있도록 만들어 놓은 비교적 넓은 길
- 노면(路面): 길의 바닥 표면
④ 보여진다(×) → 보인다(○): '보여지다'는 '보다'의 어간 '보-'에 피동 접미사 '-이-'와 피동 표현 '-어지다'가 중복 사용된 이중 피동 표현이므로 '보인다'와 같이 쓰는 것이 어법상 적절하다.

03 문학 정답 ②

출제포인트 표현상의 특징과 효과

정답 해설
'首陽山 바라보며'에서 '首陽山(수양산)'은 표면적으로 은나라의 신하 백이와 숙제가 숨어 살던 산 이름이지만, 이면적으로는 수양 대군을 의미한다. 이러한 중의적 표현을 사용하여 단종을 향한 절개를 지키겠다는 주제를 강조하고 있으므로, 〈보기〉에서 설명하는 표현법이 사용된 시조로 적절한 것은 ②이다.

오답분석
① ③ ④ 모두 중의적 표현을 사용해 주제를 강조하는 부분은 드러나 있지 않다.

[지문풀이]

① 노래를 (처음으로) 만든 사람, 시름이 많기도 많았구나. / 말로 하려 하나 다 못 하여 (노래로) 풀었단 말인가? / 진실로 풀릴 것이면 나도 불러 보리라. ─ 신흠, '노래 삼긴 사람'
② 수양산을 바라보며 백이와 숙제를 원망하며 한탄하노라. / 굶어 죽을지언정 고사리는 왜 캐어 먹었는가? / 비록 산과 들의 풀인들 그것이 누구의 땅에 나왔는가? ─ 성삼문, '수양산 바라보며'
③ 푸른 풀이 우거진 골짜기에 자느냐 누웠느냐. / 그 곱고 아름다운 얼굴은 어디 가고 백골(白骨)만 묻혔느냐. 잔 잡아 권할 이 없으니 그것을 슬퍼하노라. ─ 임제, '청초 우거진 골에'
④ 가노라 삼각산아, 다시 보자 한강수야. / 고국 산천을 떠나고자 하겠는가마는 / 시절이 매우 뒤숭숭하니 올 동 말 동 하여라. ─ 김상헌, '가노라 삼각산아'

✓ **문학** - 시험에 또 나올 핵심 포인트

성삼문, '수양산 바라보며'

주제	단종을 향한 절개를 지키겠다는 강한 의지
특징	• 은나라의 충신으로 여겨지는 백이와 숙제를 다른 관점으로 봄으로써 자신의 절개를 부각시킴 • 설의법과 중의적 표현을 사용하여 주제를 강화함

04 문학   정답 ③

서술상의 특징

정답 해설

서술자 '나'가 작품 속에서 '강도'라는 인물에 초점을 맞추어 그가 '나'의 집에서 나가기까지의 이야기를 서술하고 있으므로 서술상의 특징으로 적절한 것은 ③이다. 참고로, 제시된 작품의 '강도'는 진짜 도둑이 아니라 '나'의 집에 세 들어 사는 선량한 소시민이자 지식인인 '권씨'이다.

오답 분석

① 제시된 작품은 '나'의 시점으로만 사건을 보여주고 있다. 따라서 두 인물의 시점을 교차하고 있지 않으며 이를 통해 사건의 내막을 드러내고 있는 것도 아니므로 적절하지 않다.

② '강도'의 말을 통해 '강도'는 '나'를 비롯한 사람들을 여전히 불신하고 있음을 알 수 있으므로, 대화를 통해 인물 간의 갈등이 해소되었음을 드러내고 있다는 설명은 적절하지 않다.
[관련 부분] "개수작 마! 그따위 이웃은 없다는 걸 난 똑똑히 봤어! 난 이제 아무도 안 믿어!"

④ 서술자인 '나'가 등장인물인 '강도'를 평가하며 자신의 관점을 드러내는 부분은 나타나 있지 않으므로 적절하지 않다.

✅ **문학 – 시험에 또 나올 핵심 포인트**

윤흥길, '아홉 켤레의 구두로 남은 사내'

주제	산업화 과정에서 소외당해 온 이들의 힘겨운 삶과 그에 대한 연민
특징	• '나'와 같은 소시민의 시각에서 불합리한 사회의 모습을 보여줌 • 지식인의 자존심을 의미하는 '구두'와 같은 상징적 소재를 활용하여 인물의 내면을 드러냄

05 비문학   정답 ②

관점과 태도 파악

정답 해설

3문단 2~4번째 줄에서 필자는 기업이 시장의 변화와 스마트 소비자의 목소리에 모두 주목해야 한다고 말하고 있으나, **기업이 지식정보화사회에서 스마트 소비자의 변화와 시장의 변화를 동일하게 여기는지는 제시문에 나타나 있지 않으므로** 글쓴이의 견해에 부합하지 않는 것은 ②이다.
[관련 부분] 기업은 시장의 변화에 귀를 기울이고, 스마트 소비자의 목소리에 촉각을 곤두세워야 한다.

오답 분석

① 1문단 2~3번째 줄에서 스마트 소비자가 스마트폰 애플리케이션을 개발함을, 끝에서 1~2번째 줄에서 스마트 소비자는 자신이 개발한 상품에 개성적인 가치를 부여함을 알 수 있으므로 적절하다.

[관련 부분]
• 스마트 소비자는 스마트폰 애플리케이션을 직접 개발하고
• 스마트 소비자들은 개인화를 통해 동일한 상품이더라도 자신만의 가치를 창출한다.

③ 4문단 1~2번째 줄에서 스마트워크는 노동에 필요한 시간과 공간적 제약으로부터 벗어난 노동 방식임을, 끝에서 2~4번째 줄에서 정보 인프라 산업의 발달로 스마트워크가 이루어지게 되었음을 알 수 있으므로 적절하다.

[관련 부분]
• 일과 일터의 혁명인 스마트워크는 시간과 공간의 한계를 극복하여 효율성, 생산성을 높이면서 더 자유로운 노동 방식을 선택하려는 것이다.
• 스마트워크는 이를 지원하는 모바일 정보 통신, 클라우드 컴퓨팅(Cloud Computing) 등과 같은 인프라 산업이 성장함으로써 가능해졌다.

④ 3문단 끝에서 1~4번째 줄에서 소셜 네트워크로 인해 소비자 집단은 확장되었고, 기업은 다양한 정보를 획득할 수 있으며, 새로운 사업 분야를 찾을 수도 있다고 하였으므로 적절하다.

[관련 부분] 소셜 네트워크에 의한 연결로 인해 보다 넓어진 소비자 집단에 대한 대응이 필요해지면서 동시에 기업은 시장의 다양한 정보를 손쉽게 얻을 수 있게 되었다. 스마트화로 새로운 사업 영역을 찾을 수 있는 기회도 가까이에 놓이게 되었다.

06 비문학   정답 ②

화법 공감적 듣기

정답 해설

서영은 현주에게 '너도 그랬던 거 아냐?'라며 질문하고 있으나, 이 질문의 의도는 현주가 속도위반을 한 원인이 긴장했기 때문은 아닌지 묻기 위함이지 현주의 말을 잘 이해하고 있는지를 확인하기 위함이 아니다. 따라서 대화에 나타난 공감적 듣기의 방법이 아니므로 답은 ②이다.

오답 분석

① 서영은 감탄사 '저런'을 활용해 현주가 속상한 것에 함께 공감하고 현주의 상황에 대한 동정을 드러내고 있다.

③ 서영은 마지막 말에서 긴장한 탓에 표지판을 잘 보지 못한 적이 있다는 자신의 경험을 이야기함으로써 현주가 문제의 원인을 파악할 수 있도록 도와주고 있다.

④ 서영은 '어쩌다 그런 거야?'라고 질문하며 현주가 도로 주행에서 떨어진 일에 대해 말할 수 있는 분위기를 조성하고 있다.

✓ 비문학 - 시험에 또 나올 핵심 포인트

공감적 듣기의 방법

소극적인 들어주기	• 개념: 상대가 편안히 말할 수 있도록 상대에게 집중하고 상대를 격려하는 듣기 방법 • 방법: 눈 마주치기, 고개 끄덕이기, 맞장구치기 등
적극적인 들어주기	• 개념: 상대방이 객관적으로 자신의 문제에 대응할 수 있도록 상대의 말을 요약 · 정리 · 반영해 주는 듣기 방법 • 방법: 상대방의 말을 자신이 이해한 것을 바탕으로 상대방의 말을 다시 요약 · 정리하기, 상대가 미처 하지 못한 말까지 포함하여 화자의 말을 요약 · 정리하기 등

07 어휘   정답 ②

> **출제포인트**   **관용 표현**

정답 해설
'입이 질다'는 '1. 속된 말씨로 거리낌 없이 말을 함부로 하다. 2. 말을 수다스럽게 많이 하는 버릇이 있다'라는 뜻이므로, 밑줄 친 관용 표현의 뜻풀이로 옳지 않은 것은 ②이다.

08 어휘   정답 ①

> **출제포인트**   **한자 성어**   내용에 어울리는 한자 성어

정답 해설
제시된 한시는 최치원의 '추야우중(秋夜雨中)'으로, 화자는 '세상 어디에도 알아주는 이 없네'에서 세상이 자신을 알아주지 않아 재능을 발휘할 기회가 없어 한탄하고 있음을 알 수 있다. 따라서 화자의 상황을 적절하게 표현한 한자 성어는 '髀肉之歎(비육지탄)'이므로 답은 ①이다.

• 髀肉之歎/髀肉之嘆(비육지탄): 재능을 발휘할 때를 얻지 못하여 헛되이 세월만 보내는 것을 한탄함을 이르는 말

오답 분석
② 上漏下濕(상루하습): '위에서는 비가 새고 아래에서는 습기가 오른다'라는 뜻으로, 매우 가난한 집을 비유적으로 이르는 말

③ 識字憂患(식자우환): 학식이 있는 것이 오히려 근심을 사게 됨

④ 泣斬馬謖(읍참마속): 큰 목적을 위하여 자기가 아끼는 사람을 버림을 이르는 말

정답 한 눈에 보기

01	02	03	04	05	06	07	08
①	④	③	②	①	②	④	②

01 어법   정답 ①

> **출제포인트**   **문장** 사동 표현

정답 해설
접수시키고(○): ①은 문맥상 생략된 주어가 입학처로 하여금 원서를 받게 했다는 의미이므로, '접수(接受)하다'의 어근에 사동 접미사 '-시키다'를 결합한 사동사 '접수시키다'를 쓰는 것은 적절하다.

• 접수(接受)하다: 신청이나 신고 등을 구두나 문서로 받다.

오답 분석
② ③ ④ 불필요한 사동 표현이 쓰인 경우이므로, 밑줄 친 단어를 주동 표현으로 바꾸는 것이 적절하다.

② 소화시킬(×) → 소화할(○): 문맥상 생략된 주어가 스스로 필기 내용을 제 것으로 만들었다는 의미이므로, 사동사 '소화시키다'가 아닌 주동사 '소화하다'를 써야 한다.

   • 소화(消化)하다: 배운 지식이나 기술 등을 충분히 익혀 자기 것으로 만들다.

③ 금지시키도록(×) → 금지하도록(○): 문맥상 생략된 주어가 스스로 피부병 환자의 수영장 입장 행위가 불가하도록 명령한다는 의미이므로, 사동사 '금지시키다'가 아닌 주동사 '금지하다'를 써야 한다.

   • 금지(禁止)하다: 법이나 규칙이나 명령 등으로 어떤 행위를 하지 못하도록 하다.

④ 유발시키는(×) → 유발하는(○): 문맥상 주어 '물질'이 '암'을 발병하게 한다는 의미이므로, 사동사 '유발시키다'가 아닌 주동사 '유발하다'를 써야 한다.

   • 유발(誘發)하다: 어떤 것이 다른 일을 일어나게 하다.

✓ 어법 - 시험에 또 나올 핵심 포인트

사동 표현

개념		주어(사동주)가 다른 대상(피사동주)으로 하여금 어떤 동작이나 행동(피사동 행위)를 하게 하는 것
종류	파생적 사동 (단형 사동)	주동사 어근에 사동 접미사 '-이-, -하-, -리-, -기-, -우-, -구-, -추-, -으키-, -이키-, -시키다'가 붙어 만들어진 사동사로 실현되는 사동
	통사적 사동 (장형 사동)	주동사 어간에 '-게 하다'가 결합된 사동 표현으로 실현되는 사동

02 어법
정답 ④

출제포인트 **문장 사동 표현**

정답 해설
사동 표현은 주체(사동주)가 대상(피사동주)으로 하여금 어떤 행동(피사동 행위)을 하게 하는 것을 뜻한다. ④의 '강아지는 동생에게 안기어'는 동생의 힘에 의해 강아지가 안기는 행위를 당하였다는 의미이므로 '안기다'는 피동 표현에 해당한다. 따라서 사동 표현이 없는 것은 ④이다.

오답 분석
① 사동주인 '삼촌'이 피사동주인 '조카'로 하여금 창틀만을 닦게 했다는 의미이므로, '닦이다'는 사동 표현에 해당한다. 참고로, '닦이다'는 동사 '닦다'의 어근 '닦-'에 사동 접미사 '-이-'가 결합한 사동사이다.

② 사동주인 '누나'가 피사동주인 '동생'으로 하여금 꿈에서 벗어나게 했다는 의미이므로, '깨웠다'는 사동 표현에 해당한다. 참고로, '깨우다'는 동사 '깨다'의 어근 '깨-'에 사동 접미사 '-우-'가 결합한 사동사이다.

③ 생략된 주어인 사동주가 피사동주인 '구멍'이 채워지게 했다는 의미이므로, '메우다'는 사동 표현에 해당한다. 참고로, '메우다'는 동사 '메다'의 어근 '메-'에 사동 접미사 '-우-'가 결합한 사동사이다.

03 문학
정답 ③

출제포인트 **문학 감상의 관점**

정답 해설
1번째 줄 '독자에게 미친 어떤 효과를 노린 것', 3번째 줄 '독자의 반응에 초점을 둔 문학관'을 통해 ㉠은 비평 시 독자에 중점을 두는 '효용론'임을 알 수 있으므로, ㉠에 들어갈 비평의 관점으로 옳은 것은 ③이다. 참고로, 효용론은 작품 밖 요소에 집중하는 관점인 외재적 관점에 속하며, 여기에는 효용론 외에도 반영론, 표현론이 포함된다.

오답 분석
① 반영론: 외재적 관점의 일종으로, 작품에는 당대 사회 및 현실이 반영되어 있다는 전제 하에 작품 안 세계에 구현된 현실에 집중하여 비평하는 관점이다.

② 표현론: 외재적 관점의 일종으로, 작가와 작가의 일생, 가치관 등에 집중하여 비평하는 관점이다. '생산론'으로 불리기도 한다.

④ 내재적 관점: 외재적 관점과 달리 작품의 형식, 표현, 운율 등 내적 요소에만 집중하는 관점으로, '절대주의적 관점'으로 불리기도 한다.

04 문학
정답 ②

출제포인트 **인물의 심리 및 태도**

4~5번째 줄을 통해 삼득이의 아버지가 훈을 살인하려 했음을 알 수 있으나, 6번째 줄 삼득이의 말을 통해 그가 훈을 죽이려 한 이유는 순간적인 분노 때문이 아님을 알 수 있다. 따라서 제시된 작품을 읽고 이해한 내용으로 적절하지 않은 것은 ②이다. 참고로, 훈은 지주 집안의 자식이었으나 광복 후 북한 세력의 토지 개혁이 일어나면서 마름이었던 삼득이 아버지(도섭 영감)에게 쫓기게 된 것이다.

[관련 부분]
• 삼득이가 몸을 던지듯이 아버지 앞을 막아섰다. 그리고는 어느새 아버지의 낫 쥔 팔을 붙잡았다.
• "이런 일이 있을 것 같아서 늘상 마음을 못 놓구 뒤따라 댕겠는데……."

오답 분석
① 끝에서 1번째 줄에서 삼득이는 훈에게 누이를 데려가라고 부탁하고 있다. 삼득이의 아버지가 훈을 죽이려 했고, 삼득은 훈에게 누이를 부탁하고 있으며, 아버지와 함께 지내는 누이를 불쌍하다고 말하고 있으므로 정황상 삼득이의 누이는 아버지와 대립하고 있음을 알 수 있다.

[관련 부분] "그리구 불쌍한 누이를 데리구 가 주십쇼."

③ 끝에서 7~9번째 줄을 통해 훈은 삼득이가 자신을 염탐하고 있다고 오해하고 있었으나 그것이 자신을 지켜주기 위한 의도였음을 알고 난 뒤 삼득이에게 고마움을 느낌을 알 수 있다.

[관련 부분] 훈은 새로이 눈앞이 핑 도는 심사였다. 삼득이가 여태껏 자기의 뒤를 밟은 것은 무슨 염탐질을 하기 위해서가 아니고 자기의 신변을 보살펴 주기 위함이었던가.

④ 끝에서 3번째 줄 삼득이의 말을 통해 과거에 살상이 일어났음을 알 수 있으며, 삼득이는 이러한 일이 더는 일어나지 않기를 바라며 아버지로부터 훈을 구해준 것임을 알 수 있다.

[관련 부분] "다시는 이놈의 피를 묻히디 않두룩……."

☑ 문학 – 시험에 또 나올 핵심 포인트
황순원, '카인의 후예'

주제	• 남북 분단으로 인해 하나의 민족이 둘로 나뉘게 된 혼란과 비극 • 불안정한 사회적 상황 속에서도 이뤄지는 남녀의 사랑
특징	• 당대 사회를 고발하는 성격을 보임 • 황순원의 다른 작품들과는 달리 정치적 문제를 다룸

05 비문학

출제포인트 | 세부 내용 파악

정답 해설

제시문은 4~6번째 줄에서 방학, 시험 끝난 뒤, 출퇴근 시간 등 일상생활 중 독서를 할 수 있는 시간이 충분히 있음을 이야기하고 있다. 따라서 글에 대한 이해로 가장 적절한 것은 ① '독서는 일상의 많은 순간이 적시(適時)가 될 수 있는 활동이다'이다.

[관련 부분] 학생들은 학기 중에 바쁘면 방학 때 읽고, 시험 때 바쁘면 시험 끝난 뒤에 읽으면 된다. 직장인은 회사에서 바쁘면 출퇴근 시간에 전철에서 읽고

• 적시(適時): 알맞은 때

오답 분석

② ③ 시대의 변화와 관계없이 꼭 읽어야 하는 책이 있다는 것과 읽은 책의 내용을 다른 사람과 나누어야 한다는 것은 제시문에 나타나 있지 않다.

④ 6~7번째 줄에서 독서를 하지 않으면 '한 마리의 소시민, 무지렁이 밥벌레'와 같은 무지의 상태로 살아가게 될 것임을 말하고 있으나 여기에서 벗어나기 위해 독서에서 얻은 지식을 되새겨야 한다는 내용은 나타나 있지 않다.

[관련 부분] 도대체 책 읽을 시간이 없다는 말은 그저 한 마리의 소시민, 무지렁이 밥벌레로 살겠다는 말과 같다.

06 비문학

출제포인트 | 내용 추론

정답 해설

2문단 2~4번째 줄에서 소리를 동반하지 않아도 '말'은 사상이나 감정을 표현하는 인간의 언어로 기능함을 알 수 있다. 또한 ㉠의 뒤에 상반되는 내용을 이어주는 접속 부사 '그러나'가 있음을 고려할 때 ㉠에는 '말'을 소리로만 여기는 경향이 있다는 내용이 들어가야 하므로 ㉠에 들어갈 주장으로 적절한 것은 ② '언어음이란 형식을 갖추어 밖으로 들리는 소리'이다.

[관련 부분] 인간 언어라는 것은 비단 사람의 입에서 나와 공기의 파동을 통하여 다른 사람의 귀에 들리는 소리만을 뜻하는 것은 아니다. 소리가 없이도 인간은 그의 사상과 감정을 훌륭하게 표현할 수 있다.

오답 분석

③ ㉠에는 소리뿐 아니라 인간의 사상과 감정을 표현하는 모든 수단이 '말'에 포함된다는 내용과 상반되는 말이 들어가야 함을 알 수 있다. 따라서 ㉠에 '말'이 소리인 '언어음'만을 지칭한다는 내용이 들어가야 하는 것은 적절하나, 그것이 말하는 사람의 감정과 별개로 표현된다는 내용은 관계가 없으므로 적절하지 않다.

07 어휘

출제포인트 | 한자어 한자의 표기

정답 해설

㉠과 ㉡에 들어갈 한자어를 순서대로 나열하면 '遝至－亂杖'이므로 답은 ④이다.

• ㉠ 遝至(뒤섞일 답, 이를 지): 한군데로 몰려들거나 몰려옴
• ㉡ 亂杖(어지러울 난, 지팡이 장): 여러 사람이 한꺼번에 덤비어 때리는 매

오답 분석

㉠ 答紙(대답 답, 종이 지): 문제의 해답을 쓰는 종이
㉡ 亂場(어지러울 난, 마당 장): 여러 사람이 어지러이 뒤섞여 떠들어 대거나 뒤엉켜 뒤죽박죽이 된 곳. 또는 그런 상태

08 어휘

출제포인트 | 한자 성어 문맥에 적절한 한자 성어

정답 해설

'不恥下問(불치하문)'은 '손아랫사람이나 지위나 학식이 자기만 못한 사람에게 모르는 것을 묻는 일을 부끄러워하지 않음'을 이르는 말이다. 문맥상 ②는 이 교수가 논문 표절이 밝혀졌음에도 잘못을 인정하지 않는 태도를 보였다는 의미이므로, 밑줄 친 한자 성어의 쓰임이 적절하지 않은 것은 ②이다.

오답 분석

① '附和雷同(부화뇌동)'은 줏대 없이 남의 의견에 따라 움직임을 이르는 말이다. 문맥상 ①은 다른 사람의 의견에 흔들리지 말고 자신의 적성에 따라 직업을 선택해야 한다는 의미이므로 그 쓰임이 적절하다.

③ '守株待兔(수주대토)'는 한 가지 일에만 얽매여 발전을 모르는 어리석은 사람을 비유적으로 이르는 말이다. 문맥상 ③은 기회가 오기만을 기다리는 것에 얽매인 채 아무것도 하지 않으면 성공하지 못할 것이라는 의미이므로 그 쓰임이 적절하다.

④ '錦上添花(금상첨화)'는 '비단 위에 꽃을 더한다'라는 뜻으로, 좋은 일 위에 또 좋은 일이 더하여짐을 비유적으로 이르는 말이다. 문맥상 ④는 '휴가를 내어 여행을 왔다'라는 긍정적인 일에 '날씨도 맑다'라는 또 다른 긍정적인 일이 더해졌다는 의미이므로 그 쓰임이 적절하다.

매일 국어 | 10일

본책 64p

정답 한 눈에 보기

01	02	03	04	05	06	07	08
①	④	④	②	②	④	②	①

01 어법

정답 ①

출제포인트 한글 맞춤법 맞춤법에 맞는 표기

정답 해설

깊숙히(×) → 깊숙이(○): 부사 '깊숙이'는 '깊숙하다'의 어근 '깊숙-'에 부사 파생 접미사 '-이'가 결합한 것이며, '이'가 [이]로만 발음되는 단어이다. 따라서 한글 맞춤법 제51항에 의해 '깊숙히'가 아닌 '깊숙이'로 표기해야 하므로 적절하지 않은 것은 ①이다.

오답 분석

② 서슴치(×) → 서슴지(○): '결단을 내리지 못하고 머뭇거리며 망설이다'라는 의미로 쓰이는 단어의 기본형은 '서슴다'이므로, 어간 '서슴-'에 연결 어미 '-지'가 결합한 형태는 '서슴지'로 써야 한다.

③ 붙여(×) → 부쳐(○): '편지나 물건 등을 일정한 수단이나 방법을 써서 상대에게로 보내다'라는 의미로 쓰이는 단어는 '부치다'이다. 따라서 '부치다'의 어간 '부치-'에 연결 어미 '-어'가 결합한 형태는 '붙여'가 아닌 '부쳐'로 써야 한다.

④ 상판때기(×) → 상판대기(○): "얼굴'을 속되게 이르는 말'은 '상판대기'이므로, '상판때기'는 '상판대기'로 고쳐 써야 한다. 참고로, '상판때기'는 '상판대기'의 잘못된 표현이다.

✅ 어법 - 시험에 또 나올 핵심 포인트

한글 맞춤법 제51항 - 1

규정	부사의 끝음절이 분명히 '이'로만 나는 것은 '-이'로 적고, '히'로만 나거나 '이'나 '히'로 나는 것은 '-히'로 적는다. 1. '이'로만 나는 것
예	가붓이, 깨끗이, 나붓이, 느긋이, 둥긋이, 따뜻이, 반듯이, 버젓이, 산뜻이, 의젓이, 가까이, 고이, 날카로이, 대수로이, 번거로이, 많이, 적이, 헛되이, 겹겹이, 번번이, 일일이, 집집이, 틈틈이

02 어법

정답 ④

출제포인트 한글 맞춤법 맞춤법에 맞는 표기

정답 해설

덮힌(×) → 덮인(○): '일정한 범위나 공간이 빈틈없이 휩싸이다'라는 뜻의 단어는 '덮이다'로, '덮다'의 피동사이다. 따라서 '덮히다'는 어법에 맞지 않으므로, 답은 ④이다.

오답 분석

① 말아라(○): 보조 동사 '말다'의 어간 '말-'에 명령형 어미 '-아라'가 결합한 형태는 '말아라'로 표기할 수 있다. 참고로, '말다'가 명령형 어미 '-아라', '-아'와 결합할 때, 활용형 '마라/말아라', '마/말아'는 모두 맞춤법에 맞는 표기이다.

② 조그맣네(○): 형용사 '조그맣다'의 어간 '조그맣-'에 종결 어미 '-네'가 결합한 형태는 '조그맣네'로 표기할 수 있다. 참고로, '조그맣다'처럼 'ㅎ'으로 끝나는 형용사 어간은 '-네'와 결합할 때 'ㅎ'이 탈락하기도 하고 그렇지 않기도 한다.

③ 주꾸미(○): '문어과의 연체동물' 중 하나를 지칭하는 단어는 '주꾸미'이다. 참고로, '쭈꾸미'는 맞춤법에 맞지 않는 표기이다.

03 문학

정답 ④

출제포인트 시구의 의미

정답 해설

㉠, ㉡, ㉢은 모두 '묵은 사랑(낡고 오래된 사랑)'을 의미하는 반면, ㉣은 '새 사랑'을 의미하므로, 나머지 셋과 성격이 다른 하나는 ㉣이다.

• ㉠: 1연 1~4행 '삶은 계란의 껍질이/벗겨지듯/묵은 사랑이/벗겨질 때'는 많은 시간이 지나 '묵은 사랑'이 마음으로부터 멀어지는 모습을 '삶은 계란의 껍질'이 벗겨지는 모습으로 비유한 것이다.

• ㉢: 2연 1~5행 '먼지 앉은 석경(石鏡) 너머로/너의 그림자가/움직이듯/묵은 사랑이/움직일 때'는 '묵은 사랑'이 마음을 동요시키는 것을 먼지 쌓인 거울에 본모습이 아닌 그림자만이 반사되는 모습으로 비유한 것이다.

• ㉡, ㉣: 1~3연 마지막 두 행에서 화자는 '얻는다는 것은 곧 잃는 것이다'라고 하며 새 사랑을 얻는다는 것은 곧 묵은 사랑을 잃는 것임을 말하고 있으므로, '붉은 파밭의 푸른 새싹'에서 '붉은 파밭'은 기존에 있던 '묵은 사랑'을, '푸른 새싹'은 새로 돋는 '새 사랑'을 의미함을 알 수 있다.

[관련 부분] 붉은 파밭의 푸른 새싹을 보아라. / 얻는다는 것은 곧 잃는 것이다.

✅ 문학 – 시험에 또 나올 핵심 포인트

김수영, '파밭 가에서'

주제	묵은 사랑을 넘어 새 사랑을 얻으려는 의지
특징	• 1~3연의 형식이 동일함 • 시각적 이미지, 역설법, 직유법 등을 활용하여 주제를 효과적으로 표현함

대조적 표현	묵은 사랑 붉은 파밭	↔	새 사랑 푸른 새싹

04 문학
정답 ②

출제포인트 글의 구조 파악

정답 해설

제시된 작품의 ㉠~㉢을 사건의 시간 순서대로 가장 적절하게 배열한 것은 ② '㉡→㉠→㉢'이다.

• ㉡: ㉡의 앞 내용으로 볼 때 '김 진사'가 '부인'에게 '걱정 근심 없이 재미있게 살자'라고 말한 것은 **서울에 가서 '허 판서'를 만나기 전임**을 알 수 있다.

[관련 부분] "서울 가시더니 정신이 돌아 버렸구려. 예전에는~"

• ㉠: '김 진사'가 '허 판서'를 사위로 정한 것은 **서울에 가서 '허 판서'를 만난 이후에 벌어진 일**임을 알 수 있다.

• ㉢: ㉢의 앞 내용으로 볼 때 '부인'이 딸 '채봉'을 '허 판서'의 첩으로 보내는 것을 반대하자 '김 진사'가 보이는 반응이다. 따라서 ㉢은 **현 시각에 일어나고 있는 일이므로, 시간 순서상 가장 마지막**임을 알 수 있다.

[관련 부분] "나는 죽어도 그런 호강 아니 시키겠소."/김 진사 이 말을 듣고

✅ 문학 – 시험에 또 나올 핵심 포인트

작자 미상, '채봉감별곡(彩鳳感別曲)'

주제	권력의 횡포에도 지조를 지키는 순수한 사랑
특징	• 주인공 '채봉'을 통해 진취적인 여성상을 보여줌 • 매관매직 등 조선 말기 문란해진 사회의 모습을 보여줌

05 비문학
정답 ②

출제포인트 글의 전략 파악

정답 해설

1~4번째 줄에서 '국상(國相)'을 제가인 '상가'로 보는 관점과 '국왕 휘하의 신료집단'으로 보는 관점을 상반되게 제시하여 대상인 '국상'을 설명하고 있으므로 <보기>에 대한 설명으로 가장 옳은 것은 ②이다.

[관련 부분] 일반적으로 『삼국사기』 고구려본기에 보이는 국상(國相)이 상가를 의미한다고 보지만, 그와 달리 국상은 제가가 아니라 국왕 휘하의 신료집단을 대표하였다고 보기도 한다.

오답 분석

① ③ 제시문에는 구체적인 예시를 든 부분이나 일반적 견해에 대해 반박하는 내용이 나타나 있지 않다.

④ 끝에서 2~5번째 줄에서 제가회의의 대표자와 성격에 따른 변천을 다루고 있으나, 같은 시대 내에서 일어난 변화이므로 시대의 흐름에 따른 변천 과정이라는 설명은 적절하지 않다.

[관련 부분] 처음에는 국왕도 제가회의의 구성원으로 국왕이 제가회의를 주재하였지만, 일정 시점부터 상가 내지 국상이 제가회의를 대표하였다. 왕권이 강화되며 제가회의는 국왕 아래의 정치회의로 변모한 것이다.

※ 출처: 한국학중앙연구회, 한국민족문화대백과사전

06 비문학
정답 ④

출제포인트 **작문** 조건에 맞는 글쓰기

정답 해설

'영화는~한 사람의 인생을 이야기해 준다'에서 '영화'를 의인화하여 표현하고, '감상에 정답과 오답은 없으므로 어느 하나를 비난해서는 안 된다'에서 '타인과의 화합'이라는 주제를 간접적으로 드러낸 ④가 조건을 모두 반영하여 쓴 글이다.

오답 분석

① '사는 게 편할 것 같은'에서 '기차'를 의인화하고 있으나, '서로를 도우며 배려할 때'를 통해 '타인과의 화합'이라는 주제를 직접적으로 드러내므로 적절하지 않다.

② 타인과 목소리를 맞추는 일에서 '타인과의 화합'이라는 주제를 간접적으로 드러내고 있으나, 대상을 의인화하여 표현하고 있지 않으므로 적절하지 않다.

③ '기지개를 펴듯 피어나는 식물들'에서 '식물'을 의인화하고 있으나 '타인과의 화합'이라는 주제가 드러나지 않으므로 적절하지 않다.

해커스공무원 양효주 매일 국어 2

07 어휘   정답 ②

출제포인트 **한자어** 한자어의 독음

정답 해설
독음은 '乖離(괴리) – 捺印(날인) – 墮落(타락)'이므로 답은 ②이다.

- 乖離(어그러질 괴, 떠날 리): 서로 어그러져 동떨어짐
- 捺印(누를 날, 도장 인): 도장을 찍음
- 墮落(떨어질 타, 떨어질 락): 올바른 길에서 벗어나 잘못된 길로 빠지는 일

오답 분석
① • 否決[불결(×) → 아닐 부, 결단할 결(○)]: 의논한 안건을 받아들이지 않기로 결정함. 또는 그런 결정
- 情況(뜻 정, 상황 황): 1. 일의 사정과 상황 2. 인정상 딱한 처지에 있는 상황
- 桎梏(차꼬 질, 수갑 곡): 1. 옛 형구인 차꼬와 수갑을 아울러 이르는 말 2. 몹시 속박하여 자유를 가질 수 없는 고통의 상태를 비유적으로 이르는 말

③ • 苦衷(쓸 고, 속마음 충): 괴로운 심정이나 사정
- 辛酸(매울 신, 실 산): 1. 맛이 맵고 심 2. 세상살이가 힘들고 고생스러움을 비유적으로 이르는 말
- 褒貶[보폄(×) → 기릴 포, 낮출 폄(○)]: 옳고 그름이나 선하고 악함을 판단하여 결정함

④ • 干涉[건섭(×) → 방패 간, 건널 섭(○)]: 직접 관계가 없는 남의 일에 부당하게 참견함
- 紐帶(맺을 유, 띠 대): 끈과 띠라는 뜻으로, 둘 이상을 서로 연결하거나 결합하게 하는 것. 또는 그런 관계
- 陳述(베풀 진, 펼 술): 일이나 상황에 대하여 자세하게 이야기함. 또는 그런 이야기

08 어휘   정답 ①

출제포인트 **표기상 틀리기 쉬운 어휘**

정답 해설
사글세(○): '집이나 방을 다달이 빌려 쓰는 일. 또는 그 돈'을 뜻하는 어휘는 '사글세'이므로, 밑줄 친 어휘의 표기가 옳은 것은 ①이다.

오답 분석
② 삵괭이(×) → 살쾡이(○): '고양잇과의 포유류'를 뜻하는 어휘는 '살쾡이'로 써야 한다.

③ 굴찍한(×) → 굵직한(○): '어떤 인물이나 일, 사건 등이 다른 사람이나 일, 사건에 비하여 꽤 중요하고 비중이 있다'를 뜻하는 어휘는 '굵직하다'이므로, '굵직한'으로 써야 한다.

④ 넓직한(×) → 널찍한(○): '꽤 너르다'를 뜻하는 어휘는 '널찍하다'이므로, '널찍한'으로 써야 한다.

매일 국어 | 11일   본책 70p

정답 한 눈에 보기

01	02	03	04	05	06	07	08
②	④	③	①	③	②	④	②

01 어법   정답 ②

출제포인트 **언어의 본질** 언어의 특징, 언어와 사고

정답 해설
〈보기〉는 '언어의 사회성'을 설명하고 있다. ②는 개인이 주스를 '주스'라고 부르는 사회적 약속을 어기고 임의로 '커피'라 불러 의사소통이 불가능해진 것이므로, 〈보기〉의 예로 가장 적절하다.

오답 분석
① 같은 대상을 가리키는 말이 시간의 흐름에 따라 형태가 'ᄆᆞᅀᆞᆷ'에서 '마음'으로 바뀌었다는 것이므로, '언어의 역사성'에 해당하는 예이다.

③ '무지개'라는 연속적인 대상을 언어를 통해 불연속적인 것으로 끊어서 나타내고 있으므로, '언어의 분절성'에 해당하는 예이다.

④ 나라마다 동일한 대상을 가리키는 말이 다르다는 것이므로, '언어의 자의성'에 해당하는 예이다.

✅ **어법** – 시험에 또 나올 핵심 포인트

언어의 특성

자의성	언어에서, 소리와 의미의 관계가 필연적이지 않은 특성
사회성	언어에서, 소리와 의미의 관계가 사회적으로 약속된 것이어서 개인이 마음대로 바꿀 수 없는 특성
역사성	언어에서, 시간이 흐름에 따라 단어의 소리와 의미가 변하거나 문법 요소가 변화하는 특성
분절성	언어에서, 연속적으로 이루어져 있는 세계를 불연속적으로 끊어서 표현하는 특성
추상성	언어에서, 어떠한 개념이 서로 다른 개별적이고 구체적인 대상으로부터 공통되는 속성을 추출하는 과정을 통해 형성되는 특성

02 어법   정답 ④

출제포인트 **언어의 본질** 언어의 특징, 언어와 사고

정답 해설
언어의 특성이 잘못 짝지어진 것은 ④이다.

- (라): '오늘'이라는 같은 의미를 가진 말을 나라마다 다르게 표현한다는 것으로, 이는 언어의 의미와 말소리 사이에는 필연적인 관계가 없음을 의미하는 **언어의 자의성과 관련이 있다.** 참고로, ⊙ '규칙성'은 언어에는 일정한 규칙과 체계로 짜여진 구조가 있다는 특성이다.

오답 분석
① (가): '방송(放送)'의 의미가 처음에는 '석방'에서 시간이 흐름에 따라 '보도'로 변화하였다는 것으로 언어의 역사성과 관련이 있다. 참고로, ⓒ '역사성'은 언어가 시간의 흐름에 따라 생성, 발전(변화), 소멸한다는 특성이다.

② (나): '밥'의 말소리를 개인이 임의로 [밥]에서 [법]으로 바꾸면 사회적 약속이 깨져 다른 사람들과 의사소통이 불가능하다는 것으로 언어의 사회성과 관련이 있다. 참고로, ② '사회성'은 언어가 언어를 사용하는 사람들 간의 사회적 약속이라고 보는 특성이다.

③ (다): '종이가 찢어졌어'라는 말을 배운 아이가 새로운 문장인 '책이 찢어졌어'를 만들어 표현하였다는 것으로 언어의 창조성과 관련이 있다. 참고로, ⓒ '창조성'은 언어를 상황에 따라 새로운 말들로 만들어 표현할 수 있다는 특성이다.

03 문학
정답 ③

출제포인트   소재의 의미

정답 해설
ⓒ '정오 사이렌'이 울리는 것을 계기로 '나'는 자신의 주위가 활기차게 움직이는 것을 인식하며, 자유로운 삶을 지향하게 되므로, ⓒ '정오 사이렌'은 '나'의 의식을 일깨우는 대상임을 알 수 있다. 따라서 '나'의 의식과 대비되는 활기찬 세계의 모습을 보여주는 대상이라는 분석은 적절하지 않으므로 답은 ③이다.

오답 분석
① ⊙ 앞에서는 의식을 거의 잃어버린 '나'의 모습이 나오고, ⊙ '금붕어'를 관찰하면서 멈췄던 '나'의 의식은 '지느러미'와 같이 조금씩 깨어나게 되므로 적절하다.

[관련 부분] 지느러미는 하늘하늘 손수건을 흔드는 흉내를 낸다. 나는 이 지느러미 수효를 헤어 보기도 하면서 굽힌 허리를 좀처럼 펴지 않았다.

② '나'가 내려다보는 ⓒ '회탁의 거리'는 '나'의 바깥에 있는 도시의 모습이다. 그러나 '피곤한 생활'을 '금붕어 지느러미'처럼 흐느적거리고 '끈적끈적한 줄'에 엉켜 있는 모습으로 '나'가 인식하는 것을 통해 ⓒ은 도시의 모습인 동시에 '나'의 복잡한 내면을 드러낸 것이기도 함을 알 수 있다.

[관련 부분] 피곤한 생활이 똑 금붕어 지느러미처럼 흐늑흐늑 허비적거렸다. 눈에 보이지 않는 끈적끈적한 줄에 엉켜서 헤어나지들을 못한다.

④ 5문단 1번째 줄 '불현듯이 겨드랑이가 가렵다'에서 멈췄던 의식이 깨어나며 '날개야 다시 돋아라. ~ 한 번만 더 날아 보자꾸나'라고 외치는 '나'의 모습을 통해 ② '날개'는 이상을 향하여 자유롭게 사는 삶을 의미함을 알 수 있다.

✓문학 – 시험에 또 나올 핵심 포인트

이상, '날개'

주제	• 무기력하고 불안정한 자아에서 탈피하려는 욕구 • 진정한 자아를 되찾아 자유롭게 살고자 하는 의지
특징	• 의식의 흐름 기법을 사용한 심리 소설 • '나'와 '아내'의 대조된 삶이 대비되는 두 사람의 방을 통해 드러남

04 문학
정답 ①

출제포인트   화자의 정서 및 태도

정답 해설
제시된 작품과 ①의 시적 화자는 모두 자연의 풍경을 예찬하고 있으므로, 정서가 가장 유사한 것은 ①이다.

- 제시된 작품: 화자는 봄에 농사를 짓고 경치를 감상하고 있으며, 마지막 행 '도원(桃源)은 어드매오 무릉(武陵)은 여기로다(무릉도원이 어디인가, 여기가 바로 그곳이로다)'에서 아름다운 자연의 풍경을 무릉도원에 빗대며 예찬하고 있다.

- ①: 정철의 '관동별곡(關東別曲)' 중 일부분으로, '造조化화翁옹이 헌수토 헌수홀샤(조물주의 솜씨가 야단스럽기도 야단스럽구나)'에서 화자는 금강산을 만든 조물주 솜씨를 칭찬하며 아름다운 풍경을 예찬하고 있다.

오답 분석
② 박인로의 '선상탄(船上嘆)' 중 일부분으로, 화자는 '궁달(窮達)(신하와 임금)'의 길이 서로 달라 못 모시고 늙더라도 '우국 단심(憂國丹心)'을 잊지 않겠다는 충성심을 드러내고 있다.

③ 정철의 '사미인곡(思美人曲)' 중 일부분으로, 화자는 '동산(東山)의 둘'과 '북극(北極)의 별'을 보면서 '임이신가'하며 임을 떠올리면서 임을 그리워하고 있다.

④ 허전의 '고공가(雇工歌)' 중 일부분으로, '고공(雇工)들아 시 ᄆᆞᆷ 먹어슬라(머슴들아, 새 마음을 먹으려무나)'에서 화자는 머슴들에게 새롭게 마음을 다잡을 것을 요구하고 있다.

[지문풀이]

> 〈제시된 가사〉
> 매화꽃이 피어 있는 창문 아침 볕의 향기에 잠을 깨니
> 산촌 늙은이의 할 일이 아주 없지도 않다.
> 울타리 밑 양지 편에 오이씨를 뿌려 두고
> (김을) 매고, (흙을) 돋우면서 비 온 김에 손질하니
> 청문의 고사를 이제도 있다 하겠다.
> 짚신을 바삐 신고 대나무 지팡이를 흩어 짚으니
> 복숭아꽃 핀 시냇길에 꽃다운 풀이 우거진 물가에 이어졌구나.

잘 닦은 거울(맑은 물) 속에 저절로 그린 병풍처럼
(드리워진 절벽) 그림자를 벗 삼아 서로 함께 가니
무릉도원이 어디인가, 여기가 바로 그곳이로다.

① 중국의 여산과도 같이 아름다운 금강산의 참모습이 여기서야 다 보이는구나. / 아아, 조물주의 솜씨가 야단스럽기도 야단스럽구나.　　　　　　　　　　　　　　　　 – 정철, '관동별곡(關東別曲)' 중에서
② 신하와 임금의 신분이 서로 달라 모시지 못하고 늙은들 / 나라를 걱정하는 충성스러운 마음이야 어느 때라고 잊을 수 있겠는가?　　　　　　　　　　　　　　　　 – 박인로, '선상탄(船上嘆)' 중에서
③ 동산에 달이 떠오르고 북극성이 보이므로 / 임이신가 하여 반가워하니 눈물이 절로 난다.　　 – 정철, '사미인곡(思美人曲)' 중에서
④ 김가 이가 머슴들아, 새 마음을 먹으려무나. / 너희들 젊었다 하여 생각하려고 아니하느냐?　　 – 허전, '고공가(雇工歌)' 중에서

✅ 문학 – 시험에 또 나올 핵심 포인트

정철, '성산별곡'

주제	성산 풍경의 아름다움과 식영정의 주인인 김성원의 풍류에 대한 찬사
특징	• 계절의 흐름에 따라 시상을 전개하며 자연의 모습을 예찬함 • 고사나 한문 투 어휘가 많이 사용됨 • 강호가도(江湖歌道)의 사조를 세움

---

05 비문학　　　　　　　　　정답 ③

출제포인트 주제 및 중심 내용 파악

정답 해설
제시문을 통해 헤겔이 시민사회의 모순을 국가가 해결할 수 있다고 본 것과 달리, 마르크스는 시민사회의 모순이 해결된 형태인 인간적 해방은 경제적 영역의 변화를 통해 이루어진다고 보았음을 알 수 있다. 따라서 제시문의 제목으로 적절한 것은 '사회적 모순을 해결하는 방법'이므로 답은 ③이다.

---

06 비문학　　　　　　　　　정답 ②

출제포인트 내용 추론

정답 해설
1문단 2~5번째 줄에서 1932년 후반에 이르러서야 사운드 기술의 발달로 녹음 트랙의 개수가 필름의 개수와 비슷하게 줄어들었음을 알 수 있으므로 적절하지 않은 것은 ②이다.

[관련 부분] 1932년 후반, ~이때에는 필름의 끝 넘버와 녹음 트랙 끝 넘버를 동시녹음에 가깝게 만들 수 있을 정도로 사운드를 발전시켰다.

오답 분석
① 1문단 끝에서 1~3번째 줄에서 1930년대 영화인 〈킹콩〉은 내러티브에 편집 방법, 세트 디자인, 음악과 같은 다른 영화적 요소가 종속되었음을 알 수 있으며, 이를 통해 1930년대 영화에서 내러티브는 다른 것에 종속되지 않는 독립적인 요소였음을 추론할 수 있다.
[관련 부분] 연속성 편집, 세트 디자인과 같은 다른 기법처럼, 대부분의 사운드도 독립적으로 사용되는 것이 아닌, 내러티브를 이끌어가는 한 요소로 그 초기부터 종속된 것을 볼 수 있다.
③ 2문단 끝에서 1~6번째 줄에서 설명하고 있는 1930년대에 쓰인 영화 촬영 기법의 발전 과정을 통해 추론 가능한 내용이다. 불가능하다고 여겨지던 미묘함을 전달하기 위해 카메라 기법을 바꾼 것을 통해 고정관념을 탈피했음을, 카메라의 무게와 이동성 측면의 단점을 개선할 수 있는 기기를 개발한 것에서 기술이 발전되었음을 추론할 수 있다.
[관련 부분] 이들의 실험 등을 통해서 예전에는 불가능하던 것으로 생각되던 미묘한 것들을 전달하기 위해 이동 카메라나 카메라 이동을 적절히 사용하였다. 카메라도 초기의 무겁고 이동하기 힘들었던 단점을 극복하고 보다 튼튼한 카메라 트라이포드를 개발해서 자유로운 카메라 움직임을 가능하게 했다. 이로써 달리와 크레인은 1930년대 영화에 가장 많이 쓰였던 카메라 기법이 되었다.
④ 2문단 3~5번째 줄에서 유럽에서 활동하던 무르나우와 뒤퐁은 심리적·주제적 표현을 위해 카메라를 움직였음을 알 수 있으며, 이를 통해 1920년대 유럽 영화에서는 인물의 심리가 카메라의 이동으로 표현되었음을 추론할 수 있다.
[관련 부분] 1920년대 유럽에서 할리우드로 진출한 무르나우와 뒤퐁 등은 심리적이며 주제적인 이유로 쇼트 내에서도 카메라를 움직였다.

---

07 어휘　　　　　　　　　정답 ④

출제포인트 한자 성어 한자의 표기

정답 해설
⊙~@의 한자 성어를 순서대로 표기하면 '類類相從 – 狐假虎威 – 明若觀火'이므로 답은 ④이다.
• ⊙ 類類相從(무리 유, 무리 유, 서로 상, 좇을 종): 같은 무리끼리 서로 사귐
• ⓒ 狐假虎威(여우 호, 거짓 가, 범 호, 위엄 위): 남의 권세를 빌려 위세를 부림
• ⓒ 明若觀火(밝을 명, 같을 약, 볼 관, 불 화): 불을 보듯 분명하고 뻔함

오답 분석
⊙ 由(말미암을 유)
ⓒ 可(옳을 가)
ⓒ 藥(약 약)

---

08 어휘

출제포인트 **한자 성어** 문맥에 적절한 한자 성어

정답 해설
'임진왜란 당시 일본 장수와 함께 강에 뛰어들어'를 통해 논개는 자신을 희생해 나라를 지킨 인물임을 알 수 있으므로, 괄호 속에 들어갈 말로 가장 적절한 것은 ② '殺身成仁'이다. 참고로, '異口同聲(이구동성)'은 '입은 다르나 목소리는 같다'라는 뜻으로, 여러 사람의 말이 한결같음을 이르는 말이다.

- 殺身成仁(살신성인): 자기의 몸을 희생하여 인(仁)을 이룸

오답 분석
① 孤立無援(고립무원): 고립되어 구원을 받을 데가 없음
③ 切齒腐心(절치부심): 몹시 분하여 이를 갈며 속을 썩임
④ 和而不同(화이부동): 남과 사이좋게 지내기는 하나 무턱대고 어울리지는 않음

정답 한 눈에 보기

01	02	03	04	05	06	07	08
①	②	②	④	④	③	④	③

01 어법

정답 ①

출제포인트 **표준 언어 예절** 전화 예절

정답 해설
전화가 잘못 걸려왔을 때 '아닙니다.'라고만 말하면 상대방이 '거기 ㅇㅇㅇㅇ[전화번호]번 아닌가요?'하고 재차 질문을 하게 되고, '전화 잘못 거셨습니다.'라고만 말하면 상대방의 기분을 상하게 할 수 있으므로 표준 언어 예절에 대한 설명으로 적절하지 않은 것은 ①이다. 참고로, 이런 상황에서는 '아닙니다, 전화 잘못 걸렸습니다.'처럼 예의를 갖추어 친절하게 말하는 것이 표준 언어 예절에 부합한다.

02 어법

정답 ②

출제포인트 **표준 언어 예절** 전화 예절

정답 해설
통화하려는 사람이 없을 때 전화를 건 쪽이 전화번호를 알려줘야 한다는 것은 표준 언어 예절에 나와 있지 않은 내용이므로 바람직하지 않은 것은 ②이다. 참고로, 통화하려는 사람이 없을 때는 '연희'의 두 번째 말과 같이 '죄송합니다만, ○○[이름]한테서 전화왔었다고 전해 주시겠습니까?'라고 말하는 것이 바람직하다.

오답 분석
① '연희'의 말 중 '들어가세요'는 명령형 표현이므로 전화 상황임과 상대가 윗사람인 고모부임을 감안하면 피하는 것이 좋다. 참고로, 전화를 끊을 때에는 '안녕히 계십시오', '고맙습니다'와 같은 표현을 사용하는 것이 바람직하다.
③ '재민'의 첫 번째 말 '여보세요?'처럼 가정에서는 전화기의 벨이 울리면 전화를 받은 쪽이 먼저 '여보세요'라고 말하는 것이 바람직하다. 참고로, 전화를 받은 장소가 회사라면 회사나 부서, 받는 사람을 밝혀 받아야 한다.
④ 고모부인 '재민'이 조카 '연희'에게 전화를 걸 때는 '고모부'라고 자신을 지칭하는 것이 바람직하다.

03 문학
정답 ②

출제포인트 관점과 태도 파악

정답 해설
2문단 끝에서 1~2번째 줄 '그러므로 갓난아이의 울음소리에는 거짓이 없다는 것을 마땅히 본받아야 하리이다'에서 **필자는 갓난아이의 울음에서 진실함을 본받아야 한다고 생각함**을 알 수 있다.

오답 분석
① 3문단에서 필자가 '통곡할 만한 자리'로 삼은 곳들은 탁 트인 넓은 세계로, 필자가 이곳에서 통곡하고자 하는 이유는 넓은 세계를 마주한 기쁨 때문이므로 필자의 견해와 일치하지 않는다.

③ 2문단 6~8번째 줄에서 필자가 인간은 칠정 중 '허물·환란·근심·걱정'을 많이 경험한다고 하였음을 알 수 있으나, 즐거움과 기쁨을 얼마나 경험하는가에 대해서는 언급하지 않았으므로 적절하지 않다.

[관련 부분] 혹 누가 말하기를 인생은 잘나나 못나나 죽기는 일반이요, 그 중간에 허물·환란·근심·걱정을 백방으로 겪을 터이니

④ 2문단 끝에서 3~6번째 줄에서 갓난아이는 어미의 태 속에서 탁 트인 넓은 곳으로 빠져 나온 시원함을 울음으로 표현함을 알 수 있으므로 필자의 견해와 일치하지 않는다.

[관련 부분] 아이가~어둡고 갑갑하고 얽매이고 비좁게 지내다가 하루아침에 탁 트인 넓은 곳으로 빠져나오자~시원하게 될 터이니

☑ 문학 - 시험에 또 나올 핵심 포인트

박지원, '통곡할 만한 자리'

주제	신세계를 맞이한 것에 대한 즐거움, 드넓은 땅을 보고 느끼는 감동
특징	• 표현: 비유와 예시를 적절히 사용함 • 구성: 기승전결 및 문답과 유추로 글을 구성함 • '울어 볼 만하다': 작가의 창의적 사고가 드러남

04 문학
정답 ④

출제포인트 현대시의 종합적 감상

정답 해설
1~4연 모두 행을 나누지 않았으므로 산문시 형식을 취함을 알 수 있으나, 이를 통해 아련한 분위기를 조성하는 것이 아니라 **경험을 상세하게 전달하고 있으므로** 특징으로 적절하지 않은 것은 ④이다.

오답 분석
① 1연 '붕어곰은 언제나 맛있었다', 2연 '부엌에는~팔(八)모 알상이~잔(盞)이 뵈었다', 3연 '아들아이는 범이라고~나와 동갑이었다', 4연 '~엄지의 젖을 빠는 망아지도 있었다' 등을 종합할 때, 어릴 적 주막에서 경험한 추억을 그려내고 있음을 알 수 있다.

② 2연의 '빨갛게'와 '새파란'에서 붉은색과 파란색의 색채 대비를 이루고 있으며, '팔(八)모 알상'과 '눈알만 한 잔(盞)'에서 여덟모가 난 큰 상과 작은 잔이 크기 대비를 이루고 있다.

③ 1연에는 맛있었던 음식, 2연에는 음식이 놓인 상의 모습, 3연에는 자신과 동갑이었던 아이의 특징과 모습, 4연에는 시장에 있는 망아지의 모습이 객관적 묘사가 아닌 어린아이의 주관적 시각에 의해 표현되어 있다.

☑ 문학 - 시험에 또 나올 핵심 포인트

백석, '주막'

주제	어릴 적 주막에서의 추억 묘사
특징	• 어린아이의 시선으로 시상을 전개함 • 색채 대비, 크기 대비가 드러남 • 방언을 사용하여 향토적 분위기를 조성함

05 비문학
정답 ④

출제포인트 관점과 태도 파악

정답 해설
2문단에서 '인문적' 의미로서의 유교 문화는 내면적이고 정신적인 가치, 자연 친화적인 가치, 생태 중심적 가치를 중시한다고 하였으므로 '인문적인 유교 문화에서는 자연과 함께 어울려 살아가는 정신적 가치를 높게 평가한다'는 글쓴이의 입장에 부합하는 내용이다. 따라서 답은 ④이다.
[관련 부분] 유교 문화가 이런 뜻에서 '인문적'이라는 것은 유교 문화가 가치관의 측면에서~내면적이고 정신적이며, 태도의 시각에서~자연 친화적이며, 윤리적인 시각에서 인간 중심이 아니라 생태 중심적임을 말해준다.

오답 분석
①②③은 글쓴이의 입장과는 다른 내용이다.

① 1문단 끝에서 3~4번째 줄을 통해 '인(仁)'은 생명체 전체에게 지켜야 하는 가치임을 알 수 있으므로 적절하지 않다.
[관련 부분] 이때 '남'은 인간만이 아닌 자연의 모든 생명체로 확대된다.

② 1문단 1~3번째 줄을 통해 '인(仁)'은 관점이 달라져도 주된 의미는 달라지지 않는 단순 명료한 개념임을 알 수 있으므로 적절하지 않다.
[관련 부분] '인(仁)'이라는 말은 다양하게 정의되며, 그런 정의에 대한 여러 논의가 있을 수 있기는 하다. 하지만 '인(仁)'의 핵심적 의미는 어쩌면 놀랄 만큼 단순하고 명료하다.

③ 4문단 끝에서 3~5번째 줄을 통해 현대 사회의 동양인은 유교적으로 사고함을 알 수 있으므로 적절하지 않다.
[관련 부분] 하지만 그런 가운데에서도 동양인의 감성과 사고의 가장 심층에 깔려 있는 것은 역시 동양적, 유교적 즉 '인문적'이라고 볼 수 있다.

06 비문학   정답 ③

정답 해설

1문단 끝에서 1~3번째 줄에서 연출가인 베르톨트 브레히트가 관객이 사회를 보는 관점을 그가 중시하는 방향으로 바꾸기 위해 '소외 효과'라는 장치를 사용했음을 알 수 있다. 이를 통해 '소외 효과'는 고안 과정에서 연출자가 인식하는 현실의 문제가 반영됨을 도출할 수 있으므로 ㉠에 대한 이해로 적절한 것은 ③이다.

[관련 부분] 20대 후반부터 마르크스주의에 경도되었던 그는~ 거기에 맞춰 관객의 사회관을 변형시키려는 시도를 선보였고, 그것은 '소외 효과'라는 방식으로 표출되었다.

오답 분석

① 2문단 4~5번째 줄에서 '소외 효과'를 위해 배우들이 자신의 배역과 관계없이 줄거리를 설명하거나 노래를 부른다는 것은 알 수 있으나, 이것이 배역과 괴리가 일어나는지나 괴리가 일어날수록 '소외 효과'가 극대화되는지는 알 수 없으므로 적절하지 않다.

[관련 부분] 배우들이 연기 장면과 상관없이 작품의 줄거리를 설명하거나 노래를 부른다.

② 극이 공연되는 나라에 따라 우연성을 띠기도 하는지는 제시문에 나타나 있지 않다.

④ 3문단 끝에서 1~3번째 줄에서 베르톨트 브레히트의 연극을 보던 관객들은 그의 사회관과 다른 가치관을 가진 이들임을 알 수 있으며, 이를 통해 가치관의 일치 여부와 관계없이 '소외 효과'가 표출될 수 있음을 알 수 있으므로 적절하지 않다.

[관련 부분] 그의 극에 환호하던 관객이 그가 그토록 타파하려고 시도했던 부르주아 계층과 자본주의 사회 구성원이었다는 사실은 역사의 아이러니다.

07 어휘   정답 ④

정답 해설

'아무리 바빠도 바늘허리 매어 쓰지는 못한다'는 '보람이 없음'의 의미와 관계없는 속담이므로 가장 적절하지 않은 것은 ④이다.

• **아무리 바빠도 바늘허리 매어 쓰지는 못한다**: 아무리 급하다 하여도 꼭 갖추어야 할 것은 갖추어야 일을 할 수 있음을 비유적으로 이르는 말

오답 분석

①②③은 모두 '보람이 없음'의 의미를 나타내는 속담이다.

① **밑 빠진 독에 물 붓기**: '밑 빠진 독에 아무리 물을 부어도 독이 채워질 수 없다'라는 뜻으로, 아무리 힘이나 밑천을 들여도 보람 없이 헛된 일이 되는 상태를 비유적으로 이르는 말

② **비단옷 입고 밤길 가기**: '비단옷을 입고 밤길을 걸으면 아무도 알아주지 않는다'라는 뜻으로, 생색이 나지 않는 공연한 일에 애쓰고도 보람이 없는 경우를 비유적으로 이르는 말

③ **도랑 치고 가재 잡는다**: 일의 순서가 바뀌었기 때문에 애쓴 보람이 나타나지 않음을 비유적으로 이르는 말

08 어휘   정답 ③

정답 해설

'후생가외(後生可畏)'는 '젊은 후학들을 두려워할 만하다'라는 뜻으로, 후진들이 선배들보다 젊고 기력이 좋아, 학문을 닦음에 따라 큰 인물이 될 수 있으므로 가히 두렵다는 말이다. 따라서 한자 성어의 뜻풀이로 옳지 않은 것은 ③이다.

매일 국어 | 13일

본책 82p

정답 한 눈에 보기

01	02	03	04	05	06	07	08
①	①	④	④	③	②	①	③

01 어법

정답 ①

출제포인트 문장 높임 표현

정답 해설

"이 선생님은 근심이 너무 많으십니다"에서 '근심'은 높임 대상인 '이 선생님'의 심리이므로 간접 높임의 대상이다. 따라서 서술어 '많다'에 주체 높임 선어말 어미 '-시-'를 사용하여 '근심'을 간접적으로 높이는 것은 적절하다. 참고로, 이와 같이 높임 대상의 신체 일부나 가족, 소유물 등을 간접적으로 높이는 방법을 간접 높임이라고 한다.

오답 분석

② "교수님, 따님이 벌써 다섯 살이에요?"에서 '따님'은 높임의 대상인 '교수님'의 가족이다. 또한 해요체의 종결 어미 '-에요'가 쓰였음을 고려할 때, 교수님의 딸은 나이와 관계없이 '딸'의 높임말인 '따님'으로 지칭해야 한다.

③ "아버지께서 할머니께 밥을 차려 드리셨습니다"는 주어 '아버지'를 주격 조사 '께서'와 주체 높임 선어말 어미 '-시-'를 사용하여 높이고 있으므로 주체 높임은 올바르게 표현되어 있다. 또한 부사격 조사 '께'와 '주다'의 높임말 '드리다'를 사용하여 객체인 '할머니'를 높이고 있으나, 높임 대상인 '할머니'에게는 '밥' 대신 높임말인 '진지'를 써야 하므로 올바른 문장이라는 설명은 적절하지 않다.

④ 표준 언어 예절에 따르면 직장에서 압존법을 사용하는 것은 적절하지 않으므로, "부장님, 김 대리는 회의에 갔습니다"보다 "부장님, 김 대리님은 회의에 가셨습니다"가 적절한 높임 표현이다. 참고로, 직장에서 윗사람을 그보다 윗사람에게 지칭할 때는 주체 높임 선어말 어미 '-시-'를 사용하는 것이 적절하다.

✔ 어법 - 시험에 또 나올 핵심 포인트

높임 표현의 종류

주체 높임법	• 개념: 문장의 주체(주어)를 높이는 방법 • 실현		
		조사	께서
		선어말 어미	-(으)시-
		특수 어휘	계시다, 잡수다/잡숫다/잡수시다, 주무시다 등

객체 높임법	• 개념: 문장의 객체(목적어, 부사어)를 높이는 방법 • 실현		
		조사	께
		특수 어휘	모시다, 뵈다/뵙다, 여쭈다/여쭙다 등

상대 높임법	• 개념: 청자를 높이거나 낮추는 방법 • 실현: 종결 어미 사용 • 등급		
	격식체		하십시오
			하오
			하게
			해라
	비격식체		해요
			해

02 어법

정답 ①

출제포인트 문장 높임 표현

정답 해설

〈보기〉의 문장에는 주체 높임, 상대 높임의 격식체가 쓰였으나, 객체 높임은 쓰이지 않았으므로 적절하게 분석된 것은 ①이다.

• **주체 높임**: 문장의 주체인 '원장님'을 주격 조사 '께서'와 주체를 높이는 특수 어휘 '계시다'로 높이고 있다. 참고로, '원장님'은 명사 '원장'에 높임의 뜻을 더하는 접미사 '-님'이 결합한 것이다.

• **상대 높임**: '와라'는 동사 '오다'의 어간 '오-'에 해라체의 종결 어미 '-아라'가 결합한 형태이다.

03 문학

정답 ④

출제포인트 시어의 의미

정답 해설

제시된 부분은 화자가 남편을 그리워하면서도 불행한 결혼 생활을 하고 있는 자신의 처지를 안타깝게 여기는 부분이다. ㉠ '자최눈'은 홀로 있는 겨울밤을 더욱 차갑게 느끼게 해 화자의 고독함을 돋우는 객관적 상관물이며, ㉡ '실솔'은 '실솔'이 우는 모습에 화자의 슬픔이 투영되어 있으므로 감정 이입의 대상이다. 따라서 설명으로 적절한 것은 ④이다.

• **객관적 상관물**: 화자의 감정을 강조하고 표현하기 위해 동원되는 객관적인 소재로, 객관적 상관물은 화자와 같은 처지일 수도 있고 다른 처지일 수도 있다.

• 감정 이입: 화자의 정서를 다른 대상이 직접 느끼는 것처럼 투영해 드러내는 방법으로, 감정 이입이 된 대상의 감정은 화자의 정서와 동일하다.

[지문풀이]

> 얼굴을 못 보니 그립기나 말았으면 조으련만, (남편을 그리워하다 보니) 하루가 길기도 길구나, 한 달이 지루하기도 하구나. 규방 앞에 심은 매화는 몇 번이나 피고 졌는가? 겨울밤 차고 찬 때는 진눈깨비 섞어 내리고 여름날 길고 긴 때 궂은 비는 무슨 일인가? 봄날 온갖 꽃이 피고 버들잎이 돋아나는 좋은 시절에 아름다운 경치를 보아도 아무 생각이 없다. 가을 달빛이 방 안을 비추어 들어오고 귀뚜라미가 침상에서 울 때, 긴 한숨으로 흐리는 눈물 헛되이 생각만 많도다. 아마도 모진 목숨이 죽기도 어려운가 보구나.

✔ 문학 – 시험에 또 나올 핵심 포인트

허난설헌, '규원가'

주제	가부장적인 유교 사회에서 규방 여인의 생활과 한(恨)
특징	• 화자의 정서를 새, 실솔(蟋蟀)과 같은 다양한 소재에 투영해 표현함 • 고사와 한문이 많이 사용됨 • 현재까지 전해지는 가장 오래된 규방 가사임

중심 소재	실솔, 새	화자가 자신의 슬픔을 투영하는 감정 이입의 대상
	자최눈, 구준비	화자의 적적함을 돋우는 객관적 상관물
	녹기금	화자의 쓸쓸함을 달래는 소재

04 문학 정답 ④

출제포인트 현대소설의 종합적 감상

정답 해설

제시된 작품에서 간난이 할아버지는 신둥이에게 연민을 느끼고 일부러 신둥이가 도망칠 수 있도록 돕고 있다. 이때 동네 사람들이 빈틈을 낸 범인을 찾으려고 하자 동장네 절가가 '아즈반이웨다레'라고 하며 간난이 할아버지를 지목하고 있으므로 ④의 설명은 옳지 않다.

오답 분석

① 동네 사람들이 신둥이를 잡기 위해 달려들어 몽둥이를 내리치는 모습을 통해 토속적이면서 억센 삶의 현장을 그리고 있음을 알 수 있다.
② 1문단 끝에서 3~5번째 줄 '새파란 불이란 눈앞에 있는 신둥이개 한 마리의 몸에서 나오는 것이 아니고 여럿의 몸에서 나오는 것이 합쳐진 것이라는 생각이 들었다'를 통해 '새파란 불'은 새끼를 지키기 위한 신둥이의 생의 욕구를 암시함을 알 수 있다.

③ 1문단 끝에서 1~2번째 줄 '짐승이라도 새끼 밴 것을 차마?'를 통해 간난이 할아버지에게서 생명에 대한 외경을 느낄 수 있다.

05 비문학 정답 ③

출제포인트 적용하기

정답 해설

③은 '정규 업무 시간에 업무를 모두 완료한다'라는 과제 수행의 성공 가능성을 떨어뜨리는 조건으로 '정규 업무 시간에는 여유롭게 일해야 한다'를 주장하고 있으며, 이는 개인이 만든 불리한 조건이므로 ⓒ의 예로 적절하다.

오답 분석

① '발표'라는 과제 수행에 앞서서 발표를 잘하지 못할 것이라는 조건으로 '자신의 연구 주제는 자료 찾기가 힘든 주제'라는 불리한 수행 조건을 들고 있으므로 ⓛ '외적 셀프 핸디캐핑'의 예에 해당한다.
② '시험'이라는 과제 수행에 앞서서 시험을 잘 보지 못할 것이라는 조건으로 '복용하고 있는 약의 부작용'이라는 약물과 관련된 불리한 조건을 들고 있으므로 ㉠ '내적 셀프 핸디캐핑'의 예에 해당한다.
④ '달리기'라는 과제 수행에 앞서서 달리기를 잘하지 못하는 조건으로 '달리기 연습을 제대로 한 적 없다'라는 노력의 억제를 들고 있으므로 ㉠ '내적 셀프 핸디캐핑'의 예에 해당한다.

06 비문학 정답 ②

출제포인트 주제 및 중심 내용 파악

정답 해설

제시문은 1문단에서 스피치의 중요성을, 2~3문단에서는 커뮤니케이션 이론이나 화술의 기법만으로는 성공적인 스피치를 할 수 없음을, 4문단에서는 자신과 상대의 특성에 따라 말하기 방법을 다양하게 사용해야 함을 설명하고 있다. 따라서 글의 제목으로 가장 적절한 것은 ② '말하기 기술을 어떻게 활용할 것인가'이다.

오답 분석

① 3문단 끝에서 1~2번째 줄에서 조직의 장은 효과적인 조직 운영을 위해 리더십을 지녀야 함을 말하고 있으나, 이는 스피치 방법의 활용법을 말하기 위해 차용한 소재일 뿐 제시문 전체를 대표하지는 못하므로 '효과적인 조직 운영 방법은 무엇인가'는 제목으로 적절하지 않다.
[관련 부분] 그래서 조직의 장은 인재를 적재적소에 배치하는 리더십을 꼭 갖추고 있어야 한다.
③ 4문단 끝에서 1~3번째 줄에서 말하기를 할 때 상대에 대한 이해가 중요함을 말하고 있으나, '말하기에서 상대를 왜 고려해야 하는가'는 제시문 전체를 대표하지 못하므로 제목으로 적절하지 않다.

[관련 부분] 상대를 잘 이해한다는 것은 상대의 성격을 잘 파악하고 있다는 말과 다름이 없을 것이다. 그래서 생산적 말하기도 상대의 성격에 따라 여러 방법을 적절하게 사용하는 것이 필요하다.

④ 스피치에 도움이 되는 말하기 방법과 관련된 내용은 제시문에 나타나 있지 않다.

07 어휘 정답 ①

출제포인트 **한자어** 한자어의 의미

정답 해설
㉠에 들어갈 한자어로 가장 적절한 것은 '採根(캘 채, 뿌리 근)'이므로 답은 ①이다.

오답 분석
② 採算(캘 채, 셈 산): 1. 수입과 지출을 맞추어 계산함. 또는 그 계산 내용 2. 원가에 비용, 이윤 등을 더하여 파는 값을 정함. 또는 그렇게 이익이 있도록 맞춘 계산 내용
③ 採用(캘 채, 쓸 용): 1. 사람을 골라서 씀 2. 어떤 의견, 방안 등을 고르거나 받아들여서 씀
④ 採取(캘 채, 가질 취): 1. 풀, 나무, 광석 등을 찾아 베거나 캐거나 하여 얻어 냄 2. 연구나 조사에 필요한 것을 찾거나 받아서 얻음

08 어휘 정답 ③

출제포인트 **고유어와 한자어의 대응**

정답 해설
무슨 옷이든 고쳐 입었다: 이때 '고치다'는 '고장이 나거나 못 쓰게 된 물건을 손질하여 제대로 되게 하다'를 뜻하므로 '낡거나 헌 물건을 고침'을 의미하는 '修繕(수선: 닦을 수, 기울 선)'과 대응하는 것이 적절하다. 참고로 '改造(개조: 고칠 개, 지을 조)'는 '고쳐 만들거나 바꿈'을 의미한다.

오답 분석
① 업무 체계는 고쳐야 한다: 이때 '고치다'는 '잘못되거나 틀린 것을 바로잡다'를 뜻하므로 '잘못된 것이나 부족한 것, 나쁜 것 등을 고쳐 더 좋게 만듦'을 의미하는 '改善(개선: 고칠 개, 착할 선)'과 대응한다.
② 학칙을 고치기 위해: 이때 '고치다'는 '이름, 제도 등을 바꾸다'를 뜻하므로 '주로 문서의 내용 등을 고쳐 바르게 함'을 의미하는 '改正(개정: 고칠 개, 바를 정)'과 대응한다.
④ 불공정한 채용 방식을 고칠 것: 이때 '고치다'는 '잘못되거나 틀린 것을 바로잡다'를 뜻하므로 '잘못된 것을 바로잡음'을 의미하는 '是正(시정: 옳을 시, 바를 정)'과 대응한다.

정답 한 눈에 보기

01	02	03	04	05	06	07	08
④	①	③	②	①	④	②	②

01 어법 정답 ④

출제포인트 **한글 맞춤법** 문장 부호

정답 해설
④의 예시처럼 글자가 들어가야 할 자리를 나타낼 때 쓰는 문장 부호는 '숨김표(○, ×)'가 아닌 '빠짐표(□)'이므로 적절하지 않은 것은 ④이다. 참고로, 숨김표(○, ×)는 금기어나 공공연히 쓰기 어려운 비속어임을 나타낼 때, 비밀을 유지해야 하거나 밝힐 수 없는 사항임을 나타낼 때 쓴다.

☑ **어법** - 시험에 또 나올 핵심 포인트

문장 부호

문장 부호	쓰임
빗금 (/)	• 대비되는 두 개 이상의 어구를 묶어 나타낼 때 그 사이에 쓰임 • 기준 단위당 수량을 표시할 때 해당 수량과 기준 단위 사이에 쓰임 • 시의 행이 바뀌는 부분임을 나타낼 때 쓰임
빠짐표 (□)	• 옛 비문이나 문헌 등에서 글자가 분명하지 않을 때 그 글자의 수효만큼 쓰임 • 글자가 들어가야 할 자리를 나타낼 때 쓰임
소괄호 (( ))	• 주석이나 보충적인 내용을 덧붙일 때 쓰임 • 우리말 표기와 원어 표기를 아울러 보일 때 쓰임 • 생략할 수 있는 요소임을 나타낼 때 쓰임 • 희곡 등 대화를 적은 글에서 동작이나 분위기, 상태를 드러낼 때 쓰임 • 내용이 들어갈 자리임을 나타낼 때 쓰임 • 항목의 순서나 종류를 나타내는 숫자나 문자 등에 쓰임
숨김표 (○, ×)	• 금기어나 공공연히 쓰기 어려운 비속어임을 나타낼 때, 그 글자의 수효만큼 쓰임 • 비밀을 유지해야 하거나 밝힐 수 없는 사항임을 나타낼 때 쓰임
큰따옴표 (" ")	• 글 가운데에서 직접 대화를 표시할 때 쓰임 • 말이나 글을 직접 인용할 때 쓰임

02 어법

출제포인트 | 한글 맞춤법 문장 부호

정답 해설

문장 부호의 사용이 옳지 않은 것은 ①이다.

- 지하철에서 책을 읽{었∼는∼겠}다(×) → 지하철에서 책을 읽{었, 는, 겠}(○): 열거된 항목 중 어느 하나가 자유롭게 선택될 수 있음을 보일 때 중괄호({ })를 쓰는 것은 적절하나, 중괄호 안의 열거된 항목들 사이에는 쉼표(,) 또는 빗금 (/)이 쓰여야 한다. 참고로, '물결표(∼)'는 기간이나 거리 또는 범위를 나타낼 때 쓰이는 문장 부호이다.

오답 분석

② 너는 이름이 뭐니? 나이는 몇 살이니?(○): 의문문이나 의문을 나타내는 어구에 끝에는 물음표(?)를 쓰며, 각 물음이 독립적일 때는 각 물음의 뒤에 물음표를 하나씩 쓰므로 적절하다.

③ 자유 · 평등 · 박애(○): 짝을 이루는 어구들 사이에는 가운뎃점(·)을 쓰므로 적절하다.

④ 북극의 동물들 ― 북극곰, 북극여우(○): 제목 다음에 표시하는 부제의 앞뒤에는 줄표 (―)를 쓰되, 뒤의 줄표는 생략할 수 있으므로 적절하다.

✔ 어법 - 시험에 또 나올 핵심 포인트

문장 부호

문장 부호	쓰임
중괄호 ({ })	• 같은 범주에 속하는 여러 요소를 세로로 묶어서 보일 때 쓰임 • 열거된 항목 중 어느 하나가 자유롭게 선택될 수 있음을 보일 때 쓰임
물음표 (?)	• 의문문이나 의문을 나타내는 어구의 끝에 쓰임 • 특정한 어구의 내용에 대하여 의심, 빈정거림 등을 표시할 때, 또는 적절한 말을 쓰기 어려울 때 소괄호 안에 쓰임 • 모르거나 불확실한 내용임을 나타낼 때 쓰임
가운뎃점 (·)	• 열거할 어구들을 일정한 기준으로 묶어서 나타낼 때 쓰임 • 짝을 이루는 어구들 사이에 쓰임 • 공통 성분을 줄여서 하나의 어구로 묶을 때 쓰임
줄표 (―)	• 제목 다음에 표시하는 부제의 앞뒤에 쓰임
물결표 (∼)	• 기간이나 거리 또는 범위를 나타낼 때 쓰임

03 문학

출제포인트 | 고전시가의 종합적 감상

정답 해설

제1수 종장 '人世(인세)를 다 니젯거니 날 가는 줄롤 안가'에서 화자는 나라를 비롯한 인간 세상의 일을 모두 잊었다고 하고 있으며, 제2수 종장 '江湖(강호)애 月白(월백)ᄒ거든 더욱 無心(무심)하얘라'에서도 세상에 대한 욕심이 없음을 드러내고 있으므로, 나라를 걱정하는 마음을 드러내고 있다는 설명은 옳지 않다. 따라서 답은 ③이다.

오답 분석

① 자연의 부분적 요소인 강과 호수[江湖]를 활용하여 전체 대상인 '자연'을 나타내고 있으므로 적절하다. 참고로, 대유법은 대상의 특성이나 부분을 통해 대상의 전체를 나타내는 표현법이다.

② 화자는 제1수에서 어부로 생활하며 세상 걱정 없이 여유롭게 살고 있음을, 제2수에서 세상과 멀리 떨어진 곳에서 자연과 어울려 살고 있음을 이야기하고 있으므로 적절하다.

④ 제2수 초장에서 한자 성어 '萬疊靑山(만첩청산)'을 활용하여 화자가 있는 곳은 산으로 둘러싸여 있다고 하여 세상과의 정서적 거리감을 나타내고 세상과 떨어져 있음을 강조하고 있다.

- 만첩청산(萬疊靑山): 겹겹이 둘러싸인 푸른 산

[지문풀이]

〈제1수〉

이런 속에(인간 세상 중에) 걱정할 것 없는 것은 어부의 생활이로다.

한 척의 조그마한 배를 끝없이 넓은 바다 위에 띄워 놓고

인간 세상의 일을 다 잊었으니 세월 가는 줄을 알겠는가?

〈제2수〉

(아래로) 굽어보니 천 길이나 되는 푸른 물, 돌아보니 겹겹이 쌓인 푸른 산

열 길이나 되는 속세의 티끌(어수선한 세상사)이 얼마나 가려졌는가.

강호에 밝은 달이 밝게 비치니 더욱 무심하구나.

✔ 문학 - 시험에 또 나올 핵심 포인트

이현보, '어부사(漁父詞)'

주제	자연 속에 숨어 자연 친화적으로 살아가는 어부의 삶과 풍류
특징	• 흔히 쓰이는 표현을 활용하여 풍경을 다소 추상적으로 그려냄 • 고려시대의 '어부가'를 개작한 작품으로, 이후 윤선도의 '어부사시사'에 영향을 끼침

04 문학 정답 ②

출제포인트 **소재의 의미**

정답 해설

'화수분'은 사전적으로 '재물이 계속 나오는 보물단지. 그 안에 온갖 물건을 담아 두면 끝없이 새끼를 쳐 그 내용물이 줄어들지 않는다는 설화상의 단지'를 이른다. 그러나 1문단에서 어릴 때는 부유했으나 **시간이 지나 경제적으로 곤궁해지는 인물로 서술되는 '화수분'**은 3문단에서는 결국 자신의 가족이 추위에서 죽어 가는 모습을 발견하는 비극적인 인물로 그려진다. 따라서 인물 '화수분'은 사전적 의미와는 반대로 비극적인 삶을 살게 되는 인물이므로, 함축적 의미로 가장 적절한 것은 ②이다.

> ☑ 문학 – 시험에 또 나올 핵심 포인트

전영택, '화수분'

주제	빈곤한 부부의 참담한 삶과 비극 속에서도 이뤄지는 자식을 향한 사랑
특징	• '화수분'이라는 소재를 반어적으로 활용하여 주제를 강조함 • 기법이나 서술 측면에서는 자연주의, 사실주의적이나 주제 측면에서는 인도주의를 지향하고 있음

05 비문학 정답 ①

출제포인트 **논리적 사고 논증의 오류**

정답 해설

제시문에는 순환 논증의 오류(결론에서 주장하는 내용을 다시 근거로 제시하는 오류)가 나타난다. 이와 같은 종류의 오류가 있는 것은 ①이다.

• 제시문: 규칙적인 생활을 하고 운동을 열심히 하는 사람이 건강하다는 주장을 다시 근거로 제시함
• ①: 근거인 '화합한 사회에서는 분열이 일어나지 않는다'는 '분열은 화합으로 극복할 수 있다'라는 **주장을 다른 표현으로 바꾸어 진술한 것**임

오답 분석

② 무지에의 호소: 반증된 적이 없으므로 어떤 주장을 받아들여야 한다고 말하거나, 증명된 적이 없으므로 어떤 결론이 거절되어야 한다고 주장하는 오류
③ 흑백논리의 오류: 어떤 주장에 대한 선택지가 두 가지밖에 없다고 생각하거나 다른 가능성이 허용됨에도 불구하고 그를 인정하지 않음으로써 발생하는 오류
④ 성급한 일반화의 오류: 제한되거나 불충분한 자료, 또는 대표성이 결여된 사례 등을 근거로 삼아 성급하게 일반화함으로써 발생하는 오류

06 비문학 정답 ④

출제포인트 **화법 말하기 전략**

정답 해설

박 과장은 우려되는 점인 '수돗물 가격 인상'에 대해 정부와의 협조라는 해결책을 들어 '수돗물 사업은 민영화되어야 한다'라는 주장을 뒷받침하고 있다. 따라서 토론자들의 말하기 방식으로 적절한 것은 ④이다.
[관련 부분] 민영화할 경우 아무래도 어느 정도 가격 인상 요인이 있겠습니다만 정부와 잘 협조하면 인상 폭을 최소화할 수 있으리라고 봅니다.

오답 분석

① 김 박사는 두 번째 발언에서 프랑스의 사례를 들어 '수돗물 사업은 민영화돼서는 안 된다'라는 주장을 펼치고 있으나 국내의 여러 사례를 들고 있지는 않으므로 적절하지 않다.
[관련 부분] 물 산업 강국이라는 프랑스도 민영화 이후에 물 값이 150%나 인상되었다고 하는데, 우리에게도 같은 일이 일어나지 않을까 걱정됩니다.
② 박 과장은 문제의 경과 과정을 토대로 논지를 전개하고 있지 않다. 참고로, 이는 김 박사의 말하기 방식으로, 김 박사가 첫 번째 발언에서 수돗물 정책의 경과 과정을 설명하는 부분을 통해 알 수 있다.
[관련 부분] 공단 폐수 방류 사건 이후에 17년간 네 번에 걸친 종합 대책이 마련됐고
③ 김 박사는 두 번째 발언에서 시설 가동률, 누수율에 대한 구체적인 수치를 근거로 제시하고 있으나 이는 설문 조사로 도출된 수치가 아니므로 적절하지 않다.
[관련 부분] 저희가 알아본 바에 의하면 시설 가동률이 50% 정도에 그치고 있고, 누수율도 15%나 된다는데

07 어휘 정답 ②

출제포인트 **한자어, 한자 성어 한자의 표기**

정답 해설

밑줄 친 한자를 바르게 표기하면 ㉠ '有名稅', ㉡ '口尙乳臭', ㉢ '模範'이므로 답은 ②이다.

• ㉠ 有名稅(있을 유, 이름 명, 세금 세): 세상에 이름이 널리 알려져 있는 탓으로 당하는 불편이나 곤욕을 속되게 이르는 말
• ㉡ 口尙乳臭(입 구, 오히려 상, 젖 유, 냄새 취): '입에서 아직 젖내가 난다'라는 뜻으로, 말이나 행동이 유치함을 이르는 말
• ㉢ 模範(본뜰 모, 법 범): 본받아 배울 만한 대상

오답 분석

㉠ 勢(형세 세)
㉡ 有(있을 유)
㉢ 摸(본뜰 모/더듬을 막)

08 어휘 정답 ②

정답 해설

'오늘도 저녁을 먹다가 먼저 자리를 떴다'라는 문장에서 '입이 받다'는 '음식을 심하게 가리거나 적게 먹다'임을 유추할 수 있으므로 밑줄 친 말의 의미로 옳은 것은 ②이다.

오답 분석

① '입이 뜨다'의 뜻풀이이다.

③ '입이 쓰다'의 뜻풀이이다.

④ '말소리를 입에 넣다'의 뜻풀이이다.

정답 한 눈에 보기

01	02	03	04	05	06	07	08
④	④	②	①	④	②	④	②

01 어법 정답 ④

출제포인트   **의미** 어휘의 의미 변화

정답 해설

'단어'와 '낱말'은 '분리하여 자립적으로 쓸 수 있는 말이나 이에 준하는 말'을 뜻하는 **동의어**이다. 따라서 '단어'와 '낱말'은 한쪽이 소멸하고 한쪽이 살아남은 예에 해당하는 것이 아니라 **서로 경쟁하며 공존하는 동의어**에 해당하므로 적절하지 않은 것은 ④이다.

오답 분석

③ '계란'과 '달걀'은 모두 '닭이 낳은 알'을 뜻하는 동의어로, 서로 경쟁하며 공존하고 있다.

> **⊘ 어법** – 시험에 또 나올 핵심 포인트
>
> **어휘의 의미 변화 양상**
>
> | 문장 부호 | 쓰임 |
> |---|---|
> | 의미의 확대 | 시간이 흐름에 따라 어휘의 의미 영역이 확대되는 것
 예 오랑캐: 과거 만주의 한 민족 → 다른 민족을 낮춰 이르는 말 |
> | 의미의 축소 | 시간이 흐름에 따라 어휘의 의미 영역이 축소되는 것
 예 짐승(<衆生): 생물 전체 → 사람이 아닌 동물 |
> | 의미의 이동 | 시간이 흐름에 따라 어휘의 의미가 다른 의미로 변화하는 것
 예 어여쁘다(<어엿브다): 불쌍하다 → 아름답다 |

02 어법 정답 ④

출제포인트   **의미** 어휘의 의미 변화

정답 해설

④의 현상은 벼슬이 있던 사회에서 **벼슬이 없는 사회**로 변화함에 따라 '영감'이 원래 가리키던 대상이 없어졌기 때문에 발생한 것이므로, ㉠에 대한 이해로 가장 적절한 것은 ④이다. 참고로, '영감(令監)'은 과거에는 '정삼품이나 종이품의 벼슬아치'를 지칭하였으나 해당 대상이 없어짐에 따라 현재는 고위 공무원이나 나이 든 남자를 공대하는 말로 쓰인다.

오답 분석

① '라볶이'는 라면과 떡, 채소, 어묵 등을 넣고 양념을 하여 볶은 음식이 생겨남에 따라 '라면'과 '떡볶이'를 결합하여 새로 만들어진 단어이므로, 〈보기〉와 관련이 없다.

② '사이다'가 가리키는 대상이 '사과주스'에서 '탄산수'로 바뀌었으나, '사이다'가 원래 지칭하던 '사과주스' 자체가 변화한 것이 아니므로 적절하지 않다.

③ '아침'은 '아침밥[朝飯]'에서 '밥'이 생략된 '아침'에 기존의 의미가 남은 경우이므로 '언어적 요인'에 해당한다. 참고로, '아침밥'이나 '아침'이 지칭하던 대상물 자체가 변화한 것이 아니므로 이 사례는 역사적 요인에 해당하지 않는다.

03 문학   정답 ②

출제포인트 **내용 추리**

정답 해설

1~3문단을 통해 글쓴이는 중국집은 낡고 허름한 모습이어야 정이 가 자장면 맛이 난다고 생각하고 있음을 알 수 있으며, 이러한 생각은 4문단의 글쓴이가 어릴 적 경험한 낡은 중국집과 흑설탕을 싸 주는 인심 좋은 주인으로부터 비롯되었음을 알 수 있다. 따라서 ③에 들어갈 내용으로는 글쓴이의 어릴 적 경험과 상반되는 큰 중국집과 중국 음식에 대한 부정적인 반응이 적절하므로, 가장 적절한 것은 '② 그것들이 온통 가짜처럼 보였고 겁이 났고 괜히 왔구나 했다'이다.

✓ **문학** - 시험에 또 나올 핵심 포인트

정진권, '자장면'

주제	따뜻한 정(情)을 찾아보기 힘들어진 오늘날의 사회에 대한 안타까움
특징	• '자장면'이라는 익숙한 소재와 이에 관한 자신의 경험을 이야기함 • 글쓴이의 솔직한 생각을 독자에게 이야기하듯이 서술함

04 문학   정답 ①

출제포인트 **현대시의 종합적 감상**

정답 해설

화자는 1연 1~3행에서 풍요로운 가을 들판의 풍경을 '눈부신 것 천지'로 표현하였다가 6행에서 '메뚜기'의 부재를 깨닫고 2연 2행에서 '생명의 황금 고리'가 끊어졌다고 이야기하고 있다. 이를 고려할 때, '생명의 황금 고리'는 아름다운 가을 들판의 풍경을 만들어 내는 생태계로 볼 수 있으며, '벼'와 같이 생태계를 이루는 하나의 유기체이던 '메뚜기'가 사라져 버린 것을 통해 생태계가 무너졌음을 알 수 있다. 화자는 이렇게 무너진 생태계를 보고 '끊어졌느니……'라며 안타까움을 드러내고 있으므로 시에 대한 감상으로 적절한 것은 ①이다.

오답 분석

② 작품 전체에서 메뚜기가 없어지고 생태계가 파괴된 부정적 상황이 드러나 있으나 이를 극복하려는 의지를 보여주고 있지는 않으므로 적절하지 않다.

③ 1연 5~6행 '아, 들판이 적막하다―/메뚜기가 없다!'에서 화자는 대상인 '메뚜기'가 없음을 인식하였으나 이에 대한 쓸쓸한 감정을 표현하고 있지는 않으므로 적절하지 않다.

④ 1연 1~3행에서 '가을 햇볕', '공기', '익는 벼'를 눈부시다고 표현하며 가을 논의 경치를 묘사하고 있으나 자연에 대한 예찬을 드러내고 있지는 않으므로 적절하지 않다.

[관련 부분] 가을 햇볕에 공기에/익는 벼에/눈부신 것 천지인데,

✓ **문학** - 시험에 또 나올 핵심 포인트

정현종, '들판이 적막하다'

주제	생태계 파괴 문제를 향한 비판적 의식
특징	• '그런데'를 통해 시상을 전환하여 생태계 파괴 문제에 대한 화자의 깨달음을 드러냄 • 해충으로 인식되어 왔던 '메뚜기'를 생태계를 구성하는 하나의 유기체로 인식함

05 비문학   정답 ④

출제포인트 **화법 토론의 논제**

정답 해설

'쓰레기 불법 투기 규제를 강화해야 한다'에는 '쓰레기 불법 투기 규제 강화'라는 문제 해결의 방향이 명확히 드러나며, '쓰레기 불법 투기 규제를 강화해야 한다'라는 긍정 측의 입장과 '쓰레기 불법 투기 규제를 강화하지 않아도 된다'라는 부정 측의 입장의 대립이 나타난다. 또한 '~해야 한다'라는 긍정 평서문으로 서술되었으며, 객관적이지 않은 표현이 쓰이지 않았으므로 답은 ④이다.

오답 분석

① '휴머노이드는 인간인가, 로봇인가?'에는 객관적이지 않은 표현이 쓰이지 않았지만, 문제 해결의 방향 및 긍정 측과 부정 측의 입장 대립이 모두 나타나지 않고 의문문으로 진술되었으므로 적절하지 않다.

② '도서 대출 기준을 변경해서는 안 된다'는 '도서 대출 기준 변경'이라는 문제 해결의 방향이 명확히 드러나고, 객관적이지 않은 표현이 쓰이지 않았다. 또한 이와 관련해 '도서 대출 기준을 변경해서는 안 된다'라는 긍정 측의 입장과 '도서 대출 기준을 변경해야 한다'라는 부정 측의 입장 대립이 나타나나, '안 된다'라는 부정 평서문으로 진술되었으므로 적절하지 않다.

③ '폭력적인 인터넷 방송은 규제해야 한다'에는 '인터넷 방송의 규제'라는 문제 해결의 방향이 명확히 드러나며, '인터넷 방송은 규제해야 한다'라는 긍정 측의 입장과 '인터넷 방송은 규제하지 않아도 된다'라는 부정 측의 입장의 대립이 나타나고, '~해야 한다'라는 긍정 평서문으로 진술되었다. 그러나 '폭력적인'이라는 객관적이지 않은 표현이 쓰였으므로 적절하지 않다.

06 비문학 　정답 ②

정답 해설

2문단의 중심 내용은 '방송에서의 지나친 경어 사용'에 대한 것으로 국가 원수라도 방송언어에서는 지나친 경칭이나 경어를 사용할 수 없으며, 시청자가 왕이자 국민임을 강조하고 있다. 따라서 ⓒ에 '방송언어는 민주주의 이념에 맞는 경어라야 한다'가 들어가는 것은 적절하지 않다.

오답 분석

① 1문단에서 아이들이라고 해서 함부로 하대어를 쓰는 것을 유념해야 한다고 말하고 있으므로, '방송언어는 누구든지 존중하는 경어라야 한다'라는 내용은 ⓐ에 적절하다.

③ 3문단에서 문법을 소홀히 하게 되면 자칫 오류를 범하게 된다고 말하고 있으므로, '방송언어는 문법에 맞는 경어라야 한다'라는 내용은 ⓒ에 적절하다.

④ 4문단에서 남을 생각하는 말을 사용해야 한다고 말하고 있으므로, '방송언어는 타인의 처지를 고려하는 경어라야 한다'라는 내용은 ⓔ에 적절하다.

⑤ 5문단에서 억양과 몸 동작을 정중히 해야한다고 말하고 있으므로, '방송언어는 정중한 자세를 가진 경어라야 한다'라는 내용이 ⓜ에 적절하다.

07 어휘 　정답 ④

정답 해설

ⓔ 비운(非運: 아닐 비, 옮길 운)(×) → 비운(否運: 막힐 비, 옮길 운)(○): '1. 막혀서 어려운 처지에 이른 운수 2. 불행한 운명'을 뜻하는 '비운'의 '비'는 '否(막힐 비)'로 쓴다. 따라서 밑줄 친 한자의 표기가 옳지 않은 것은 ④이다.

오답 분석

① ⓐ 권태(倦怠: 게으를 권, 게으를 태): 어떤 일이나 상태에 시들해져서 생기는 게으름이나 싫증

② ⓑ 뇌물(賂物: 뇌물 뇌, 물건 물): 어떤 직위에 있는 사람을 매수하여 사사로운 일에 이용하기 위하여 넌지시 건네는 부정한 돈이나 물건

③ ⓒ 풍자(諷刺: 풍자할 풍, 찌를 자): 문학 작품 등에서, 현실의 부정적 현상이나 모순 등을 빗대어 비웃으면서 씀

08 어휘 　정답 ②

정답 해설

'殺到'에서 '殺'를 '쇄'로 읽는 것과 달리 '殺生, 笑殺, 刺殺'은 '살'로 읽으므로 밑줄 친 부분의 음이 다른 것은 ②이다.

• 殺到(빠를 쇄, 이를 도): 1. 전화, 주문 등이 한꺼번에 세차게 몰려듦 2. 어떤 곳을 향하여 세차게 달려듦

오답 분석

① 殺生(죽일 살, 날 생): 사람이나 짐승 등의 생물을 죽임

③ 笑殺(웃음 소, 죽일 살): 1. 웃어넘기고 문제 삼지 않음 2. 큰 소리로 비웃음

④ 刺殺(찌를 자/칼로 찌를 척, 죽일 살): 칼 등으로 사람을 찔러 죽임

매일 국어 | 16일
본책 100p

정답 한 눈에 보기

01	02	03	04	05	06	07	08
②	④	②	③	③	①	③	④

01 어법
정답 ②

출제포인트 단어 형태소의 분석

정답 해설
'급히'는 어근 '급(急)-'과 부사 파생 접미사 '-히'로 분석되므로, 옳지 않은 것은 ②이다.

오답 분석
① 〈보기〉의 문장은 '만나- / -는 / 날 / 이 / 급 / -히 / 정- / -하- / -어 / 지- / -ㄴ / 까닭 / 이 / 있- / -었- / -겠- / -지'로 분석되므로, 형태소 개수는 총 17개이다.
③ '날', '까닭'은 모두 명사이며, 명사는 자립 형태소이므로 옳은 설명이다.
④ '있었겠지'는 실질 형태소 '있-'과 형식 형태소 '-었-', '-겠-', '-지'로 분석되므로 옳은 설명이다.

✅ **어법** – 시험에 또 나올 핵심 포인트

형태소의 개념과 분류
1. 개념
뜻을 가진 가장 작은 말의 단위. '이야기책'의 '이야기', '책' 등이다.

2. 분류

분류		세부 내용
자립성 유무	자립 형태소	• 개념: 문장에서 단독적으로 쓸 수 있는 형태소 • 종류: 명사, 대명사, 수사(체언), 관형사, 부사(수식언), 감탄사(독립언) 등
	의존 형태소	• 개념: 문장에서 단독적으로 쓸 수 없는 형태소 • 종류: 용언의 어간. 어미, 조사, 접사 등
실질적 의미의 유무	실질 형태소	• 개념: 실질적인 뜻을 갖는 형태소 • 종류: 모든 자립 형태소, 용언의 어간 등
	형식 형태소	• 개념: 실질적인 뜻을 갖지 않는 형태소 • 종류: 조사, 어미 등

02 어법
정답 ④

출제포인트 단어 형태소의 분석

정답 해설
의미를 가진 가장 작은 요소는 형태소이며, 형태소의 수가 가장 많은 것은 '단팥죽'이므로 답은 ④이다.
• 단팥죽(4개): 달- + -ㄴ + 팥 + 죽

오답 분석
① ② ③은 형태소의 개수가 3개 이하이다.
① 웃음(2개): 웃- + -음
② 낚시질(2개): 낚시 + -질
③ 날짐승(3개): 날- + -ㄹ + 짐승

03 문학
정답 ②

출제포인트 수사법

정답 해설
(나)의 초장과 중장에 문답법이 쓰였으며, (나)의 화자는 음식과 재료에 군신관계를 비유하여 임(임금)의 만수무강을 기원하고 있다. 그러나 대조법이 쓰인 부분은 나타나 있지 않으므로 적절하지 않은 것은 ②이다.

오답 분석
① (가)의 초장, 중장, 종장에서 앞 구절의 말을 다시 다음 구절에 연결시키는 연쇄법을 활용하여 고인의 길을 따라 학문을 수양하겠다는 의지를 드러내고 있다.
③ (다)는 '우레ᄀ치, 번기ᄀ치, 비ᄀ치, 구름ᄀ치'에서 'ᄀ치'를 반복함으로써 운율감을 더하고 있다.
④ (라)의 화자는 나의 웃음은 진짜 웃음이 아니라 어처구니가 없어 울다가 나온 웃음이라고 상대에게 냉소적으로 말하며 자신의 불편한 심기를 표출하고 있다.

[지문풀이]

(가) 고인도 날 못 보고 나도 고인을 못 뵈었으니/고인을 못 뵈었어도 가던 길 앞에 있네/가던 길 앞에 있거늘 아니 가고 어쩔고
　　　　　　　　　　　　　　　　　　　– 이황, '도산십이곡' 제9곡
(나) 술은 어찌 하여 좋은고 누룩 섞은 탓이로다/국은 어찌 하여 좋은고 간을 탄 탓이로다/이 음식 이 뜻을 알면 만수무강 하리라
　　　　　　　　　　　　　　　　　　　– 윤선도, '초연곡' 제2수
(다) 우레 같이 소리 나는 임을 번개같이 번쩍 만나/비같이 오락가락 구름 같이 헤어지니/흉중에 바람같은 한숨이 나 안개 피듯 하여라
　　　　　　　　　　　　　　　　　　　– 작자 미상, '우레ᄀ치 소ᄅ나는'
(라) 하하 허허 하고 웃은들 내 웃음이 정말 웃음인가/하도 어처구니가 없어서 울다가 그리된 것이다./사람들아 웃지를 말아라. 입이 찢어지리라.
　　　　　　　　　　　　　　　　　　　– 권섭, '하하 허허 ᄒᄋᄂ들'

04 문학　　　　　　　　　　　　　　　　정답 ③

출제포인트　현대소설의 종합적 감상

정답 해설

2문단 1~2번째 줄을 통해 '비 오는 날'은 동욱 남매의 집을 어둡게 만들어 음울한 분위기를 조성함을 알 수 있으나, 원구가 동욱 남매에게 느끼는 연민의 감정을 극대화시키는지는 알 수 없으므로 적절하지 않은 것은 ③이다.

[관련 부분]

비 오는 날인 데다가 창문까지 거적때기로 가리어서 방 안은 굴속같이 침침했다.

오답 분석

① 1문단 1~4번째 줄을 통해 알 수 있다.

　[관련 부분] 비 내리는 날이면~빗소리를 들을 때마다 원구에게는 으레 동욱과 그의 여동생 동옥이 생각나는 것이었다.

② 1문단 끝에서 1~2번째 줄을 통해 '비에 젖어 있는 인생'은 동욱 남매의 인생을 가리키는 것을 알 수 있으며, 2문단 1~4번째 줄을 통해 동욱 남매의 생활이 궁핍하고 암울했음을 알 수 있다.

　[관련 부분]

　• 원구의 머릿속에 떠오르는 동욱과 동옥은 그 모양으로 언제나 비에 젖어 있는 인생들이었다.

　• 창문까지 거적때기로 가리어서 방 안은 굴속같이 침침했다. 다다미 여덟 장 깔리는 방 안은, 다다미 위에다 시멘트 종이로 장판 바르듯 한 것이었다. 한켠 천장에서는 쉴 사이 없이 빗물이 떨어졌다.

④ 2문단 끝에서 1~3번째 줄을 통해 원구는 처음 '빗물 소리'를 방 안의 어두운 분위기를 조금이나마 낫게 해 주는 긍정적인 대상으로 보았으나, 시간이 지나 양동이에 담긴 물이 늘어나자 '빗물 소리'마저 우울함을 유발하는 부정적인 대상으로 보게 되었음을 알 수 있다.

　[관련 부분] 무덤 속 같은 이 방 안의 어둠을 조금이라도 구해 주는 것은 그래도 빗물 소리뿐이었다. 그러나 그 빗물 소리마저, 바께쓰에 차츰 물이 늘어 갈수록 우울한 음향으로 변해 가는 것이었다.

✅ 문학 – 시험에 또 나올 핵심 포인트

손창섭, '비 오는 날'

주제		한국전쟁 이후를 살아가는 사람들의 암울하고 무력한 삶
특징		• 전후 황폐화된 환경과 '비'가 오는 배경을 활용해 어두운 분위기를 조성함 • 전쟁으로 상처받고 무기력해진 사람들의 내면을 위주로 소설을 전개함
배경의 기능	'비 내리는 날'	• 과거 회상의 매개체, 원구로 하여금 동욱 남매와 관련된 일을 떠오르게 하여 죄책감을 느끼게 함 • 어둡고 스산한 분위기를 조성함 • 동욱 남매의 암울한 삶을 상징함

05 비문학　　　　　　　　　　　　　　　정답 ③

출제포인트　작문 주제문

정답 해설

제시된 개요는 본론에서 화석 연료의 문제점과 이에 대응하는 재생 에너지의 효용을 분석하여, 재생 에너지가 화석 연료를 대체할 수 있음을 이끌어 내고 있다. 또한 결론에서 재생 에너지 연구를 촉구하고 있으므로 이를 모두 포괄할 수 있는 ③이 적절하다.

오답 분석

① '본론 – 1'을 통해 문제점이 많은 '화석 연료의 사용을 자제해야 한다'라는 내용을 이끌어낼 수 있으나 개요 전체를 포괄할 수 있는 내용이 아니므로 적절하지 않다.

② '서론', '본론 – 1 – ㄴ', '본론 – 2 – ㄴ'에서 환경오염과 관련된 내용을 다루고 있으나 '환경오염을 해결할 수 있는 방안을 마련해야 한다'는 개요 전체를 포괄할 수 있는 내용이 아니므로 적절하지 않다.

④ 본론과 결론을 고려할 때 '재생 에너지 개발에 박차를 가해야 한다'는 주제문으로 적합한 내용이나, '본론 – 1'에서 알 수 있듯이 이유가 화석 연료의 고갈을 늦추기 위해서만은 아니므로 적절하지 않다.

06 비문학　　　　　　　　　　　　　　　정답 ①

출제포인트　세부 내용 파악

정답 해설

2문단 끝에서 1~4번째 줄에서 '조치'는 '찌개'의 옛말, '탕'은 '국'의 한자어임과 '조치'가 '전골'보다 맑은 국물임을 알 수 있다. 또한 1~2번째 줄에서 '찌개'는 '국'보다 진한 국물임을 알 수 있으므로 국물의 맑기 순서대로 나열하면 '탕, 조치, 전골'의 순서가 된다. 따라서 적절하지 않은 것은 ①이다.

[관련 부분]

• 국을 한자로 표기할 때는 탕(湯)이라고 했다. 찌개에 해당하는 옛말은 '조치'로, ~요즘의 전골보다는 훨씬 맑은 국물이었던 듯싶다.

• 찌개는 국보다 진한 국물을 뜻한다.

오답 분석

② 1문단 1~3번째 줄을 통해 알 수 있다.

　[관련 부분] 지금 우리 식탁에 오르는 된장찌개의 가장 보편적인 모습이라면 조개, 우렁이, 멸치 또는 고기로 맛을 낸 국물에다 호박이나 파, 감자, 고추 등의 채소와 두부가 어우러진 모습

③ 3문단을 통해 알 수 있다.

　[관련 부분] 조치를 끓이려면 생선이나 새우젓과 같이 맛을 내는 것들이 필요하고 과정도 복잡해~웬만큼 사는 양반집에서나 해 먹은 음식의 하나가 아니었나 하는 생각이 든다.

④ 4문단 끝에서 3~6번째 줄에서 밥으로 배를 채우던 서민들의 밥상에는 보리밥이나 좁쌀밥과 함께 강된장이 올라갔음을 알 수 있다.

[관련 부분] 보리나 좁쌀로 지은 밥이 주식인 서민 밥상에는 역시 간이 센 된장이 필요했을 것이다. ~주로 밥으로만 배를 채웠으니 양이 많을 수밖에 없다.

07 어휘
정답 ③

출제포인트 관용 표현, 한자어 한자어의 의미

정답 해설
관용 표현 '흰 눈으로 보다'는 '업신여기거나 못마땅하게 여기다'라는 의미이며, 이것과 거리가 먼 단어는 '困惑'이므로 답은 ③이다.
- 困惑(곤할 곤, 미혹할 혹): 곤란한 일을 당하여 어찌할 바를 모름

오답 분석
① 蔑視(업신여길 멸, 볼 시): 업신여기거나 하찮게 여겨 깔봄
② 侮辱(업신여길 모, 욕될 욕): 깔보고 욕되게 함
④ 唾棄(침 타, 버릴 기): '침을 뱉듯이 버린다'라는 뜻으로, 업신여기거나 아주 더럽게 생각하여 돌아보지 않고 버림을 이르는 말

08 어휘
정답 ④

출제포인트 혼동하기 쉬운 어휘

정답 해설
밑줄 친 부분의 쓰임이 모두 옳은 것은 ④이다.
- 고등어를 **조렸다**(○): 문맥상 고등어로 요리를 했다는 의미이므로, '양념을 한 고기나 생선, 채소 등을 국물에 넣고 바짝 끓여서 양념이 배어들게 하다'를 뜻하는 '조리다'의 쓰임은 적절하다.
- 미역국을 너무 오래 **졸였는지**(○): 문맥상 미역국을 너무 오래 끓여 국물이 줄어들었다는 의미이므로, '찌개, 국, 한약 등의 물을 증발시켜 분량을 적어지게 하다'를 뜻하는 '졸이다'의 쓰임은 적절하다.

오답 분석
① · 경기 결과를 **가늠한다**(×) → 경기 결과를 **가름한다**(○): '승부나 등수 등을 정하다'라는 의미의 '가름하다'를 써야 한다.
   · 시간이 얼마나 걸릴지 **가름하기도**(×) → 시간이 얼마나 걸릴지 **가늠하기도**(○): '사물을 어림잡아 헤아리다'라는 의미의 '가늠하다'를 써야 한다.
② · 안경의 도수를 **돋우니**(×) → 안경의 도수를 **돋구니**(○): '안경의 도수 등을 더 높게 하다'라는 의미의 '돋구다'를 써야 한다.
   · 입맛을 **돋구는** 데에는(×) → 입맛을 **돋우는** 데에는(○): '입맛을 당기게 하다'라는 의미의 '돋우다'를 써야 한다.
③ · **바치지** 않는지(×) → **받치지** 않는지(○): '먹은 것이 잘 소화되지 않고 위로 치밀다'라는 의미의 '받치다'를 써야 한다.
   · 특산품을 **받치기** 위해(×) → 특산품을 **바치기** 위해(○): '신이나 웃어른에게 정중하게 드리다'라는 의미의 '바치다'를 써야 한다.

정답 한 눈에 보기

01	02	03	04	05	06	07	08
①	②	③	③	④	④	④	①

01 어법
정답 ①

출제포인트 표준 발음법 모음의 발음

정답 해설
밑줄 친 ㉠ ~ ㉤ 중 표준 발음으로 옳은 것은 ㉠, ㉡, ㉢이므로 답은 ①이다.
- ㉠ 되고[뒈고](○): 표준 발음법 제2장 제4항의 [붙임]에 따라 단모음 'ㅚ'는 이중 모음 [ㅞ]로 발음하는 것이 허용된다.
- ㉡ 강의의[강:이에](○): 표준 발음법 제2장 제5항에 따라 단어의 첫음절 이외의 '의'는 [ㅣ]로, 조사 '의'는 [ㅔ]로 발음하는 것이 허용된다.
- ㉢ 차례[차례](○): 표준 발음법 제2장 제5항에 따라 '례'의 이중 모음 'ㅖ'는 단모음 [ㅔ]로 발음할 수 없으며, [ㅖ]로만 발음해야 한다.

오답 분석
- ㉣ 쏜살같이[쏜:살:가치](×) → [쏜살가치](○): 표준 발음법 제3장 제7항에 따라 '쏜살같이'는 용언의 활용형인 '쏜'이 [쏜:]으로 발음되어도 짧게 발음하는 복합어에 속하므로, [쏜살가치]로 발음해야 한다.
- ㉤ 재삼재사[재삼재사](×) → [재:삼재:사](○): 표준 발음법 제3장 제6항에 따라 '재삼재사'는 둘째 음절 이하에서도 긴소리로 발음하는 것이 인정되는 합성어이므로, [재:삼재:사]로 발음해야 한다.

✅ **어법** - 시험에 또 나올 핵심 포인트

1. 표준 발음법 제2장 제5항

규정	'ㅑ ㅒ ㅕ ㅖ ㅘ ㅙ ㅛ ㅝ ㅞ ㅟ ㅠ ㅢ'는 이중 모음으로 발음한다. 다만 1. 용언의 활용형에 나타나는 '져, 쪄, 쳐'는 [저, 쩌, 처]로 발음한다. 다만 2. '예, 례' 이외의 'ㅖ'는 [ㅔ]로도 발음한다. 다만 3. 자음을 첫소리로 가지고 있는 음절의 'ㅢ'는 [ㅣ]로 발음한다. 다만 4. 단어의 첫음절 이외의 '의'는 [ㅣ]로, 조사 '의'는 [ㅔ]로 발음함도 허용한다.
예	다만 1. 가지어 → 가져[가저] 다만 2. 계시다[계:시다/게:시다] 다만 3. 늴리리[닐리리] 다만 4. 충의의[충의의/충이에]

2. 표준 발음법 제2장 제4항의 [붙임]

규정	'ㅏ ㅐ ㅓ ㅔ ㅗ ㅚ ㅜ ㅟ ㅡ ㅣ'는 단모음(單母音)으로 발음한다. [붙임] 'ㅚ, ㅟ'는 이중 모음으로 발음할 수 있다.
예	회[회/훼]

02 어법

정답 ②

출제포인트 **표준 발음법** 모음의 발음

정답 해설

밑줄 친 발음 중 표준 발음이 아닌 것은 ②이다.

- 다쳐[다쳐](×) → [다처](○): 표준 발음법 제2장 제5항에 따라 용언의 활용형에 나타나는 '쳐'는 [처]로 발음하므로 '다쳐'는 [다처]로 발음해야 한다. 참고로, '다쳐'는 '다치다'의 어간 '다치-'에 연결 어미 '-어'가 결합한 형태이다.

오답 분석

① 시계(時計)[시계/시게](○): 표준 발음법 제2장 제5항에 따라 '예, 례' 이외의 이중 모음 'ㅖ'는 단모음 [ㅔ]로 발음하는 것도 허용되므로, '시계'는 [시계]와 [시게]로 모두 발음할 수 있다.

③ 협의(協議)[혀븨/혀비](○): 표준 발음법 제2장 제5항에 따라 단어의 첫음절 이외의 '의'는 [ㅣ]로 발음하는 것이 허용되므로, '협의'는 [혀븨]와 [혀비]로 모두 발음할 수 있다. 참고로, 자음을 첫소리로 가지고 있는 음절의 'ㅢ'는 [ㅣ]로 발음하나, '협의'의 '의'는 '협'의 종성 'ㅂ'이 '의'의 초성으로 연음된 것이므로 해당 규정이 적용되지 않는다.

④ 피여[피어/피여](○): 표준 발음법 제5장 제22항에 따라 '피어'는 [피어]로 발음함을 원칙으로 하되, [피여]로도 발음할 수 있다.

03 문학

정답 ③

출제포인트 **고전시가의 종합적 감상**

정답 해설

제시된 작품 '해가'는 '구지가'보다 약 700여년이 늦게 창작되었으나, 거북을 협박하는 내용과 '호명-명령-가정-위협'으로 구성되는 형식 측면에서 '구지가'와 유사성이 아주 높다. 이를 통해 '구지가'가 후대로 계속 전승되어 '해가'로 변형된 것임을 알 수 있으므로 작품에 대한 설명으로 가장 옳은 것은 ③이다. 참고로, '구지가'의 내용은 아래와 같다.

- 구지가(龜旨歌): 거북아, 거북아, / 머리를 내어라. / 내어놓지 않으면 / 구워서 먹으리.

오답 분석

① 반복되는 후렴구는 존재하지 않으므로 적절하지 않다.

② 한 구에 일곱 글자(7언)가 있고 4개의 구가 있으므로, 7언 4구 형식으로 되어 있음을 알 수 있다.

④ 1구 '龜乎龜乎出水路(거북아 거북아 수로 부인을 내놓아라)'를 통해 납치해 간 수로(水路) 부인을 돌려놓을 것을 요구하는 노래임을 알 수 있으므로, 새로운 왕의 탄생을 기원하는 의미가 담겨 있다는 설명은 적절하지 않다.

⊘ 문학 - 시험에 또 나올 핵심 포인트

작자 미상, '해가(海歌)'

주제	납치된 수로 부인을 돌려줄 것을 요구함
특징	• 주술적 성격이 있음 • '구지가'와 유사한 점이 많음: '구지가'가 후대로 구전되었음을 보여줌
구성	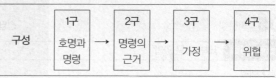

구성: 1구 호명과 명령 → 2구 명령의 근거 → 3구 가정 → 4구 위협

04 문학

정답 ③

출제포인트 **인물의 심리, 화자의 정서 및 태도**

정답 해설

제시된 작품의 '봉구'와 ③의 시적 화자는 고향에 대한 상실감을 드러내고 있으므로, ⊙과 가장 유사한 정서가 드러나는 것은 ③이다.

- ⊙: '봉구'는 댐 건설로 자신의 고향인 방울재가 없어져 사람들이 모두 흩어진 상황에서 같은 처지인 방울재 사람들을 '뿌리 없는 나무'라고 표현하면서, 고향을 잃은 것에 대한 상실감을 드러내고 있다.

- ③: 정지용, '고향'의 일부로, 화자는 고향에서 '어린 시절'과 달리 '풀피리' 소리가 나지 않자, '메마른 입술에 쓰디쓰다'라고 하며 상실감을 드러내고 있다.

오답 분석

① 두보, '강촌(江村)'의 일부로, 화자는 집 위에 있는 제비와 물 가운데에 있는 갈매기의 모습을 그리며 자연 속에서 여유로운 정서를 드러내고 있다.

② 나희덕, '못 위의 잠'의 일부로, 화자는 아비로서 자신을 희생하여 못 위에서 잠을 자는 제비를 보며 눈시울을 붉히고 있으므로, 제비에게 연민의 정서를 느끼고 있음을 알 수 있다.

④ 김소월, '접동새'의 일부로, 죽어서도 동생을 잊지 못하고 접동새가 되어 울어 대는 누나의 모습을 통해 동생에 대한 그리움과 한(恨)을 드러내고 있다.

✅ 문학 – 시험에 또 나올 핵심 포인트

문순태, '징 소리'

주제	산업화로 인해 고향을 잃은 농민들의 고난과 서글픈 삶
특징	• 물질주의로 인해 전통적 삶의 방식이 무너져 가는 과정을 보여줌 • 산업화로 인해 희생되는 농민들의 모습을 사실적으로 묘사함 • 전라남도 장성의 실제 마을을 배경으로 함

05 비문학 　　　　　　　　　　　　　　정답 ④

출제포인트 **세부 내용 파악**

정답 해설

6~7번째 줄을 통해 공리주의는 소수의 희생이 있더라도 다수가 행복하다면 이를 선한 행동으로 여긴다는 것을 알 수 있으므로 옳은 것은 ④이다.

[관련 부분] 가장 선한 행동은 최대 다수의 최대 행복을 산출하는 것이다.

오답 분석

① 5~6번째 줄에서 공리주의는 선한 행동의 정도를 행복의 양과 불행의 양을 대비하여 판단함을 알 수 있으므로 적절하지 않다.

[관련 부분] 이에 따르면 불행과 대비하여 행복의 양을 많이 산출할수록 선한 행동이 되며

② 2~3번째 줄에서 공리주의는 행동의 윤리성을 '행동의 과정'이 아니라 '행동의 결과'에 따라 판단함을 알 수 있으므로 적절하지 않다.

[관련 부분] 공리주의는 행동의 윤리적 가치가 행동의 결과에 의존한다는 결과주의이다.

③ 끝에서 3~6번째 줄을 통해 공리주의는 개인의 행복을 동등한 가치로 파악함을 알 수 있으므로 적절하지 않다.

[관련 부분] 행동을 하기 전 발생할 행복의 양을 계산할 때 개개인의 행복을 모두 동일하게 중요한 것으로 간주하므로 어느 누구의 행복도 다른 누구의 행복보다 더 중요하지는 않다.

06 비문학 　　　　　　　　　　　　　　정답 ④

출제포인트 **논지 전개 방식**

정답 해설

밑줄 친 부분은 '연기'가 무엇인지에 대해 연(緣)과 기(起)의 정의를 바탕으로 그 뜻을 풀어서 명확히 설명해주고 있으므로 주된 설명 방식은 ④ '정의'이다.

오답 분석

① 대조는 밑줄 친 부분에 쓰이지 않았다. 참고로, 밑줄 친 부분 뒤의 '반대로~존재하지 않음, 혹은 사라짐이다'에서 앞에서 설명한 '연기'와 '연기가 아닌 것'을 대조하고 있다.

② ③ 분류와 비교는 밑줄 친 부분에 쓰이지 않았다.

✅ 비문학 – 시험에 또 나올 핵심 포인트

논지 전개 방식

대조	둘 이상의 대상에 대하여, 대상의 다른 부분(차이점)에 주목하며 논지를 전개하는 방식
분류	일정한 기준을 토대로, 어떤 대상에 포함되는 것들을 구별하며 논지를 전개하는 방식
비교	둘 이상의 대상에 대하여, 대상의 같은 부분(공통점)에 주목하며 논지를 전개하는 방식
정의	어떤 대상의 의미를 명확하게 밝히며 논지를 전개하는 방식

07 어휘 　　　　　　　　　　　　　　정답 ④

출제포인트 **한자 성어** 문맥에 적절한 한자 성어

정답 해설

'磨斧作針(마부작침)'은 '도끼를 갈아 바늘을 만든다'라는 뜻으로, 아무리 어려운 일이라도 끈기 있게 노력하면 이룰 수 있음을 비유하는 말이다. 문맥상 ④는 취업에 계속 실패하는 형이 근본적으로 무엇이 문제인지 찾으려 하지 않고 자기소개서만 쓰고 있다는 의미이므로, 한자 성어 '磨斧作針(마부작침)'의 쓰임은 적절하지 않다.

오답 분석

① '面從腹背(면종복배)'는 '겉으로는 복종하는 체하면서 내심으로는 배반함'이라는 뜻이다. 문맥상 ①은 권력자 주변에 겉으로는 충성하나 속으로는 그렇지 않은 사람들이 모인다는 의미이므로 그 쓰임이 적절하다.

② '緣木求魚(연목구어)'는 '나무에 올라가서 물고기를 구한다'라는 뜻으로, 도저히 불가능한 일을 굳이 하려 함을 비유적으로 이르는 말이다. 문맥상 ②는 공부를 하지 않고 좋은 점수를 받기를 원하는 것은 불가능한 일이라는 의미이므로 그 쓰임이 적절하다.

③ '同病相憐(동병상련)'은 '같은 병을 앓는 사람끼리 서로 가엾게 여긴다'라는 뜻으로, 어려운 처지에 있는 사람끼리 서로 가엾게 여김을 이르는 말이다. 문맥상 ③은 그와 내가 어려운 시절을 서로 가엾게 여기며 이겨냈기에 어떠한 미래도 두렵지 않다는 의미이므로 그 쓰임이 적절하다.

08 어휘 　　　　　　　　　　　　　정답 ①

정답 해설

㉠~㉣의 한자를 순서대로 표기하면 '㉠ 龜裂 – ㉡ 妥協 – ㉢ 敦篤 – ㉣ 瓦解'이므로 답은 ①이다.

- ㉠ 龜裂(터질 균, 찢을 열): 친하게 지내는 사이에 틈이 남
- ㉡ 妥協(온당할 타, 화합할 협): 어떤 일을 서로 양보하여 협의함
- ㉢ 敦篤(도타울 돈, 도타울 독): 도탑고 성실함
- ㉣ 瓦解(기와 와, 풀 해): '기와가 깨진다'라는 뜻으로, 조직이나 계획 등이 산산이 무너지고 흩어짐. 또는 조직이나 계획 등을 산산이 무너뜨리거나 흩어지게 함

오답 분석

㉠ 列: 벌일 열, 벌일 렬
㉡ 他: 다를 타
㉢ 頓: 조아릴 돈, 둔할 둔
㉣ 懈: 게으를 해

정답 한 눈에 보기

01	02	03	04	05	06	07	08
③	③	③	③	③	②	①	③

01 어법 　　　　　　　　　　　　　정답 ③

출제포인트 　중세 국어

정답 해설

㉢ 'ᄀᄆᄅᆡ'는 '가ᄆᆞᆯ + 애'로 분석되며, 이때 '애'는 이유를 나타내는 부사격 조사이므로 설명으로 적절한 것은 ③이다.

오답 분석

① ㉠: '깊은'은 '깊– + –은'으로, '남ᄀᆞᆫ'은 '낡(←나모) + 은'으로 분석된다. 이때 '–은'은 관형사형 전성 어미이며, '은'은 보조사이다.
  - –은: 어간 '깊–'과 결합하여 명사 '낡'을 수식하고 있으므로 관형사형 전성 어미임을 알 수 있다.
  - 은: 명사 '낡'과 결합하였으며, 문장 속에서 '주제'임을 나타내고 있으므로 보조사임을 알 수 있다.

② ㉡: '여름'은 '열– + –음'으로 분석되며, 이때 '여름'은 문장에서 주어 역할을 하는 명사이다. 따라서 '–음'은 '열다'의 어근 '열–'에 붙어 명사 '여름'을 파생시키는 접사임을 알 수 있다.

④ ㉣: '아니'는 현대어와 동일하게 부정이나 반대의 뜻을 나타내는 부사이므로, 형용사가 활용된 것이라는 설명은 적절하지 않다.

✅ 어법 - 시험에 또 나올 핵심 포인트

중세 국어의 부사격 조사

부사격 조사	실현 환경
애	결합하는 체언의 끝 모음이 양성 모음일 때 예 ᄇᆞᄅᆞ매: ᄇᆞᄅᆞᆷ＋애
에	결합하는 체언의 끝 모음이 음성 모음일 때 예 中國에
예	결합하는 체언의 끝 모음이 'ㅣ'나 반모음 'ㅣ'일 때 예 서리예: 서리＋예, ᄇᆡ예: ᄇᆡ＋예

02 어법
정답 ③

정답 해설

중세 국어의 호격 조사는 크게 '아'와 '하'로 나뉘는데, '아'는 낮춤의 의미가 있는 평칭의 체언 뒤에 결합하며 '하'는 존경이나 높임의 의미가 있는 존칭의 체언 뒤에 결합하였다. 따라서 존칭과 평칭의 호격 조사가 '하'로 함께 쓰였다는 ③의 설명은 옳지 않다.

오답 분석

① 중세 국어에서는 합용 병서와 각자 병서가 모두 사용되었다.

- **각자 병서**: 같은 자음 두 글자를 가로로 나란히 붙여 쓰는 일. 또는 그렇게 만든 글자. ㄲ, ㄸ, ㅃ, ㅆ, ㅉ 등이 있다.
- **합용 병서**: 서로 다른 자음을 가로로 나란히 붙여 쓰는 일. 또는 그렇게 만든 글자. 'ㅺ', 'ㅼ', 'ㄺ', 'ㄻ', 'ㄼ', 'ㅀ', 'ㅄ' 등이 있다.

② 중세 국어 시기에는 자음으로 끝나는 체언이나 용언의 어간에 모음으로 시작하는 조사나 어미가 결합하면, 앞 음절의 종성을 뒤 음절의 초성으로 내려서 쓰는 이어적기 표기가 일반적으로 사용되었다.

④ 중세 국어 시기에 종성에서 발음되는 자음의 종류는 총 8가지(ㄱ, ㆁ, ㄴ, ㄷ, ㄹ, ㅁ, ㅂ, ㅅ)이다. 참고로, 이와 관련된 종성 표기법을 '8종성법'이라고 부른다.

03 문학
정답 ③

정답 해설

'들보와 서까래가 다 썩다'는 행랑채가 퇴락한 일에 해당하므로 ㉠ '이 경험'에 대응하는 것이 적절하나, 필자는 '나라를 바로잡기가 대단히 어렵다'라고 하였을 뿐 '바로잡을 방도가 없다'라고 말하지는 않았으므로 '나라를 바로잡을 방도가 없다'는 ㉡ '깨달음'에 대응하지 않는다. 참고로, 제시된 작품의 필자는 행랑채가 퇴락하여 수리하였던 개인적 경험을 통해 얻은 깨달음을 유추의 방식으로 사람과 정치에도 적용하고 있다.

[관련 부분] 나라가 위태롭게 된 뒤에는 갑자기 고치려고 해도 바로잡기가 대단히 어려우니 삼가지 않아서야 되겠는가?

오답 분석

① 기와를 바꾸는 것은 한 번 비가 새자 바로 수리했던 일을 뜻하므로 '기와를 바꾸다'는 ㉠ '이 경험'에, '과오를 고치다'는 ㉡ '깨달음'에 문맥상 적절하게 대응한다.

② 미루고 수리하지 않는 것은 수리를 미뤘던 행랑채 두 칸의 사례에 해당하므로 '미루고 수리하지 않다'는 ㉠ '이 경험'에, '과오를 알고도 곧 고치지 않다'는 ㉡ '깨달음'에 문맥상 적절하게 대응한다.

④ '비가 새서 기울어진 상태'는 이전 장마를 통해 발생한 결과이므로 ㉠ '이 경험'에, '자기 과오'는 ㉡ '깨달음'에 문맥상 적절하게 대응한다.

04 문학
정답 ③

정답 해설

16행 '너, 먼 데서 이기고 돌아온 사람아'에서 시적 대상인 '봄'을 승리한 사람으로 여기며 '너'라고 직접 부르고 있으나 이는 돌아온 대상을 예찬하기 위함이지 대상에 대한 간절함을 드러내기 위함은 아니므로, 설명으로 적절하지 않은 것은 ③이다.

오답 분석

① 제시된 작품의 제목이 '봄'인 것으로 보아 '너'는 '봄'을 의미하며, '봄'은 모든 생명이 깨어나는 희망찬 계절이다. 시가 창작된 시대적 배경이 유신 독재 시기임을 고려할 때, '봄'은 자유롭고 민주적인 새 시대를 의미하는 것임을 알 수 있으며, 2행 '기다림마저 잃었을 때에도 너는 온다', 10행 '더디게 더디게 마침내 올 것이 온다'를 통해 화자는 '봄'과 같은 새 시대가 반드시 도래하게 될 것이라고 믿고 있음을 알 수 있다.

② 3~6행은 '너'의 행동으로, '너'는 이 시에서 시적 대상인 '봄'을 가리킨다. 따라서 '봄'이 화자에게 오기 전에 하는 여러 행동들을 사람이 하는 것처럼 표현하고 열거하였으므로 적절한 설명이다.

[관련 부분] 어디 뻘밭 구석이거나/썩은 물 웅덩이 같은 데를 기웃거리다가/한눈 좀 팔고, 싸움도 한 판 하고,/지쳐 나자빠져 있다가

④ 시의 전반부인 1~10행에서 '너는 온다', '너는 더디게 온다', '마침내 올 것이 온다'를 통해 화자가 봄이 올 것이라는 굳은 신념을 보여주고 있음을 알 수 있으며, 시의 후반부인 11~16행에서 '너를 보면 눈부셔/일어나 맞이할 수가 없다', '가까스로 두 팔을 벌려 껴안아 보는'을 통해 화자가 봄이 왔을 때의 감격스러운 마음을 표현하고 있음을 알 수 있다.

✅ 문학 – 시험에 또 나올 핵심 포인트

이성부, '봄'

주제	새 시대가 도래할 것이라는 강렬한 믿음	
특징	• '봄'이 올 것이라는 확신을 담은 어조를 사용함 • '봄', '바람'을 의인화하여 주제를 효과적으로 나타냄	
소재의 상징적 의미	'봄'	• 계절 '봄' • 현재 부재하는, 언젠가 찾게 될 가치 • 민주적이고 자유로운 새 시대

05 비문학
정답 ③

정답 해설
전기 절약이라는 에너지 절약 방안을 주제로 하고, 직유법 '흐르는 강물과 같이'를 사용하며 행위의 결과인 자연 보호가 드러나므로 ③ '흐르는 강물과 같이 멈추지 않는 전류/플러그를 뽑으면 자연이 건강해집니다'는 제시된 조건을 모두 만족시키는 표어로 적절하다.

오답 분석
① 적정 난방 온도 유지하기라는 에너지 절약 방안을 주제로 하고, 행위의 결과인 지구온난화 방지를 들고 있으나 직유법이 나타나 있지 않으므로 적절하지 않다.
② 직유법 '화산처럼'과 행위의 결과인 화재 위험 증가가 나타나 있으나 에너지 절약 방안을 주제로 하고 있지 않으므로 적절하지 않다.
④ 직유법 '불청객 같은'과 행위의 결과인 토양 오염이 나타나 있으나 에너지 절약 방안을 주제로 하고 있지 않으므로 적절하지 않다.

06 비문학
정답 ②

정답 해설
㉠과 ㉡에 들어갈 접속어로 적절한 것은 '또한'과 '결국'이므로 답은 ② 이다.
• ㉠**또한**: ㉠의 앞과 뒤는 2번째 줄 '그렇다면 역사가의 지도란 무엇인가?'에 대한 답이므로 모두 '역사가의 지도'에 대한 설명이다. 따라서 ㉠에는 앞의 의미에 같은 의미를 더하는 뜻을 나타낼 수 있는 접속어 '또한'이 들어가야 한다.
• ㉡**결국**: ㉡의 앞은 역사가는 그가 인식하는 문제와 역사를 보는 관점을 통해 사회와 인간을 이해한다는 내용이며, ㉡의 뒤는 **궁극적으로 역사가의 문제 인식과 역사를 보는 관점은 긴밀하게 연관되어 있다는 내용**이므로 ㉡에는 앞 내용의 결과를 정리하는 의미의 접속어 '결국'이 들어가야 한다.

오답 분석
① • ㉠**곧**: 역사가의 문제의식과 역사를 보는 관점은 관련이 있는 것이지 같은 것이 아니므로, '바꾸어 말하면'이라는 의미의 '곧'이 ㉠에 들어가는 것은 적절하지 않다.
  • ㉡**아울러**: '동시에 함께'라는 의미의 '아울러'가 ㉡에 들어가는 것은 적절하지 않다.
③ • ㉠**요컨대**: '중요한 점을 말하자면', '여러 말 할 것 없이'라는 의미의 '요컨대'가 ㉠에 들어가는 것은 적절하지 않다.
  • ㉡**따라서**: ㉡ 앞의 내용이 ㉡ 뒤의 내용의 이유나 근거가 될 수 있으므로, 앞에서 말한 일이 뒤에서 말할 일의 원인, 이유, 근거가 됨을 나타내는 접속 부사 '따라서'가 ㉡에 들어가는 것은 적절하다.

④ • ㉠**그러므로**: 앞의 내용이 뒤의 내용의 이유나 원인, 근거가 될 때 쓰는 접속 부사로, ㉠에 들어가는 것은 적절하지 않다.
  • ㉡**요약하자면**: ㉡의 뒤는 ㉡의 앞의 내용을 요약하고 있으므로, 앞의 내용을 요약할 때 쓰이는 접속 표현 '요약하자면'이 ㉡에 들어가는 것은 적절하다.

☑ **비문학** – 시험에 또 나올 핵심 포인트

접속어의 기능과 종류

첨가, 보충	게다가, 그리고, 더구나, 또한, 아울러 등
요약, 환언	결국, 곧, 말하자면, 요약하자면, 요컨대, 즉 등
인과	그래서, 그러므로, 따라서 등

07 어휘
정답 ①

정답 해설
㉠~㉢의 한자어를 순서대로 표기하면 '準備 – 原則 – 集中 – 捷徑'이므로 답은 ①이다.
• ㉠ 準備(준비: 준할 준, 갖출 비): 미리 마련하여 갖춤
• ㉡ 原則(원칙: 근원 원, 법칙 칙): 어떤 행동이나 이론 등에서 일관되게 지켜야 하는 기본적인 규칙이나 법칙
• ㉢ 集中(집중: 모을 집, 가운데 중): 한 가지 일에 모든 힘을 쏟아부음
• ㉣ 捷徑(첩경: 빠를 첩, 지름길 경): 가장 쉽고 빠른 방법을 비유적으로 이르는 말

오답 분석
㉠ • 準據(준거: 준할 준, 근거 거): 사물의 정도나 성격 등을 알기 위한 근거나 기준
  • 準(준할 준), 比(견줄 비)
㉡ • 源(근원 원), 則(법칙 칙)
  • 首(머리 수), 則(법칙 칙)
  • 守則(수칙: 지킬 수, 법칙 칙): 행동이나 절차에 관하여 지켜야 할 사항을 정한 규칙
㉢ 執中(집중: 잡을 집, 가운데 중): 지나치거나 모자람이 없이 또는 한쪽으로 치우침이 없이 마땅하고 떳떳한 도리를 취함
㉣ • 捷(빠를 첩), 輕(가벼울 경)
  • 捷(빠를 첩), 莖(줄기 경)
  • 捷(빠를 첩), 經(지날 경/글 경)

08 어휘 정답 ③

출제포인트 한자어 문맥에 적절한 한자어

정답 해설
〈보기〉의 ⑤~ⓒ에 들어갈 알맞은 낱말은 ⑤ '沒頭', ⓒ '開發', ⓒ '推定'
이므로 답은 ③이다.

- ⑤ 沒頭(빠질 몰, 머리 두): 어떤 일에 온 정신을 다 기울여 열중함
- ⓒ 開發(열 개, 필 발): 토지나 천연자원 등을 유용하게 만듦
- ⓒ 推定(밀 추, 정할 정): 미루어 생각하여 판정함

오답 분석
⑤ 熟考(익을 숙, 생각할 고): 1. 곰곰 잘 생각함. 또는 그런 생각 2. 아주 자세히 참고함

ⓒ 開拓(열 개, 넓힐 척): 1. 거친 땅을 일구어 논이나 밭과 같이 쓸모 있는 땅으로 만듦 2. 새로운 영역, 운명, 진로 등을 처음으로 열어 나감

ⓒ 類推(무리 유, 밀 추): 같은 종류의 것 또는 비슷한 것에 기초하여 다른 사물을 미루어 추측하는 일

매일 국어 | 19일 본책 118p

정답 한 눈에 보기

01	02	03	04	05	06	07	08
②	③	③	③	③	④	①	②

01 어법 정답 ②

출제포인트 단어 합성어와 파생어

정답 해설
비통사적 합성어끼리 짝지어진 것은 ②이다.

- **접칼**: 용언의 어간 '접-'에 명사 '칼'이 관형사형 어미 없이 바로 결합하였으므로 비통사적 합성어이다.
- **굶주리다**: 용언의 어간 '굶-'과 '주리-'가 연결 어미 없이 결합하였으므로 비통사적 합성어이다.

오답 분석
① • **볼일**: 용언의 어간 '보-', 관형사형 어미 '-ㄹ', 명사 '일'이 결합하였으므로 통사적 합성어이다.
   • **짙푸르다**: 용언의 어간 '짙-'과 '푸르-'가 연결 어미 없이 결합하였으므로 비통사적 합성어이다.

③ • **들어오다**: 용언의 어간 '들-', 연결 어미 '-어', 용언의 어간 '오-'가 결합하였으므로 통사적 합성어이다.
   • **빗나가다**: 합성어 '나가다'에 접두사 '빗-'이 결합한 파생어이다. 참고로, '나가다'는 용언의 어간 '나-', 연결 어미 '-아', 용언의 어간 '가-'가 결합한 통사적 합성어로 볼 수도, 연결 어미 '-아'가 결합하지 않은 비통사적 합성어로 볼 수도 있다.

④ • **어린이**: 용언의 어간 '어리-', 관형사형 어미 '-ㄴ', 의존 명사 '이'가 결합하였으므로 통사적 합성어이다.
   • **두근두근하다**: 부사 '두근두근'에 접미사 '-하다'가 결합하였으므로 파생어이다.

✅ 어법 - 시험에 또 나올 핵심 포인트

파생어와 합성어
1. 개념

파생어	어근과 접사가 결합한 말
합성어	둘 이상의 어근이 결합한 말

2. 분류 및 형성 방법

분류		형성 방법
파생어	접두 파생어	접두사와 어근이 결합한 말 예 풋과일
	접미 파생어	어근과 접미사가 결합한 말 예 수다쟁이
합성어	통사적 합성어	어근과 어근의 결합 방식이 국어의 통사 구성과 동일한 말 예 명사＋명사(논밭), 용언의 어간＋관형사형 어미＋명사(뜬소문), 용언의 어간＋연결 어미＋용언의 어간(들어가다) 등
	비통사적 합성어	어근과 어근의 결합 방식이 국어의 통사 구성과 동일하지 않은 말 예 용언의 어간＋명사(덮밥), 용언의 어간＋용언 어간(높푸르다) 등

02 어법
정답 ③

출제포인트 | **단어** 합성어와 파생어

정답 해설
〈보기〉의 설명 중 옳은 것은 ㉠, ㉡, ㉣이므로 답은 ③이다.

- ㉠: '구름'과 '춥다'는 하나의 어근으로 되어 있는 단어이므로, 단일어이다. 참고로, 단일어는 하나의 실질 형태소로 된 말로, '하늘', '땅', '밥' 등이 여기에 속한다.
- ㉡: '놀이터'의 '놀이'는 동사 '놀다'의 어근 '놀-'에 명사 파생 접미사 '-이'가 결합한 파생어이고, 여기에 명사 '터'가 결합한 '놀이터'는 합성어이다.
- ㉣: '많이'는 형용사 '많다'의 어근 '많-'에 부사 파생 접미사 '-이'가 결합하여 만들어진 파생어이다.

오답 분석
- ㉢: '최고참'은 '오래전부터 한 직위나 직장 등에 머물러 있는 사람'이라는 뜻의 명사 '고참(古參)'에 '가장, 제일'의 뜻을 더하는 접두사 '최(最)-'가 결합한 파생어이다.

03 문학
정답 ③

출제포인트 | **내용 추리**

정답 해설
〈보기〉에서 알 수 있듯 제시된 작품은 '거북'을 의인화한 가전체 문학이다. ㉢ 점치는 것을 업으로 삼은 것에서 '점'은 거북의 등껍질로 점을 보던 '거북점'을 의미하는 것으로, 수명이 긴 것과 세상일을 꿰뚫고 있는 것과는 관련이 없으므로, 추론한 것으로 적절하지 않은 것은 ③이다.

오답 분석
① ㉠ 및 제목 '현부(玄夫)'에서 사용된 '검을 현(玄)' 자를 통해 의인화된 사물이 '거북'임을 짐작할 수 있다.
② ㉡에서 다섯 산을 떠받치고 있다고 했으므로, 현부의 선조 '거북'의 등껍질은 산을 떠받칠 정도로 크고 단단했음을 추론할 수 있다.
④ '거북'을 의인화한 인물의 몸에 글이 새겨져 있었다는 점에서 ㉣의 '글'은 갑골문자를 의미하는 것임을 추론할 수 있다.

- 갑골문자(甲骨文字): 고대 중국에서, 거북의 등딱지나 짐승의 뼈에 새긴 상형 문자. 한자의 가장 오래된 형태를 보여 주는 것으로, 주로 점복(占卜)을 기록하는 데에 사용하였다.

☑ 문학 – 시험에 또 나올 핵심 포인트

이규보, '청강사자현부전(淸江使者玄夫傳)'

주제	분수에 만족하며 말과 행동을 조심히 하는 삶의 자세
특징	• 가전체(假傳體) 문학으로 거북을 의인화하여 주제를 형상화함 • 미신을 향한 믿음보다 안분지족(安分知足)하는 삶을 중시함

04 문학
정답 ③

출제포인트 | **고전시가의 종합적 감상**

정답 해설
종장 '지는 닙 부는 ᄇᆞ람에 힝여 긘가 ᄒᆞ노라(떨어지는 나뭇잎 소리와 바람 부는 소리에 혹시 임이 오는 소리가 아닌가 하노라)'에서 나뭇잎이 지는 소리, 바람이 부는 소리는 화자로 하여금 혹시나 사랑하는 임이 온 것은 아닐까 착각하게 하는 소재임을 알 수 있다. 따라서 이 소재들이 임이 돌아올 것임을 암시한다는 설명은 적절하지 않으므로 답은 ③이다.

오답 분석
① 중장의 '萬重雲山(만중운산)'에서 화자는 임과 멀리 떨어져 있음을 알 수 있으며, 종장에서 나뭇잎 소리와 바람 소리를 듣고 임일까 착각하는 것을 통해 화자는 사랑하는 임을 그리워하고 있음을 알 수 있다.
② '萬重雲山(만중운산)'은 '첩첩이 겹쳐 구름이 덮인 산'이라는 뜻으로, 임과 나 사이의 장애물을 강조하기 위해 과장하여 표현한 것이므로 적절하다.
④ 초장에서 'ᄆᆞ음이 어린 後(후)ㅣ니 ᄒᆞᄂᆞᆫ 일이 다 어리다(마음이 어리석으니 하는 일이 모두 어리석구나)'라는 보편적으로 받아들여지는 내용을 먼저 서술한 뒤, 중장과 종장에서 임이 찾아올 수 없는 상황임에도 임이 올까 기대하는 구체적인 자신의 상황을 이야기를 하고 있으므로 적절하다.

[지문풀이]

마음이 어리석으니 하는 일이 모두 어리석구나.

구름이 겹겹이 쌓여 험난한 이 산중으로 어찌 임이 나를 찾아오겠냐마는,

떨어지는 나뭇잎 소리와 바람 부는 소리에 혹시 임이 오는 소리가 아닌가 하노라. ―서경덕의 시조

☑ **문학 - 시험에 또 나올 핵심 포인트**

서경덕, '무음이 어린 後(후) ㅣ 니'

주제	임을 향한 그리움과 기다림
특징	화자의 처지를 과장법을 통해 드러냄

시상 전개 방식	초장 보편적 상황	→	중·종장 구체적 상황

└─ 연역적 전개 ─┘

05 비문학 정답 ③

출제포인트 세부 내용 파악

정답 해설

2문단 1번째 줄 '라스꼴리니꼬프는 사람을 죽였지만 근본적으로 선량한 사람이다'에서 범죄를 저지른 인물인 '라스꼴리니꼬프'의 본성은 착하다는 것을 알 수 있으나, 이를 통해 『죄와 벌』은 범죄와 인간의 본성을 별개의 것으로 다루는지는 알 수 없으므로 적절하지 않은 것은 ③이다.

오답 분석

① 1문단 3~5번째 줄에서 『죄와 벌』은 '절대 빈곤' 이상의 참상을 다루고 있음을 알 수 있다.

[관련 부분] 등장인물들이 겪는 처참한 가난에 큰 충격을 받았기 때문이다. 그것은~절대 빈곤보다 훨씬 더 끔찍한 참상이었다.

② 2문단 끝에서 1~3번째 줄에서 『죄와 벌』을 읽은 필자가 사회의 모순에 대한 의문을 제기하는 것을 통해 알 수 있다.

[관련 부분] '어째서 착한 사람들이 이렇게 가난하게 살아야 할까?' '인간 사회는 이러한 부조리를 벗어날 수 없는 것일까?' 『죄와 벌』을 읽는 동안 내내 이런 의문이 나를 사로잡았다.

④ 1문단 2~4번째 줄을 통해 『죄와 벌』에는 작품의 배경인 상트페테르부르크의 뒷골목과 인물이 처한 가난한 상황이 세밀하게 그려져 있음을 알 수 있다.

[관련 부분] 도스토옙스키가 정밀하게 묘사한 제정러시아 수도 상트페테르부르크 뒷골목의 음산한 풍경과 여러 등장인물들이 겪는 처참한 가난에 큰 충격을 받았기 때문이다.

06 비문학 정답 ④

출제포인트 내용 추론

정답 해설

2문단 끝에서 1~3번째 줄에서 **과학 기술의 발전 성과를 수용해야 한다**고 하였으므로 과학 기술의 부작용을 성찰할 필요가 있다는 ④의 추론은 적절하지 않다.

[관련 부분] 과학 기술의 눈부신 성과를 수용하여 ~ 중시되고 있는 것이다.

오답 분석

① 1문단 1~2번째 줄에서 고도성장 과정에서 농업이 우리 경제의 뒷방살이 신세로 전락하였다고 하였으므로, 고도성장을 도모하는 경제 정책 추진 과정에서 농업 중심의 경제 패러다임을 지양했음을 추론할 수 있다.

② 2문단 4~6번째 줄에서 효용 가치가 떨어지면 다른 곳으로 이동하는 유목민적 태도가 오늘날의 위기를 낳고 키웠다고 하였으므로, 효율성을 중요한 가치로 내세우는 경제 시스템의 한계를 지적하고 있음을 추론할 수 있다.

③ 2문단 5~8번째 줄과 끝에서 3~5번째 줄을 통해 유목민적 태도의 한계를 언급하며, 정주민의 농업의 가치를 주목할 만하다고 설명하고 있으므로 유목 생활을 하는 민족에 비해 정주 생활을 하는 민족이 농업의 가치 증진에 더 기여할 수 있음을 추론할 수 있다.

07 어휘 정답 ①

출제포인트 한자어 내용에 어울리는 한자어

정답 해설

화자는 초장과 중장에서 추운 겨울에 홀로 핀 국화의 모습을 보고 종장에서 '아마도 오상고절(傲霜孤節)은 너뿐인가 ㅎ노라(아마도 서릿발도 꿋꿋이 이겨 내는 높은 절개를 지닌 것은 너뿐인가 하노라)'라고 하며 국화의 **절개를 예찬**하고 있으므로, 시조의 주제를 한자어로 표현한 것으로 적절한 것은 ① '狷介'이다.

• 狷介(견개: 성급할 견, 낄 개): 굳게 절개를 지키고 구차하게 타협하지 않음

오답 분석

② 變節(변절: 변할 변, 마디 절): 1. 절개나 지조를 지키지 않고 바뀜 2. 계절이 바뀜

③ 悲劇(비극: 슬플 비, 심할 극): 인생의 슬프고 애달픈 일을 당하여 불행한 경우를 이르는 말

④ 嗚咽(오열: 슬플 오, 목멜 열): 목메어 욺. 또는 그런 울음

[지문풀이]

> 국화야, 너는 어찌하여 따뜻한 봄철 다 지나가고
> 나뭇잎이 떨어지는 추운 계절에 너 홀로 피었느냐?
> 아마도 서릿발도 꿋꿋이 이겨 내는 높은 절개를 지닌 것은 너뿐인가
> 하노라.

08 어휘 정답 ②

출제포인트 **고유어**

정답 해설
'대갈마치'는 '온갖 어려운 일을 겪어서 아주 야무진 사람을 비유적으로 이르는 말'이므로, 어휘의 뜻풀이가 옳지 않은 것은 ②이다. 참고로, '말이나 행동이 좀 모자란 듯이 보이는 사람을 비유적으로 이르는 말'은 고유어 '무녀리'의 뜻풀이이다.

모의고사 | 20일 본책 124p

정답 한 눈에 보기

01	02	03	04	05	06	07	08
①	③	②	④	③	②	②	④
09	**10**	**11**	**12**	**13**	**14**	**15**	**16**
③	④	④	④	②	③	②	②
17	**18**	**19**	**20**				
③	②	③	④				

01 어법 정답 ①

출제포인트 **올바른 문장 표현** 중복 표현

정답 해설
부사 '역시'와 의미가 중복되는 표현은 쓰이지 않았으므로, 의미가 중복된 표현이 없는 것은 ①이다.

오답 분석
② 명사 '원고(原稿)'와 명사 '투고(投稿)'는 '원고[稿]'의 의미가 중복된다.
- 원고(原稿): 1. 인쇄하거나 발표하기 위하여 쓴 글이나 그림 등 2. 초벌로 쓴 원고
- 투고(投稿): 의뢰를 받지 않은 사람이 신문이나 잡지 등에 실어 달라고 원고를 써서 보냄. 또는 그 원고
③ 동사 '소유(所有)하다'와 명사 '사유지(私有地)'는 '가지다'라는 의미가 중복된다.
- 소유(所有)하다: 가지고 있다.
- 사유지(私有地): 개인 또는 사법인이 가진 땅
④ 명사 '역전(驛前)'과 명사 '앞'은 '앞'이라는 의미가 중복된다.
- 역전(驛前): 역의 앞쪽
- 앞: 차례나 열에서 앞서는 곳

02 비문학 정답 ③

출제포인트 **화법** 공손성의 원리

정답 해설
'채연'은 '소희'의 칭찬에 '난 아직 갈 길이 멀어'라며 자신을 비난하는 표현을 사용하여 대답하고 있으므로, 적절한 것은 ③이다. 참고로, ③은 공손성의 원리 중 '겸양의 격률'로 설명할 수 있다. '공손성의 원리'는 대화할 때 상대방의 입장을 생각하며 예절을 갖춰 말해야 한다는 것이며, 그중 '겸양의 격률'은 화자 자신에 대한 칭찬을 최소화하고, 비난은 최대화함으로써 실현된다.

오답 분석

① ② ④는 모두 공손성의 원리의 하위 격률이다.

① '찬동의 격률'에 대한 설명이다. '찬동의 격률'은 상대방에 대한 칭찬을 최대화하고, 비난은 최소화함으로써 실현된다.

② '요령의 격률'에 대한 설명이다. '요령의 격률'은 상대방에게 부담을 주는 표현은 최소화하고 이익을 주는 표현은 최대화함으로써 실현된다.

④ '관용의 격률'에 대한 설명이다. '관용의 격률'은 화자 자신에게 이익을 주는 표현은 최소화하고 부담을 주는 표현은 최대화함으로써 실현된다.

✓ 비문학 – 시험에 또 나올 핵심 포인트

공손성의 원리 세부 격률

1. 요령의 격률과 관용의 격률

격률	대상	이익	부담
요령의 격률	상대	최대화	최소화
관용의 격률	나	최소화	최대화

2. 찬동의 격률과 겸양의 격률

격률	대상	칭찬	비난
찬동의 격률	상대	최대화	최소화
겸양의 격률	나	최소화	최대화

3. 동의의 격률

격률	의견의 일치점	의견의 차이점
동의의 격률	최대화	최소화

03 비문학 정답 ②

출제포인트 **작문** 자료를 활용한 글쓰기

정답 해설

설문 조사의 대상인 '20세 이상 성인 남녀 천 명'은 글에서 다루고자 하는 문제의 대상인 '직장인'에 포함될 수도 있고 그렇지 않을 수도 있는 대상이다. 따라서 이들을 대상으로 한 설문 조사 결과는 글에 포함되기 적절하지 않은 내용이므로 답은 ②이다.

04 문학 정답 ④

출제포인트 **현대시의 종합적 감상**

정답 해설

4연의 '산수유 열매'는 아버지가 '눈'과 같은 고난 속에서 아픈 '나'를 위해 따 온 것이므로 아버지의 헌신적인 사랑을 의미함을 알 수 있다. 10연에서 4연의 '산수유 열매'와 '내 혈액'을 붉은색이라는 유사한 색채로 연결 짓고 있으나, 화자는 이를 통해 아버지의 사랑이 영원함을 표현할 뿐 아버지의 사랑을 더는 느낄 수 없는 아쉬움을 표현하고 있지는 않으므로 적절하지 않은 것은 ④이다.

[관련 부분]
- 아, 아버지가 눈을 헤치고 따 오신/그 붉은 산수유 열매—.
- 눈 속에 따오신 산수유 붉은 알알이/아직도 내 혈액 속에 녹아 흐르는 까닭일까.

오답 분석

① 5연 아픈 '나'의 볼에 닿은 '아버지의 서느런 옷자락'에서 '서느런'이라는 촉각적 심상이 사용되었으며, 아버지의 옷자락에 열을 식히는 나의 모습을 통해 아버지의 사랑을 표현하였음을 알 수 있다.

[관련 부분] 나는 한 마리 어린 짐승,/젊은 아버지의 서느런 옷자락에/열로 상기한 볼을 말없이 부비는 것이었다.

② 1연 '어두운 방 안엔/바알간 숯불이 피고'에서 '어두운'과 '바알간'이 색채 대비를 이루며, 이를 통해 붉은색이 두드러져 방 안의 따스한 분위기가 강조된다.

③ 6연 2행 '그날 밤이 어쩌면 성탄제의 밤이었을지도 모른다'와 8연 1~2행 '옛것이라곤 찾아볼 길 없는/성탄제 가까운 도시에는'을 통해 '성탄제'를 매개로 연결되는 과거와 현재는 아버지의 사랑과 같은 '옛것'을 찾을 수 있는지와 없는지로 대비됨을 알 수 있다. 참고로, 7연 '어느새 나도/그때의 아버지만큼 나이를 먹었다'를 통해 1~6연에는 과거의 기억이, 7~10연에는 현재의 모습이 제시됨을 알 수 있다.

✓ 문학 – 시험에 또 나올 핵심 포인트

김종길, '성탄제'

주제	아버지의 헌신적이고 아름다운 사랑에 대한 그리움
특징	• 함축적으로 시상을 드러내기 위해 상징적 시어를 활용함 • 시간적 · 공간적 배경이 대비됨

색채 대비	어두운 방 안 검은색	↔	바알간 숯불 붉은색
	산수유 열매 붉은색	↔	눈 흰색

05 어휘

출제포인트 | 혼동하기 쉬운 어휘

정답 해설
문맥상 ③은 드라마가 흥미롭게 진행되어 분위기가 무르익고 있었는데 갑자기 끝나 버렸다는 의미이므로, 부사 '한창'의 쓰임은 옳다.

- **한창**: 어떤 일이 가장 활기 있고 왕성하게 일어나는 모양. 또는 어떤 상태가 가장 무르익은 모양

오답 분석
① **사달**(×) → **사단**(○): 문맥상 일이 어떻게 된 것인지 실마리를 찾을 수 없었다는 의미이므로, '사건의 단서. 또는 일의 실마리'를 뜻하는 '사단'을 써야 한다.
  - **사달**: 사고나 탈
② **이따가**(×) → **있다가**(○): 문맥상 30분만 머물렀다가 돌아가기로 했다는 의미이므로, '사람이나 동물이 어느 곳에서 떠나거나 벗어나지 않고 머물다'를 뜻하는 '있다'를 써야 한다.
  - **이따가**: 조금 지난 뒤에
④ **삭이지**(×) → **삭히지**(○): 문맥상 충분히 발효시키지 않은 김치로 김치찌개를 만들었다는 의미이므로, '김치나 젓갈 등의 음식물을 발효시켜 맛이 들게 하다'를 뜻하는 '삭히다'를 써야 한다.
  - **삭이다**: 1. 먹은 음식물을 소화시키다. 2. 긴장이나 화를 풀어 마음을 가라앉히다. 3. 기침이나 가래 등을 잠잠하게 하거나 가라앉히다.

06 어법

출제포인트 | 단어 용언의 활용

정답 해설
'에두르고'와 '불사르고'는 모두 '르' 불규칙 활용을 하는 용언이므로 단어의 활용 유형이 같은 것은 ②이다.

- **에두르고, 불사르고('르' 불규칙 활용)**: '에두르고', '불사르고'는 '에두르다', '불사르다'의 어간 '에두르−', '불사르−'에 연결 어미 '−고'가 결합한 것이다. '에두르다', '불사르다'는 모음으로 시작하는 어미와 결합하면 '에둘러', '불살라'와 같이 어간 끝음절 '르'가 'ㄹㄹ'로 바뀌는 '르' 불규칙 활용을 한다.

오답 분석
① **따르는('ㅡ' 탈락 규칙 활용)**: '따르는'은 '따르다'의 어간 '따르−'에 관형사형 어미 '−는'이 결합한 것이다. '따르다'는 모음으로 시작하는 어미와 결합하면 '따라'와 같이 어간 끝음절의 'ㅡ'가 탈락되는 규칙 활용을 한다.
- **곧바른('르' 불규칙 활용)**: '곧바른'은 '곧바르다'의 어간 '곧바르−'에 관형사형 어미 '−ㄴ'이 결합한 것이다. '곧바르다'는 모음으로 시작하는 어미와 결합하면 '곧발라'와 같이 어간 끝음절 '르'가 'ㄹㄹ'로 바뀌는 '르' 불규칙 활용을 한다.

③ - **노른('러' 불규칙 활용)**: '노른'은 '노르다'의 어간 '노르−'에 관형사형 어미 '−ㄴ'이 결합한 것이다. '노르다'는 모음 '−어'로 시작하는 어미와 결합하면 '노르러'와 같이 어미 '−어'가 '−러'로 바뀌는 '러' 불규칙 활용을 한다.
- **서투른('르' 불규칙 활용)**: '서투른'은 '서투르다'의 어간 '서투르−'에 관형사형 어미 '−ㄴ'이 결합한 것이다. '서투르다'는 모음으로 시작하는 어미와 결합하면 '서툴러'와 같이 어간 끝음절 '르'가 'ㄹㄹ'로 바뀌는 '르' 불규칙 활용을 한다.
④ - **모르고('르' 불규칙 활용)**: '모르고'는 '모르다'의 어간 '모르−'에 연결 어미 '−고'가 결합한 것이다. '모르다'는 모음으로 시작하는 어미와 결합하면 '몰라'와 같이 어간 끝음절 '르'가 'ㄹㄹ'로 바뀌는 '르' 불규칙 활용을 한다.
- **치르고('ㅡ' 탈락 규칙 활용)**: '치르고'는 '치르다'의 어간 '치르−'에 연결 어미 '−고'가 결합한 것이다. '치르다'는 모음으로 시작하는 어미와 결합하면 '치러'와 같이 어간 끝음절의 'ㅡ'가 탈락되는 규칙 활용을 한다.

⊘ 어법 – 시험에 또 나올 핵심 포인트

'ㅡ' 탈락 규칙 활용, '르/러' 불규칙 활용

1. 규칙 활용

'ㅡ' 탈락 규칙	'ㅡ'로 끝나는 어간이 모음으로 시작하는 어미와 결합하면 어간 끝소리 'ㅡ'가 탈락함 예 쓰− + −어 → 써

2. 불규칙 활용

'르' 불규칙	'르'로 끝나는 어간이 모음으로 시작하는 어미와 결합하면 어간 끝소리 '르'가 'ㄹㄹ'로 교체됨 예 구르− + −어 → 굴러
'러' 불규칙	'르'로 끝나는 어간에 결합한 어미 '−어'가 '−러'로 교체됨 예 푸르− + −어 → 푸르러

07 비문학

출제포인트 | 주제 및 중심 내용 파악

정답 해설
제시문은 1문단에서 '시'는 정보를 전달하는 글과 다르게 시인이 자신의 마음을 표현하는 글이라는 것과 시인이 시를 쓸 때 신경 써야 하는 바를, 2문단에서는 큰 기교는 졸렬한 것이며 예술은 기교가 아닌 화가의 정신이 들어간 것임을 다루고 있다. 따라서 제시문은 예술에 작가(시인, 화가)의 마음이나 정신이 담겨야 함을 주장하고 있으므로 글의 주장으로 적절한 것은 ② '작가의 정신이 표상된 결과물이 예술이다'이다.

오답 분석
① ③ 의도치 않은 작가의 표현이 예술이 된다는 점과 시의 언어와 일상의 언어의 차이는 제시문에 나타나 있지 않다.

④ 1문단 끝에서 3~4번째 줄 '그래도 독자가 그 마음을 읽을 수 있어야 한다'에서 독자는 작품에 숨겨진 시인의 마음을 파악할 수 있어야 함을 알 수 있으나, 제시문 전체를 포괄하지 못하므로 주장으로 적절하지 않다.

08 어법
정답 ④

출제포인트 올바른 문장 표현

정답 해설
ⓔ의 앞 문장은 만성피로증후군의 일반적인 치료 방법이며, ⓔ은 만성피로증후군 치료를 위해 일상생활 속에서 주의해야 할 사항이다. 3문단 1~2번째 줄을 고려할 때, 3문단의 내용은 일반적인 의학적 처치 방법, 일상생활에서의 주의 사항 순서로 이어지는 것이 자연스러우므로 적절하지 않은 것은 ④이다.

오답 분석
① ㉠은 주체 '체내 면역기능'이 스스로 하는 행위이므로 주동 표현 '작동할'로 고쳐 쓰는 것은 적절하다. 참고로, 수동 표현 '작동시킬'은 다른 주체가 '체내 면역기능'으로 하여금 '작동'이라는 행위를 수행하게 할 때 올바른 표현이다.

② ㉡의 주어는 '의학계에서는'이며 이어지는 내용은 의학계의 입장을 인용해 둔 것이므로, 간접 인용 조사 '고'를 포함한 서술어 '나타난다고 한다'로 고쳐 쓰는 것은 적절하다.

③ ㉢의 앞 문장은 ㉢의 원인이나 근거, 조건이 아닌 동일한 위계의 만성피로증후군의 증상이므로 '또한'으로 고쳐 쓰는 것은 적절하다.

• 그래서: 앞의 내용이 뒤의 내용의 원인이나 근거, 조건 등이 될 때 쓰는 접속 부사
• 또한: 어떤 것을 전제로 하고 그것과 같게

※ 출처: 대한체육회, https://www.sports.or.kr

09 비문학
정답 ③

출제포인트 다양한 유형의 글 기사문

정답 해설
ⓒ은 '수목 정비'에 대한 구체적인 내용을 누가(○○시), 언제(3월부터), 어디서(시민들이 주로 생활하는 곳), 무엇을(수목 정비), 어떻게(수목 정비 사업을 추진), 왜(시민의 안전과 재산을 보호하기 위해)처럼 육하원칙에 따라 서술된 본문이다. 따라서 설명으로 가장 적절한 것은 ③이다.

오답 분석
① ㉠: 기사문의 내용이 간결히 드러나는 표제이나, 기사문에서 가장 주관적인 것은 '해설'이다.

② ㉡: 표제를 보충하는 '부제'이다. 참고로, 중요한 내용을 중심으로 본문을 요약한 것이 '전문'이라는 설명은 적절하다.

④ ㉡: ㉢과 이어지는 '본문'에 해당하는 내용이다. 참고로, 기사의 내용에 대한 참고 사항이 기술되는 것이 '해설'이라는 설명은 적절하다.

※ 출처: 서귀포시청, http://www.seogwipo.go.kr

✅ 비문학 – 시험에 또 나올 핵심 포인트

기사문의 구성

표제	기사문의 제목으로, 기사문의 내용을 구체적으로 나타내되 간결하게 작성되어야 함
부제	표제를 보충하는 제목
전문	본문의 내용을 요약한 부분으로, 본문을 읽지 않고도 내용 파악이 가능하도록 작성되어야 함
본문	기사문이 다루는 구체적인 내용으로, 육하원칙(누가, 언제, 어디서, 무엇을, 어떻게, 왜)에 따라 작성되어야 함
해설	사건이나 화제가 생소할 때 본문의 뒤에 추가되는 내용으로, 기사문의 내용에 대한 보충 설명이나 참고 사항을 기재함

10 문학
정답 ④

출제포인트 작품의 내용 파악

정답 해설
명서 처의 3번째 말을 통해 명서 처는 명수가 감옥에 갇힌 사실이 아니라 종신 징역을 선고받은 것을 믿으려 하지 않음을 알 수 있다. 반면, 금녀는 금녀의 1번째 말에서 알 수 있듯, 오빠가 한 일(해방 운동)이 역사적 의미가 있다고 생각하고 있으며, 이를 통해 명수가 감옥에 간 것을 믿고 있음을 알 수 있으므로 적절하지 않은 것은 ④이다.

[관련 부분]
• 종신 징역이란 감옥에서 죽어 나온단 말 아냐?~이건 누가 뭐래두 난 안 믿어.
• 윗마을 오빠의 친구에게 알아봤더니, 오빠 헌 일은 정말 훌륭한 일이래요.

오답 분석
① 금녀의 3번째 말을 통해 알 수 있다.

[관련 부분] 설사 오빠가 죽어 나온대두~외려 우리의 자랑이에유. 오빠는 우릴 위해서 싸웠어유.

② 금녀의 4번째 말에서 금녀는 지금은 현실이 어둡더라도 미래에는 환해질 것이라고 말하고 있으므로, 금녀는 미래를 긍정적으로 전망하는 인물임을 알 수 있다.

[관련 부분] 아무렴, 서기가 나구말구! 이 어두운 땅도 환해질 거에유.

③ 명서 처의 3번째 말을 통해 명서 처는 아들 명수가 종신 징역형을 받았다는 소식을 신문에서 본 적 있음을 알 수 있다.

[관련 부분] 신문에만 날 걸 보구 그걸 우리 명수라지만 그런 멀쩡한 소리가 어딨어?

✓ 문학 - 시험에 또 나올 핵심 포인트

유치진, '토막'

주제	일제 강점기 우리 민족의 참담한 삶
특징	• 당대의 모습을 사실적으로 그려냄 • 한 가족의 절망적인 삶을 통해 시대적 비극을 부각시킴

11 어휘 정답 ②

출제포인트 고유어와 한자어의 대응

정답 해설

회비를 <u>모으는</u>: 이때 고유어 '모으다'는 '돈이나 재물을 써 버리지 않고 쌓아 두다'라는 의미이므로 한자어 ② '收斂(수렴)하다'로 바꿔 쓰는 것이 적절하다.

• 收斂(수렴)하다: 돈이나 물건 등을 거두어들이다.

오답 분석

① 발표 내용을 <u>모아</u>: 이때 '모으다'는 '정신, 의견 등을 한곳에 집중하다'라는 의미이므로, '蒐集(수집)하다'가 아니라 '綜合(종합)하다'로 바꿔 쓰는 것이 적절하다.

• 綜合(종합)하다: 여러 가지를 한데 모아서 합하다.

③ 절판된 <u>책을 모으는</u> 것이: 이때 '모으다'는 '특별한 물건을 구하여 갖추어 가지다'라는 의미이므로, '募集(모집)하다'가 아니라 '蒐集(수집)하다'로 바꿔 쓰는 것이 적절하다.

• 蒐集(수집)하다: 취미나 연구를 위하여 여러 가지 물건이나 재료를 찾아 모으다.

④ 동아리 부원을 <u>모으기가</u>: 이때 '모으다'는 '여러 사람을 한곳에 오게 하거나 한 단체에 들게 하다'라는 의미이므로, '綜合(종합)하다'가 아니라 '募集(모집)하다'로 바꿔 쓰는 것이 적절하다.

• 募集(모집)하다: 사람이나 작품, 물품 등을 일정한 조건 아래 널리 알려 뽑아 모으다.

12 문학 정답 ④

출제포인트 작품의 내용 파악

정답 해설

그가 '형님 정말 쥐가!'라고 하는 동생의 말을 끝까지 듣지 않고 동생에게 소리를 지른 뒤, 동생을 집 밖으로 쫓아내는 것은 알 수 있으나, 아내도 쫓아내는지는 제시문에 나타나 있지 않으므로 적절하지 않은 것은 ④이다.

[관련 부분] "형님 정말 쥐가!"/"쥐? 이놈! 형수와 그런 쥐 잡는 놈 어디 있니?"/그는 따귀를 몇 번 때린 뒤에 등을 밀어서 문밖에 집어 던졌다. 그런 뒤에 이제 자기에게 이를 매를 생각하고 우들우들 떨면서 아랫목에 서 있는 아내에게 달려들었다.

오답 분석

① 1문단 끝에서 1~3번째 줄에서 '나'가 모란봉 꼭대기에서 배따라기 노래를 듣는 것을 통해 알 수 있다.

[관련 부분] 모란봉 꼭대기에 올라섰다. 꼭대기는 좀 더 노랫소리가 잘 들린다. 그는 배따라기의 맨 마지막, 여기를 부른다—.

② 그가 거울을 산 뒤 장에서 나올 때 항상 들르던 탁줏집을 들르지 않고 바로 집에 가는 것을 통해 알 수 있다.

[관련 부분] 거울을 사가지고 장을 본 뒤에 그는 ~ 자기 집으로, 늘 들르던 탁줏집에도 안 들러서 돌아왔다.

③ 그가 집에 왔을 때 그의 아내와 아우의 옷차림에 대한 묘사를 통해 알 수 있다.

[관련 부분] 그가 그의 집 방 안에 들어선 때에는 ~ 그의 아우는 수건이 벗어져서 목 뒤로 늘어지고, 저고리 고름이 모두 풀어져 가지고 한편 모퉁이에 서 있고, 아내도 머리채가 모두 뒤로 늘어지고, 치마가 배꼽 아래 늘어지도록 되어 있고, 그의 아내와 아우는 ~ 움쩍도 않고 서 있었다.

✓ 문학 - 시험에 또 나올 핵심 포인트

김동인, '배따라기'

주제	인간의 오해에서 비롯된 비극
특징	• 바깥 이야기('나'의 이야기)와 안 이야기('그'의 이야기)로 구성된 액자 소설 • '배따라기'를 매개로 액자 안 이야기와 바깥 이야기가 연결됨

13 비문학 정답 ②

출제포인트 내용 추론

정답 해설

2문단 끝에서 2~4번째 줄을 통해 성인만이 기대했던 보상이 주어지지 않을 경우 기존 가치 체계를 수정하는 등의 문제 해결 반응을 보이는 것을 알 수 있으므로, 행동에 적합한 보상을 받지 못한 청소년들은 어떤 후속 행동도 하지 않음을 알 수 있다. 따라서 제시문을 통해 추론할 수 없는 것은 ②이다.

[관련 부분] 기대했던 보상이 주어지지 않으면 성인만이 후속 보상을 추구하기 위해 기존 가치 체계를 갱신한다.

오답 분석

① 2문단 4~7번째 줄에서 청소년들은 보상의 크기에 따라 보상 체계와 쾌락을 관장하는 측좌핵의 활성화 정도가 달라짐을 알 수 있으며, 이를 통해 청소년들은 특정 행동으로 얻을 수 있는 보상을 바라는 정도가 강한 경향이 있음을 추론할 수 있다.

[관련 부분] 연구결과 큰 보상을 받으면 성인과 아동에 비해서 청소년의 측좌핵 활성화 정도가 큰 것으로 나타났다. 작은 보상을 받으면 아동이나 성인보다 청소년의 측좌핵 활성화 정도가 작았다.

③ 1문단 3~4번째 줄에서 청소년기에 위험을 감지하는 편도체의 발달은 느리게 이루어짐을 알 수 있다. 따라서 청소년들은 성인이 될수록 편도체의 발달이 완성될 것이므로 성인에 가까워질수록 충동적으로 행동하는 것이 얼마나 위험한지에 대해 생각할 확률이 높아짐을 추론할 수 있다.

[관련 부분] 반면에 위험을 알리는 영역인 편도체가 비교적 느리게 발달하며

④ 1문단 끝에서 1~6번째 줄을 통해 청소년들이 충동적 행동을 일삼는 이유는 행동과 인지적 조절을 관장하는 전전두엽의 발달이 느리기 때문임을 알 수 있으며, 이를 통해 청소년들은 즐거움을 얻으려는 행동에 대한 인지적 판단이 미숙할 것임을 추론할 수 있다.

[관련 부분] 행동과 인지적 조절 역할을 담당하는 전전두엽의 발달은 가장 늦게 일어난다. ~그 결과 그들의 행동이 충동적이고 위험해 보일 수밖에 없는 이유를 잘 설명해준다.

14 비문학 　　　　　 정답 ③

출제포인트　글의 구조 파악 문장 배열

정답 해설

'ㄹ-ㄴ-ㄱ-ㄷ-ㅁ'의 순서가 가장 자연스러우므로 답은 ③이다.

순서	중심 내용	순서 판단의 단서와 근거
ㄹ	사회 후생적 관점에서 파악한 독점 기업의 부정적인 측면들	지시어나 접속어로 시작하지 않으며, '독점 기업의 부정성'이라는 중심 화제를 제시함
ㄴ	이윤 감소 해결과 이윤 극대화를 위한 독점 기업의 판매 전략	부사어 '그러므로': ㄹ의 마지막에 제시된 독점 기업의 이윤 감소의 해결책이 뒤에 이어짐
ㄱ	독점 기업의 판매 전략에 의한 상품 생산량의 감소	접속 표현 '이에 따라': ㄴ의 이윤 증대를 위해 독점 기업이 취한 생산량 감소 정책을 가리킴
ㄷ	완전 경쟁 시장의 효용	ㄱ에 처음 제시된 '완전 경쟁'을 설명함
ㅁ	독점화된 시장의 부정적 측면	부사어 '반면': ㄷ에서 설명한 '완전 경쟁 시장'과 반대되는 시장의 형태인 '독점화되어 있는 시장'에 대해 설명함

15 문학 　　　　　 정답 ②

출제포인트　소재 및 문장의 의미

정답 해설

제시된 작품에서 부모 소양을 위한 여정을 떠나는 이는 '칠공주(바리)'이며, 서술자는 바리를 '아기'로 지칭한다. 또한 여정을 위해 남장을 한 바리는 자신을 '국왕의 세자'로 지칭하고 있으므로 행위의 주체가 같은 것은 ② 'ⓒ, ⓔ'이다.

• ⓒ: ⓒ 앞부분에서 '칠공주'는 부모 소양을 위해 떠나기 전, 고의 적삼과 두루마기를 짓고 상투(성상토)를 짜는 등 떠날 준비를 한다. '양전마마'의 수결을 받는 것은 이러한 준비 과정 중 하나이므로, ⓒ의 주체는 '칠공주'임을 알 수 있다. 참고로, '양전마마'는 왕과 왕비를, '수결(手決)'은 서명을 의미한다.

　[관련 부분] 소녀 가오리다. ~사승포(四升布) 고의 적삼, 오승포(五升布) 두루마기 짓고/쌍상토 짜고, ~양전마마 수결(手決) 받아,

• ⓔ: 길을 잃은 것은 '국왕의 세자'로, 이는 남장한 '칠공주'를 가리키는 것이므로 ⓔ의 주체는 '칠공주'임을 알 수 있다.

오답 분석

• ㉠: 제시된 부분을 통해서는 행위의 주체가 누구인지 명확히 알 수는 없으나, ㉠ 앞부분에서 부모 소양을 가겠다는 '칠공주'에게 가마가 필요한지를 묻는 것을 통해 구수덩, 싸덩을 줄 주체는 '칠공주'가 아닌 다른 인물임을 알 수 있다. 참고로, 구수덩은 오색 구슬로 장식한 가마, 싸덩은 비단으로 꾸민 가마를 가리킨다.

　[관련 부분] 소녀 가오리다./ 거동 시위로 하여 주랴, 구수덩 싸덩을 주랴?

• ⓒ: ⓒ 앞부분을 통해 ⓒ은 '칠공주'가 하는 말이며, 인산거동을 내는 주체는 '칠공주'가 부르는 대상인 '여섯 형님'과 '삼천 궁녀'임을 알 수 있다. 참고로, '인산거동(因山擧動)'은 왕과 왕비의 장례를 가리킨다.

　[관련 부분] 여섯 형님이여, 삼천 궁녀들아~인산거동(因山擧動) 내지 마라.

• ⓜ: ⓜ 앞부분을 통해 '석가세존'이 하는 말임을 알 수 있으므로, '너(칠공주)'를 구해 준 주체는 '석가세존'임을 알 수 있다. 참고로, '잔명(殘命)'은 '얼마 남지 않은 쇠잔한 목숨'을 가리킨다.

　[관련 부분] 석가세존님 하시는 말씀이, ~너의 잔명(殘命)을 구해 주었거든

☑ 문학 - 시험에 또 나올 핵심 포인트

작자 미상, '바리공주'

주제	부모를 위한 바리공주의 희생, 시련 극복을 통해 달성하는 구원
특징	• 전형적인 영웅의 일대기 구조를 취함 • 오구굿에서 불러지는 서사 무가로, 무조신(巫祖神)의 탄생 배경을 설명함

16 어휘 정답 ②

한자 성어 내용에 어울리는 한자 성어

정답 해설

〈보기〉의 '갑'은 복권 2등에 당첨되기를 바랐고 이 바람이 이뤄졌지만, 만족할 줄 모르고 1등에 당첨되기를 바라며 욕심을 부리고 있다. 따라서 '갑'의 상황을 가장 적절하게 표현한 한자 성어는 ② '得隴望蜀'이다.

• 得隴望蜀(득롱망촉): '농을 얻고서 촉까지 취하고자 한다'라는 뜻으로, 만족할 줄을 모르고 계속 욕심을 부리는 경우를 비유적으로 이르는 말

오답 분석

① 口蜜腹劍(구밀복검): '입에는 꿀이 있고 배 속에는 칼이 있다'라는 뜻으로, 말로는 친한 듯하나 속으로는 해칠 생각이 있음을 이르는 말

③ 馬耳東風(마이동풍): '동풍이 말의 귀를 스쳐 간다'라는 뜻으로, 남의 말을 귀담아듣지 않고 지나쳐 흘려버림을 이르는 말

④ 賊反荷杖(적반하장): '도둑이 도리어 매를 든다'라는 뜻으로, 잘못한 사람이 아무 잘못도 없는 사람을 나무람을 이르는 말

17 비문학 정답 ③

내용 추론

정답 해설

3문단 1~3번째 줄을 통해 유전 거리만으로는 미생물이 같은 '종'에 속하는지 명확히 파악할 수 없음을, 4문단 끝에서 1~4번째 줄을 통해 화학적 유전자 비교를 통해 '종'의 경계를 명확히 할 수 있음을 알 수 있다. 따라서 이를 통해 유전 거리의 한계를 화학적 유전자 비교를 통해 극복할 수 있음을 추론하는 것은 적절하나, 4문단 4~5번째 줄을 통해 화학적 유전자 비교도 유전체 전체의 성질을 파악할 수 없음을 알 수 있다.

[관련 부분]

• 유전자 비교로 확인한 유전 거리만으로는 두 미생물이 같은 종에 속하는지를 명확히 판별하기 어렵다.

• 유전체의 특성을 화학적으로 비교하는 방법이 주로 사용되고 있다. 이렇게 얻어진 유전체 유사도는 종의 경계를 확정하는 데 유용한 기준을 제공한다.

• 수많은 유전자를 모두 비교하는 것은 현실적으로 어렵다.

오답 분석

① 2문단 2~3번째 줄에서 미생물은 배양 방식이나 환경에 따라 성질이 달라짐을 알 수 있다. 따라서 이를 통해 환경이 다른 실린더 A와 실린더 B에서 자란 세균은 유전 형질이 다를 확률이 있음을 추론하는 것은 적절하다.

[관련 부분] 이러한 특성(외양과 생리적 특성)들은 미생물이 어떻게 배양되는지에 따라 변할 수 있으며

② 1문단 1~3번째 줄에서 '종'은 동일 개체의 교배를 통해 태어난 것임을 알 수 있다. 따라서 이를 통해 개체가 다른 '토마토'와 '감자'의 교배로 태어난 '포마토'는 토마토와 감자의 '종' 모두에 속하지 않음을 추론하는 것은 적절하다.

[관련 부분] 일반적으로 동식물에서 종(種)이란 '같은 개체끼리 교배하여 자손을 남길 수 있는' 또는 '외양으로 구분이 가능한' 집단을 뜻한다.

④ 3문단 끝에서 1~2번째 줄을 통해 어느 한 유전자가 같다고 해서 같은 유전자를 가진 개체들이 같은 '종'에 속한다고는 할 수 없음을 알 수 있다. 따라서 이를 통해 같은 유전자를 공유하는 미생물 A와 B가 다른 개체에 속할 수 있음을 추론하는 것은 적절하다.

[관련 부분] 특정 유전자가 해당 미생물의 전체적인 유전적 특성을 대변하지는 못하기 때문이다.

18 비문학 정답 ②

주제 및 중심 내용 파악

정답 해설

제시문은 인간과 개가 함께 다쳐 고통을 느끼는 경우를 들어, 개는 물리적인 고통만을 느끼지만 인간은 이와 더불어 상황에 대한 인식도 고통으로 여기는 등 인간과 개가 서로 고통을 호소하는 범주가 다름을 다루고 있다. 따라서 글의 주장으로 가장 적절한 것은 ② '인간과 동물이 고통을 느끼는 범주는 다르다'이다.

오답 분석

① 동물이 고통에서 탈출할 방법을 궁리하는지는 제시문에 나타나 있지 않다.

③ 3~4번째 줄에서 인간은 고통을 과장하여 표현하는 경우도 있음을 알 수 있으나, 제시문 전체를 포괄하지는 못하므로 주장으로 적절하지 않다.

[관련 부분] 그러나 당신은 고통을 호소할 수도 있고 이를 과장할 수도 있다.

④ 끝에서 1~4번째 줄을 통해 인간은 동물보다 상황에 대한 인식력, 상상력, 추리력이 뛰어남을 알 수 있으나, 제시문 전체를 포괄하지 못하므로 주장으로 적절하지 않다.

[관련 부분] 따라서 인간은 더 뛰어난 인식력, 상상력, 추리력 때문에 일반적으로 동물과 같은 상황에 처했다 하더라도 그 고통이 더 크다고 말할 수 있다.

19 어법 정답 ③

단어 접사의 의미

정답 해설

'선웃음'은 '우습지도 않은데 꾸며서 웃는 웃음'이라는 뜻으로, 이때 '선–'은 '서툰' 또는 '충분치 않은'의 뜻을 더하는 고유어 접두사이다. 따라서 접두사가 한자에서 온 말이 아닌 것은 ③이다.

오답 분석

① ② ④의 접두사 '선(先)–'은 한자에서 온 말이다.

① **선보름**: '선보름'은 '한 달을 둘로 나누었을 때 앞의 보름'이라는 의미이며, 이때 '선(先)–'은 '앞선'의 뜻을 더하는 접두사이다.

② **선대인**: '선대인'은 '돌아가신 남의 아버지를 높여 이르는 말'이며, 이때 '선(先)–'은 '이미 죽은'의 뜻을 더하는 접두사이다.

④ **선이자**: '선이자'는 '빚을 쓸 때에 본전에서 먼저 떼어 내는 이자'라는 의미이며, 이때 '선(先)–'은 '앞선'의 뜻을 더하는 접두사이다.

20 어법 정답 ④

한글 맞춤법 띄어쓰기

정답 해설

밑줄 친 부분의 띄어쓰기가 옳은 것은 ④이다.

• **우리나라(○)**: 문맥상 '우리 한민족이 세운 나라를 스스로 이르는 말'을 의미하므로 '우리'와 '나라'를 붙여 쓰는 것은 옳다.

오답 분석

① 안∨됐다(×) → **안됐다(○)**: 문맥상 혼자 두 아이를 키우는 것을 마음이 좋지 않게 받아들인다는 의미이므로, '섭섭하거나 가엾어 마음이 언짢다'라는 뜻의 형용사 '안되다'를 써야 한다. '안되다'는 한 단어이므로 붙여 써야 한다.

② 수목원내지∨놀이공원(×) → **수목원∨내지∨놀이공원(○)**: 문맥상 수목원 또는 놀이공원이라는 의미이므로 '그렇지 않으면'이라는 뜻의 부사 '내지'를 써야 한다. '내지'는 한 단어이므로 앞말과 띄어 써야 한다.

③ 제∨3회(×) → **제3회(○)**: '제(第)–'는 '그 숫자에 해당되는 차례'를 뜻하는 접두사이므로 수사 '3(삼)'에 붙여 써야 한다.

> ✅ **어법** – 시험에 또 나올 핵심 포인트
>
> **'우리나라'의 띄어쓰기**
>
> | | |
> |---|---|
> | 우리나라 | • 합성어이므로 '우리'와 '나라'를 붙여 씀
• '우리 한민족이 세운 나라를 스스로 이르는 말'로 국적이 한국인 사람이 한국을 가리킬 때 쓰는 말 |
> | 우리∨나라 | • 합성어가 아니므로 '우리'와 '나라'를 띄어 씀
• 외국인이 자신의 나라를 가리킬 때 쓰는 말 |

MEMO

합격을 위한 **확실한 해답!**
해커스공무원 교재 시리즈

기출문제집 시리즈

| 해커스공무원 7개년 기출문제집 영어 | 해커스공무원 7개년 기출문제집 국어 | 해커스공무원 10개년 기출문제집 한국사 (세트) | 해커스공무원 14개년 기출문제집 현 행정학 | 해커스공무원 14개년 기출문제집 神행정법총론 (세트) | 해커스공무원 17개년 기출문제집 세법 | 해커스공무원 20개년 기출문제집 관세법 | 해커스공무원 14개년 기출문제집 회계학 | 해커스공무원 11개년 기출문제집 교정학 |

| 해커스공무원 8개년 기출문제집 사회 | 해커스공무원 8개년 기출문제집 교육학 | 해커스공무원 14개년 기출문제집 명품 행정학 | 해커스공무원 11개년 기출문제집 쉬운 행정학 (세트) | 해커스공무원 16개년 기출문제집 神헌법 (세트) | 해커스공무원 11개년 기출문제집 局경제학 | 해커스공무원 14개년 기출문제집 패권 국제법 | 해커스공무원 대한국사 윤승규 기출 1200제 | 해커스공무원 이명호 한국사 기출로 적중 (세트) |

영역별 문제집   매일학습 문제집   적중문제집 시리즈

| 해커스공무원 국어 비문학 독해 333 | 해커스공무원 양효주 매일 국어 1, 2 | 해커스공무원 단원별 적중 700제 영어 | 해커스공무원 단원별 적중 700제 국어 | 해커스공무원 단원별 적중 700제 한국사 | 해커스공무원 기출+적중 1700제 패권 국제정치학 (세트) | 해커스공무원 기출+적중 1000제 과학 | 해커스공무원 기출+적중 1000제 수학 | 해커스공무원 대한국사 윤승규 단원별 700제 |

하프모의고사   실전동형모의고사 시리즈

| 해커스공무원 하프모의고사 영어 | 해커스공무원 실전동형모의고사 영어 1, 2 | 해커스공무원 실전동형모의고사 국어 1, 2 | 해커스공무원 실전동형모의고사 한국사 1, 2 | 해커스공무원 실전동형모의고사 행정학 1, 2 | 해커스공무원 실전동형모의고사 행정법총론 1, 2 | 해커스공무원 실전동형모의고사 사회 1, 2 | 해커스공무원 실전동형모의고사 과학 1, 2 | 해커스공무원 실전동형모의고사 수학 1, 2 | 해커스공무원 실전동형모의고사 神헌법 1, 2 | 해커스공무원 실전동형모의고사 局경제학 |

면접마스터

해커스공무원
면접마스터

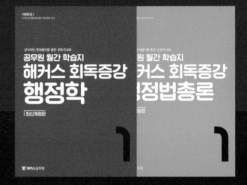